Geschichte und Leben: Hier verbinden sie sich zu der intimsten aller literarischen Ausdrucksformen, zum Brief als Selbstzeugnis historischer Figuren, die die Geschichte der Menschheit beeinflussten. In den elegant und klug von Simon Sebag Montefiore eingeleiteten Briefen von geschichtlichen Akteuren und auch unbekannten Zeitgenossen spiegeln sich die Ereignisse der großen Geschichte und des privaten Lebens. Der Bogen dieser Anthologie ist weit gespannt: Sie gewährt Einblicke in faszinierende Lebensgeschichten, ob nun mit den Augen eines Genies (Michelangelo), eines Ungeheuers (Stalin) oder eines Durchschnittsmenschen – es sind Briefe aus den unterschiedlichsten Kulturen und Traditionen vieler Länder und Epochen. Ihre Themen kreisen um Kämpfe um Rechte (Mandela) und Befehle zu unsagbaren Verbrechen (Mao). Doch auch die großen Liebesbriefe (Katharina die Große, Anaïs Nin) und Abschiedsbriefe (Hadrian, Churchill, Lucrezia Borgia) sowie die Machtbekundungen von Kaiserinnen, Schauspielerinnen, Komponisten und Dichtern fehlen nicht. Ein hinreißendes Lesebuch, das uns bereichert, indem es uns tiefe zeitlose Einblicke in das Menschlich-Allzumenschliche gewährt, vor allem auch eine Ermutigung an uns alle, inspiriert von der Lektüre dieser Briefe, selber einmal wieder zur Feder zu greifen.

SIMON SEBAG MONTEFIORE, geboren 1965, britischer Historiker und Journalist, studierte Geschichte an der Universität Cambridge und promovierte in Philosophie. Montefiore verfasste mehrerer preisgekrönte Weltbestseller, die mittlerweile in 48 Sprachen übersetzt sind, wie beispielsweise: »Die Romanows«, »Jerusalem: die Biografie«, »Stalin: der Hof des roten Zaren« und »Der junge Stalin«. Zeitgleich mit dieser Ausgabe ist sein Werk »Die Welt. Eine Familiengeschichte der Menschheit« bei Klett-Cotta erschienen: eine umfassende Weltgeschichte, wie sie zuvor noch niemals vorgelegt worden ist – sein episches Opus magnum.

SIMON SEBAG MONTEFIORE

GESCHICHTE SCHREIBEN

Briefe, die die Welt veränderten

aus dem Englischen von
Maria Zettner

KLETT-COTTA

Klett-Cotta

www.klett-cotta.de

Die Originalausgabe erschien unter dem Titel »Written in History. Letters that Changed the World« im Verlag Weidenfeld & Nicolson, London

© 2018 by Simon Sebag Montefiore

Für die deutsche Ausgabe

© 2021, 2023 by J. G. Cotta'sche Buchhandlung Nachfolger GmbH, gegr. 1659, Stuttgart

Alle deutschsprachigen Rechte vorbehalten

Cover: Rothfos & Gabler, Hamburg

unter Verwendung der Daten des Originalentwurfs der Orion Publishing Group, © Studio Helen/The Orion Publishing Group

Gesetzt von Dörlemann Satz, Lemförde

Gedruckt und gebunden von CPI – Clausen & Bosse, Leck

ISBN 978-3-608-98759-1

Bibliografische Information der Deutschen Nationalbibliothek

Die Deutsche Nationalbibliothek verzeichnet diese Publikation in der Deutschen Nationalbibliografie; detaillierte bibliografische Daten sind im Internet über http://dnb.d-nb.de abrufbar.

Für Lily Bathseba

INHALT

113 MUT

127 ENTDECKUNG

145 TOURISMUS

155 KRIEG

EINLEITUNG

Liebe Leserin, lieber Leser,
es geht doch nichts über die Unmittelbarkeit und Originalität eines Briefes. Wir Menschen haben nun mal den Drang, Empfindungen und Erinnerungen, die mit der Zeit verloren gehen könnten, zu dokumentieren und mit anderen zu teilen. Wir suchen verzweifelt nach Bestätigung für Beziehungen, für zärtliche oder auch feindliche Bande, denn die Welt steht niemals still und unser Leben ist eine Aneinanderreihung von Anfängen und Schlusspunkten – sie zu Papier zu bringen, mag uns das Gefühl geben, wir könnten ihnen größere Realität verleihen, sozusagen Ewigkeitscharakter. Briefe sind das literarische Gegenmittel gegen die Vergänglichkeit des Lebens und natürlich auch gegen die Oberflächlichkeit und Schnelllebigkeit des Internets. Goethe, der viel über den Zauber von Briefen nachgedacht hat, hielt sie für »das wichtigste Denkmal, das ein Mensch hinterlassen kann«. Derartige Empfindungen sind tatsächlich nicht von der Hand zu weisen, denn noch lange nach dem Tod der Protagonisten leben ihre Briefe weiter. Und auf dem Gebiet von Politik, Diplomatie und Krieg müssen Befehle oder Beteuerungen auf jeden Fall schriftlich festgehalten werden. Endlos viele unterschiedliche Ziele lassen sich mit dem Medium Brief erreichen, und auf diesen Seiten bieten wir ihnen allen eine Bühne.

Es gibt bereits zahlreiche Sammlungen von ausgefallenen und amüsanten Briefen, doch diese hier wurden nicht in erster Linie aufgrund ihres Unterhaltungswertes ausgewählt, sondern weil sie auf die eine oder andere Weise die Geschichte der Menschheit beeinflusst haben, sei es in den Bereichen Krieg und Frieden oder in Kunst und Kultur. Sie gewähren uns Einblicke in faszinierende Lebensgeschichten, ob durch die Augen eines Genies, eines Monsters oder eines Durchschnittsmenschen. Hier finden Sie Briefe aus vielen Kulturen, Traditionen, Ländern und Ethnien, vom Ägypten und Rom der Antike bis zum modernen Amerika, Afrika, Indien, China und Russland, wohin mich ein Großteil meiner Forschungsarbeit geführt hat – daher die vielen Russen, die in diesem Buch vertreten sind, angefangen bei Puschkin bis hin zu Stalin. Es ist die Rede von Kämpfen um Rechte, die wir heute für selbstverständlich halten, von Befehlen zu Verbrechen, die uns unfassbar erscheinen. Auch Liebesbriefe sind dabei sowie fesselnde Bekenntnisse von Kaiserinnen, Schauspielerinnen, Tyrannen, Malern, Komponisten und Dichtern.

Ich habe Briefe ausgewählt, die vor dreitausend Jahren von Pharaonen verfasst und in vergessenen Bibliotheken in untergegangenen Städten konserviert wurden – ebenso wie Exemplare aus dem gegenwärtigen Jahrhundert. Unbestreitbar gab es auch für den Brief ein goldenes Zeitalter: die fünfhundert Jahre vom Mittelalter bis zur breiten Nutzung des Telefons in den 1930er Jahren. Ein gravierender Niedergang setzte dann in den 1990er Jahren mit der Einführung des Mobiltelefons und des Internets ein. Ich konnte die Entwicklung zum Teil selbst nachverfolgen, als ich in den Stalin-Archiven recherchierte. In den 1920er und 1930er Jahren schrieb Stalin lange Briefe an seine Gefolgsleute und auch an Außenstehende, vor allem wenn er im Süden Ferien machte, doch als eine sichere Telefonleitung eingerichtet wurde, hörten die Briefe unvermittelt auf.

Es ist nur folgerichtig, dass mit dem Aufkommen der Schrift der Brief schnell zu einem ausgiebig genutzten Instrument von Herrschern und Eliten wurde, schließlich ließ sich mit seiner Hilfe wunderbar organisieren und lenken – und noch so viel mehr. Während der vergangenen drei Jahrtausende vereinte der Brief in sich all das, was uns heute Zeitungen, Telefon, Radio, Fernsehen, E-Mail, SMS, Sexting und Blogging bieten. Diese Anthologie enthält auch ursprünglich in Keilschrift verfasste Briefe, die in der Bronze- und in der Eisenzeit im Vorderen Orient verwendet wurde. Dabei wurden mit einem Schilfrohr Zeichen in eine feuchte Tontafel geritzt, die dann in der Sonne trocknete. Seit dem dritten Jahrtausend vor Christus schrieb man auf Papyrus, hergestellt aus dem Mark der Papyruspflanze. Dem folgten Briefe auf Pergament – der zäheren, getrockneten Tierhaut –, bis um 200 v. Chr. in China das Papier erfunden wurde und nach und nach über Zentralasien nach Europa gelangte. Dort machte seine preisgünstigere und leichtere Herstellung es ab dem 15. Jahrhundert zunehmend praktischer, verfügbarer und erschwinglicher. Das Briefeschreiben erreichte seinen Höhepunkt zwischen dem 15. und dem frühen 20. Jahrhundert, und das war nicht nur der Verfügbarkeit von Papier geschuldet, sondern auch den Erleichterungen bei der Beförderung und Zustellung durch Kuriere sowie der Entwicklung des Postwesens.

Es ging aber auch über den rein praktischen Aspekt hinaus – war Teil einer neuen Ordnung eines verbindlichen Rechts- und Vertragssystems, einer verantwortungsvollen Staatsführung, eines rechenschaftspflichtigen Finanzwesens und der öffentlichen Moral. Vor allem aber offenbarte es eine neue Geisteshaltung mit frischen Ideen und modernen Visionen von der zuträglichsten Lebensweise, eine Wertschätzung der Privatsphäre sowie einen wachsenden Sinn für eine länderübergreifende Gesellschaft und das eigene Gewissen.

Manche Briefe waren zum Zwecke der Publicity gedacht, andere trugen sozusagen das Siegel der Verschwiegenheit. Die Vielfalt ihrer Verwendung ist eine der Freuden einer Sammlung wie dieser. In der überwiegenden Zahl von Briefen ging es um banale, weitgehend uninteressante Alltagsangelegenheiten – das Bestellen von Waren, das Begleichen von Rechnungen, die Verabredung von Treffen. Auf dem Höhepunkt des Briefeschreibens als Kunstform und als Werkzeug saßen gebildete Menschen viele Stunden am Tag an ihren Schreibtischen, mitunter bei unzureichenden Lichtverhältnissen, und schrieben wie besessen. Katharina die Große bezeichnete sich selbstironisch als »Graphomanin« (sie nannte sich auch eine »Plantomanin« wegen ihrer Liebe zum Gärtnern), und ein Reich, ein Krieg, ein Staat ließ sich tatsächlich nur mithilfe von fieberhaftem Briefeschreiben führen. Es war auch eine Möglichkeit für die Verfasser, sich über ihr Zimmer, ihr Haus, Dorf, Land hinaus in andere Welten und ferne Träume hineinzuversetzen. Es war nicht weniger eine körperlich anstrengende Pflichtübung als ein Zeitvertreib. E-Mails und SMS machen weitaus weniger Mühe, doch sind sie ja vielleicht auch zu einfach, so informell, dass wir die Macht der einzelnen Worte gar nicht mehr zu schätzen wissen, auch wenn natürlich die Kürze, die Schnelligkeit und der Reiz dem Texten Suchtpotenzial verleihen und es in der modernen Welt unverzichtbar machen. Bis ins frühe 20. Jahrhundert hinein hatten nur wenige Menschen, Staatsoberhäupter eingeschlossen, Büros, die ihnen bei ihrer umfangreichen Korrespondenz behilflich waren. Die meisten von ihnen beantworteten und versiegelten (zum Teil aus Sicherheitsgründen) ihre Briefe selbst – darunter auch Briefeschreiber aus diesem Buch wie Lincoln, Katharina oder Nikolaus II., der tatsächlich seine Briefe selbst frankierte.

Natürlich bleiben die Verfasser in ihren Briefen nicht immer nur bei der Wahrheit, und mit der Entscheidung, welche sie zerstören und welche sie aufheben, greifen sie mitunter massiv in die Rezeptionsgeschichte ein. Aber so oder so spiegelt ein Brief einen einzelnen historischen Augenblick wider – was Goethe den »unmittelbaren Lebenshauch« nannte. In vielen Gärten wurden schon Feuer entzündet, um die brieflichen Beweise für geheime Absprachen oder verbotene Liebesaffären zu vernichten. Solche literarischen Feuersbrünste vollzogen sich häufig in viktorianischen und edwardianischen Familien nach dem Tod von Granden – auch in meiner eigenen. Doch einen Brief zu vernichten, selbst aus Gründen der Diskretion, bedeutet Goethe zufolge, das Leben selbst zu vernichten.

Die Geschichtsschreibung ist – wie der Journalismus unserer Tage – voll von Klatsch, Rätselraten, Mythen, Lügen, Missverständnissen und Verleumdungen. Wenn wir eine Boulevardzeitung oder eine Klatschspalte lesen, ist uns bewusst, dass möglicherweise die Hälfte davon nicht stimmt. Das Schöne an privater Korrespondenz ist, dass es der wahre Jakob ist. Wir sind nicht auf Klatschgeschichten angewiesen, wir können die authentischen Worte hören. Genau so sprach Stalin zu seinen Schergen, redete Hürrem liebevoll mit Suleiman dem Prächtigen oder Frida Kahlo mit Diego Rivera. Und dann sind da ja auch noch Mozarts sündhaft obszöne Briefe an seine Kusine Marianne.

Die Briefe lassen sich nach verschiedenen Kategorien unterteilen. Als Erstes haben wir die offenen Briefe: Mao Tsetung setzt die Kulturrevolution mit einem Brief an Studenten in Gang, in dem er sie auffordert, sich gegen ihre Vorgesetzten zu erheben; Balfour verspricht ein jüdisches Heimatland;

Émile Zolas Brief »J'accuse!« konfrontiert Frankreich mit seinem Rassismus und Antisemitismus. Leider hat ein solcher Protest im 21. Jahrhundert wieder eine traurige Aktualität erlangt – und ist auch absolut notwendig in dieser neuen vergifteten Zeit des Antisemitismus auf beiden Seiten des Atlantiks, nicht nur von rechts, sondern zunehmend, besonders in Großbritannien, auch von der etablierten sozialistischen Linken, eine üble Tendenz, die uns geradewegs zu Stalins antisemitischen Säuberungsaktionen zurückführt. Aber es geht noch weiter zurück: Der Marxismus ist wieder in Mode. Ich habe ein paar köstliche Briefe der beiden Schöpfer des Marxismus, Karl Marx und Friedrich Engels, aufgenommen, deren boshafter und schamloser Rassismus und Antisemitismus diejenigen überraschen mag, die sie als selbstlose und edle Vorkämpfer für Anstand und Gleichwertigkeit betrachten. Weit gefehlt! Ihre Briefe sind gespickt mit Worten wie »Nigger« und »Jud« oder Spekulationen über das jüdische Glied ihres Kontrahenten Lassalle. Das mag den einen oder anderen Leser schockieren.

In den Jahrhunderten, bevor die Presse breiteren Zuspruch fand, waren viele Briefe darauf angelegt, abgeschrieben und an einen größeren Leserkreis verteilt zu werden. So erfreuten sich literarische Salons in ganz Europa an den Zeilen bedeutender Briefeschreiber wie Voltaire oder Katharina die Große. Ähnlich verhielt es sich mit einer anderen Form des öffentlichen Briefes, der Bekanntgabe militärischer Siege oder Niederlagen. Selbst noch am Ende von Schlachten, wenn die Felder übersät waren mit Leichen und bibbernden, völlig entkräfteten Verwundeten, setzten sich erschöpfte Generäle in zerstörte Hütten oder an Behelfsschreibtische unter freiem Himmel, um die Nacht hindurch der Welt per Brief ihren Sieg kundzutun. Nach den gewonnenen Schlachten von Poltawa,

Austerlitz und Blindheim geben Peter der Große, Napoleon beziehungsweise der Herzog von Marlborough die gute Nachricht sogleich öffentlich bekannt – und brüsten sich daneben noch im Privaten vor ihren Geliebten und Ehefrauen. »Komm her und feiere mit mir!«, schreibt Peter der Große an seine Frau.

Bis vor nicht allzu langer Zeit wurden alle Verhandlungen und Befehle, vor allem wenn sie politischer oder militärischer Natur waren, Briefen anvertraut, die *nicht* für die Augen der Öffentlichkeit bestimmt waren. Hier ist die verächtliche Nachricht von Ramses dem Großen an den Hethiter-König Hattuschili. Ein Jahrtausend danach beschwert sich Marcus Antonius schriftlich bei Octavian (dem späteren Kaiser Augustus), dass er Cleopatra »vögele« sei nicht politisch relevant – obwohl es das ganz eindeutig doch war. Wieder ein Jahrtausend später verhandeln Saladin und Richard Löwenherz über eine Aufteilung des Heiligen Landes. Dann ein Sprung von fünfhundert Jahren: Philipp II. von Spanien befiehlt seinem Admiral Medina-Sidonia, die Armada gegen England zu führen – obwohl Letzterer ein Scheitern der Unternehmung befürchtet. Vierhundert Jahre später lässt sich Lincolns Großmut gegenüber General Grant bewundern. Und im 20. Jahrhundert gibt es keinen wichtigeren Briefwechsel als den zwischen Roosevelt und Churchill in den dramatischen Monaten des Jahres 1940. Am Vorabend seines Einmarsches in Sowjetrussland offenbart Hitler auf der Höhe seiner anmaßenden Großtuerei seine Motive in einem Brief an seinen Verbündeten Mussolini. Und ein Entwurf wurde niemals abgeschickt: Eisenhowers Botschaft an seine Truppen, falls der D-Day scheitern sollte.

Dann gibt es noch eine spezielle Sorte Brief, der gleichzeitig als politisch und als persönlich gelten muss – das ist von besonderer Bedeutung in Autokratien, in denen auch das Intimleben des Herrschers politisch ist. Wie wir noch heute in vielen der neuen Autokratien des 21. Jahrhunderts beobachten können, wird, sobald ein Machthaber absolutistische Züge an den Tag legt, alles Private zum Politikum. Der Liebesbrief Heinrichs VIII. an Anne Boleyn und der von James I. an seinen attraktiven männlichen Günstling, den Duke of Buckingham, haben politische Relevanz – die amourösen Vorlieben des Herrschers wirken sich nun mal auf die Regierung eines Landes aus. Die widerwärtigen Belustigungen, die seine Höflinge für Kaiser Wilhelm II. veranstalteten und bei denen für gewöhnlich After und Würstchen eine Rolle spielten, offenbaren die grobe Inkompetenz, die den Frieden in Europa gefährdete. Katharina die Große und Fürst Potemkin, Partner in der Liebe wie in der Politik, sind leidenschaftliche Romantiker und dabei auch scharfsichtige Realpolitiker. Unter ihren Briefen beschäftigen sich einige, zehn bis fünfzehn Seiten lang, mit allen Aspekten der Macht – Diplomatie, Krieg, Finanzen, Personal. Doch sie behandeln auch häusliche Angelegenheiten wie das Sammeln von Kunst, den Hausbau, ihre Liebesaffären und nicht zuletzt ihre Gesundheit – kein Brief des 18. Jahrhunderts wäre vollständig ohne das Thema Hämorrhoiden. Ihre kurzen Liebesbriefe hingegen ähneln heutigen E-Mails oder SMS. Solche Briefe waren nie für die Augen eines anderen als des Adressaten bestimmt, doch blieben die meisten auch nach ihrem Tod erhalten. Potemkin starb auf einer wilden Steppe in Moldawien. Umklammert hielt er einen Packen mit Briefen von Katharina, umwickelt mit einem Band, und beim Lesen waren ihm die Tränen heruntergelaufen.

Derartige *wirklich* private Korrespondenz feiert Liebe und Sex, aber es waren Briefe, die ihre Verfasser sorgsam unter Verschluss hielten. Alexander II. und seine Geliebte (und spätere Ehefrau) Katja schrieben sich die erotischsten Briefe, die je von einem Staatsoberhaupt zu Papier gebracht wurden. Seinerzeit ist man vermutlich davon ausgegangen, dass niemand sie jemals zu Gesicht bekommen würde – und da sind wir nun und lesen die Briefe von Vita Sackville-West und Virginia Woolf, Napoleon und Josephine, Emma Hamilton und Lord Nelson. Balzacs Korrespondenz mit seiner polnischen Bewunderin, der schönen Gräfin Hańska, ist so leidenschaftlich, dass sie sich ineinander verlieben, noch ehe sie sich das erste Mal getroffen haben – allein durch die Macht des geschriebenen Wortes. Der Briefwechsel zwischen Anaïs Nin und Henry Miller glüht förmlich vor Erotik und kommt so lüstern daher, dass er schon den Beigeschmack von Pornografie hat. »Mehr als Küsse«, schrieb der Dichter John Donne, »vereinen Briefe Seelen.« Und Körper.

Selbstverständlich habe ich auch intime Briefe ausgewählt, die nicht nur von Lust, sondern auch von Schmerz erzählen, vom Ende der Liebe ebenso wie von ihrem Anfang. Einer der bemerkenswertesten, wenn auch kaum bekannten, ist Thomas Jeffersons »Unterhaltung« zwischen seinem Kopf und seinem Herzen, adressiert an seine junge Geliebte, die im Begriff ist, ihn zu verlassen. Eine brillantere Analyse der Tollheit der Liebe ist wohl selten geschrieben worden – doch sollte die Geschliffenheit nicht verwundern, schließlich handelt es sich hier um den Verfasser der amerikanischen Unabhängigkeitserklärung.

Auch Simón Bolívar ist sich unschlüssig über seine Affäre mit der legendären Manuela Sáenz. Die verheiratete Schönheit Henriette bricht, als sie zu ihrem Mann zurückkehrt, Casanova, dem Schürzenjäger schlechthin, das Herz. Kurz vor seinem eigenen Tod verabschiedet sich Leonard Cohen von seiner sterbenden Ex-Geliebten, die ihn zu seinen größten Songs inspiriert hatte, darunter »So Long, Marianne«. Mein

Favorit unter den Abschiedsbriefen ist der des siegreichen Kalifen über das islamische Spanien, Abd ar-Rahman III., der auf dem Totenbett darüber nachsinnt, dass er in fünfzig ruhmreichen Jahren nur vierzehn Tage glücklich war. Wenige Briefe sind herzzerreißender als Alan Turings qualvolles Ringen angesichts der Strafverfolgung seiner Homosexualität. Und dann ist da auch noch das schier unerträgliche Grauen eines der seltenen erhaltenen Abschiedsbriefe einer Frau an ihren Mann in einem Vernichtungslager des Holocaust.

Einige Briefe berichten von historischen Ereignissen beziehungsweise Vorgängen. So informiert Kolumbus seine Monarchen über die »Entdeckung« Amerikas. Die Luftschlacht um England wird im Brief eines Piloten an seine Eltern geschildert. Das geht einem besonders ans Herz, da der junge Mann bald darauf den Tod findet. Tschechow beobachtet das Leiden der verzweifelten Gefangenen auf Sachalin. Plinius sieht den Untergang Pompejis mit an. Voltaire sinniert über das Erdbeben in Lissabon im Jahr 1755.

Eine Unterkategorie dessen, was wir vielleicht als Tourismus bezeichnen könnten, erzählt von erotischen Abenteuern an reizvollen Orten. Das war eine beliebte Form des Briefes im 18. und 19. Jahrhundert, als sich das moderne Erlebnis des Reisens als Freizeitgestaltung von den Grand Tours wohlhabender Aristokraten auf die Eisenbahnfahrten der Mittelschicht ausweitete, was die Welt wie nie zuvor zusammenschrumpfen ließ. Tschechow und Flaubert berichten in wunderschöner Prosa vergnügt von Begegnungen mit japanischen Prostituierten und ägyptischen jungen Männern.

Dann sind da die Briefe familiärer Art, die uns zu Zeugen der engen Beziehungen großer Männer zu ihren Kindern machen. Anschauliche Beispiele dafür bieten zwei Mogul-Herrscher: Babur ermahnt seinen Sohn zur Toleranz, Aurangzeb schreibt dem seinen vom Totenbett aus, während sein Reich auseinanderbricht. In Erwartung seiner Gerichtsverhandlung unterweist Charles I. seinen Sohn in der Kunst des Königseins. Kaiserin Maria Theresia warnt ihre Tochter Marie-Antoinette, dass ihre Arroganz noch einmal ihr Untergang sein werde. Es geht auch andersherum: Swetlana Stalina spielt die kleine Diktatorin und erteilt ihrem Vater Anweisungen – darunter auch die, in der gesamten Sowjetunion für ein Jahr die Hausaufgaben zu verbieten. Auch peinliche Situationen innerhalb von Familien bleiben nicht ausgespart, was in Königskreisen durchaus epische Ausmaße annehmen kann. Die künftige Königin Elisabeth I. fleht bei ihrer Schwester, der Königin »Bloody« Mary, um ihr Leben. Joseph II. kommt als Sex-Berater für seine Schwester Marie-Antoinette nach Paris, nachdem sich Ludwig XVI. als unfähig erwiesen hat, die Ehe zu vollziehen.

Die anonyme Warnung vor dem Gunpowder Plot besiegelt bereits das Scheitern der Verschwörung – sie verändert mit einem Schlag den Lauf der Geschichte. Rasputin bemüht sich in seinem Brief an Nikolaus II., den Ausbruch des Ersten Weltkriegs zu verhindern, hat damit jedoch keinen Erfolg. Einige Briefe sind selbst schon Tötungsbefehle: Stalins Schreiben ermutigen seine Geheimpolizei, »Feinde« zu exekutieren, die in Wirklichkeit unschuldig sind, und Lenin ordnet wie von Sinnen Hinrichtungen wahlloser Opfer an. Vor dreitausend Jahren weist ein ägyptischer Herrscher seine Frau an, zwei untergeordnete Beamte zu töten und ihre Leichen »verschwinden« zu lassen. Einer meiner persönlichen Favoriten ist Titos lakonische Mitteilung an Stalin, in der er damit droht, einen Auftragskiller zu schicken, sollte Stalin noch einmal versuchen, ihn zu töten.

Eine spezielle Kategorie beschäftigt sich mit Selbstzerstörung. Oscar Wilde erhält den beleidigenden Brief vom Vater seines Geliebten, in dem dieser ihn einen »Somdomiten« [sic] nennt. Alexander Hamilton und Alexander Puschkin schreiben sich sozusagen in die Duelle hinein, in denen sie den Tod finden. Eine andere besondere Spezies sind die letzten Worte, so etwa in Sir Walter Raleighs Abschiedsbrief an seine Frau vor seiner Hinrichtung. In dem Bewusstsein, dass er bald sterben wird, schreibt Kaiser Hadrian an seinen Adoptivsohn und Nachfolger Antoninus Pius. Kränkelnd und erschöpft verdammt Bolívar den gesamten amerikanischen Kontinent. Kafka ordnet an, dass seine Werke zerstört werden sollen. Und er ist nicht der Einzige, der am Wert seiner Arbeit zweifelt: Ein weiteres Thema sind die Qual und die Enttäuschungen des Schöpfungsprozesses. Beispiele dafür liefern Keats' Betrachtungen über Liebe und Tod, Michelangelos Überlastung beim Ausmalen der Sixtinischen Kapelle oder T. S. Eliots Ablehnung von George Orwells neuem Roman *Farm der Tiere*.

Hier können Sie auch zeitlose Briefe lesen, die von den mutigen Freiheitskämpfen jüngerer Zeit erzählen, Kämpfen für die Sklavenbefreiung, das Frauenwahlrecht sowie Bürgerrechte für Afroamerikaner. Toussaint Louverture, der Anführer der haitianischen Sklavenrevolte gegen die Franzosen, die zur ersten unabhängigen schwarzen Republik in Amerika führte, fleht nun um das Leben seiner Familie. Nelson Mandela erklärt seiner Frau Winnie, wie man selbst in einer Gefängniszelle noch hoffnungsvoll leben kann. Abraham Hannibal, ein vermutlich aus Westafrika verschleppter Sklave, der später an die Sklavenmärkte von Istanbul und von da aus an den russischen Zar weiterverkauft wurde, wird der erste schwarze General in Europa. Talentierte Frauen widersetzen sich ihren Fesseln. Ada Lovelace schreibt von ihrer Begeisterung für die Naturwissenschaften; Fanny Burney und Manuela Sáenz wehren sich gegen die Zwangsläufigkeit eintöniger, männerdominierter Ehen; Emmeline Pankhurst rechtfertigt Gewaltanwendung im Interesse des Frauenwahlrechts.

E-Mails und das Telefon mögen zwar dem goldenen Zeitalter des Briefes ein Ende gesetzt haben, aber seine Macht hat er dadurch nicht verloren – in der Diplomatie zum Beispiel. Als Donald Trump 2018 sein geplantes Gipfeltreffen mit dem jungen, mordlüsternen nordkoreanischen Diktator Kim Jong-un in Singapur absagt, tut er dies mit einem typisch Trump'schen Brief. Das löst eine schwungvolle Korrespondenz aus. Der Gipfel in Singapur findet trotz allem statt. Ein paar Tage danach, am 6. Juli, schreibt der Oberste Führer Kim an Trump: »Das bemerkenswerte erste Treffen mit Eurer Exzellenz war wahrhaftig der Beginn einer bedeutungsvollen Reise.« Trump trieb die Sache noch weiter, als er bei einer Wahlveranstaltung mit seiner nordkoreanischen Brieffreundschaft prahlte: »Ich war echt hart und er auch. Wir spielten den Ball hin und her. Und dann verliebten wir uns. OK? Nein, ernsthaft – er hat mir wunderschöne Briefe geschrieben, und es sind tolle Briefe.« Wie auch immer die Zukunft der nordkoreanischen Nuklearwaffen aussehen mag, hiermit wäre zumindest die emotionale und politische Macht des Briefes erwiesen.

Da wir gerade beim Thema des neuen unverfrorenen, gehässigen Zeitalters autoritärer Großtuerei, erbarmungslosen Schwulstes und boshafter Feindseligkeit im öffentlichen Leben sind, das in Trumps Präsidentschaft seinen reinsten Ausdruck findet – ich habe dieser Sammlung den charmanten, eleganten Brief hinzugefügt, den Präsident George Bush Sr. (Fürsprecher eines freundlicheren, sanfteren Politikstils) für seinen Nachfolger, Bill Clinton, im Oval Office zurückließ. Gewandt und mit Herzlichkeit schiebt er kleinkarierte Befangenheit und politische Boshaftigkeit beiseite, um das beiden gemeinsame amerikanische Ideal zu preisen. Eine solche Geisteshaltung sucht man heute leider vergebens.

Briefe sind neuerdings wieder gefragt bei denen, die bei ihrem Nachrichtenaustausch Wert auf Diskretion legen. Politiker, Spione, Kriminelle und Liebende haben alle – nicht selten auf die harte Tour – die Erfahrung gemacht, dass E-Mails und SMS gelesen und offengelegt werden können. Sie werden nie gelöscht. Aber oftmals verflüchtigen sie sich. Ihre Unbeständigkeit macht sie zu einem unbefriedigenden Medium. Sie lassen das Leben flüchtiger erscheinen, während Briefe ihm einen beständigeren Charakter verleihen. Selbst noch so gründlich verschlüsselte Nachrichten können entschlüsselt werden. Geheimdienste wie CIA, GCHQ oder FSB sammeln, unterstützt von Geisterarmeen freischaffender Hacker, riesige Caches von Nachrichten. Aus diesem Grund greifen Menschen zunehmend wieder zu Stift und Papier, vor allem in Regierungskreisen. Briefe können zwar überdauern, aber paradoxerweise sind sie sicherer, denn es gibt sie nur einmal und man kann sie spurlos vernichten. Russische Spitzenbeamte berichten mir, dass heutzutage im Kreml bei allen bedeutenden Angelegenheiten nur noch brieflich verfahren wird, auf altmodischem Papier, mit altbewährter Tinte oder Blei, Federhalter oder Kugelschreiber und befördert durch loyale Kuriere. Keine schnittigen elektronischen Apparate mehr! Das sollte uns aufhorchen lassen, denn wer wüsste besser als der Kreml unter Präsident Putin, dieser wehrhafte Bienenstock der Cyberspionage, wie unsicher und gefährlich die bequemen SMS und schnellen E-Mails sind. Allerdings haben Briefe, wie diese Anthologie beweist, häufig ein sehr viel längeres Leben, als ihre Verfasser sich jemals träumen ließen.

Ich hoffe, dass die Leserinnen und Leser dieser Sammlung über die Beherztheit, Schönheit und unverfälschte Wahrhaftigkeit der abgedruckten Briefe staunen werden. Während sich der Internetsurfer inmitten von unsichtbaren Millionen isolierter fühlt denn je, ist der Verfasser eines einzelnen Briefes an seinen Adressaten niemals einsam. Lord Byron, dessen Tochter Ada auf diesen Seiten zu finden ist, hat das begriffen, wenn er sinniert, dass »Briefeschreiben das einzige Mittel [ist], das Abgeschiedenheit mit guter Gesellschaft verbindet«, denn der Briefeschreiber wird bereichert durch das wohlige Gefühl, dass jemand in weiter Ferne bald seine Gedanken teilen wird. Möge das für Sie Ermutigung sein, selbst wieder einmal zur Feder zu greifen, inspiriert von diesen Musterbeispielen ihrer Kunst.

Mit den besten Grüßen
Ihr Simon Sebag Montefiore
Mai 2019

P. S. In einigen Fällen habe ich, wo der Text zu lang wurde, die Einzelheiten zu undurchsichtig oder der Sex nicht enden wollend, Briefe gekürzt, um das Lesen zu erleichtern. Außerdem habe ich bei allen regierenden Monarchen die Herrschernamen benutzt, auch wenn sie zum Zeitpunkt der Briefe noch nicht an der Regierung waren. Das soll der leichteren Identifizierbarkeit dienen. Elisabeth I. war eine Prinzessin mit zweifelhaften Aussichten, als sie den »Gezeitenbrief« an Königin Mary schrieb – doch der Brief erscheint im Inhaltsverzeichnis unter »Elisabeth I. an Mary I.« Ich bitte um Entschuldigung, falls das jemanden stört.

LIEBE

HEINRICH VIII. AN ANNE BOLEYN, MAI 1528

Dieser Liebesbrief ist von hoher politischer Brisanz. Heinrich war der zweite Sohn Heinrichs VII., der im Jahr 1485 den englischen Thron für seine neu begründete Tudor-Dynastie in Besitz genommen hatte. Erst der Tod seines älteren Bruders Arthur machte Heinrich VIII. 1509 zum König. Arthur hinterließ eine junge Witwe, Katharina von Aragon, Tochter des spanischen Königspaares. Bei seiner Thronbesteigung entschied sich Heinrich, Katharina zu heiraten. Nach fast zwanzig Jahren Ehe wartete der König immer noch verzweifelt auf einen männlichen Erben. Bis dahin hatte nur eine Tochter, Mary, überlebt. Nach einer Affäre mit einer jungen Frau bei Hofe namens Mary Boleyn erregt deren Schwester Anne, ebenfalls Ehrendame der Königin, Heinrichs Aufmerksamkeit. 1528 ist Heinrich bereits rettungslos verliebt in die elf Jahre jüngere Anne Boleyn, auch wenn es unwahrscheinlich ist, dass die Liebe da schon vollzogen ist. Denn sie entzieht sich seinen Verführungsversuchen. Annes Mischung aus Keuschheit und Kultiviertheit, ihr Ehrgeiz, den König zu heiraten und nicht wie ihre Schwester verführt zu werden, fachen, ebenso wie ihre kühle, hochmütige Anziehungskraft, Heinrichs Leidenschaft noch weiter an. Ihr Naturell lässt ihn spielerisch an ihrer Liebe zweifeln – »Ich hoffe auch auf Eure« – doch später wird er ihr ihre Winkelzüge noch übel nehmen und sich bitter rächen.

Heinrichs Verliebtheit kam seine Überzeugung ganz gut zupass, dass seine Ehe mit Katharina von Anfang an inzestuös gewesen und dass das Ausbleiben eines Sohnes auf göttliches Missfallen zurückzuführen sei. Aufgrund dessen wies er seine Minister an, beim Papst eine Annullierung zu erwirken. Doch die katholische Kirche widersetzte sich Heinrich in seiner »großen Sache«, was schließlich zum endgültigen Bruch mit Rom und zur Gründung der Church of England führte. Das wiederum ermöglichte es ihm, 1532 Anne zu heiraten. Als Anne nur eine Tochter, die spätere Elisabeth I., aber keine Söhne zur Welt brachte, wandte sich Heinrich gegen sie. 1536 wurde sie hingerichtet.

Meine Herrin und Freundin – ich und mein Herz begeben sich in Eure Hände und flehen Euch an, sie als Bewerber um Eure Gunst anzunehmen und dass Eure Gewogenheit durch das Fernesein nicht gemindert werde. Denn es wäre ein großer Jammer, ihren Kummer noch zu vermehren, da das Fernesein sie schon weidlich quält und mehr, als ich je für möglich gehalten hätte, was uns an eine Eigenart der Sternenkunde gemahnt, nämlich dass, je länger die Tage sind, desto weiter entfernt die Sonne ist und dennoch umso glühender. So verhält es sich auch mit unserer Liebe, denn wenn uns auch die Ferne trennt, bewahrt sie doch gleichwohl ihre Inbrunst, zumindest auf meiner Seite, und ich hoffe, auch auf Eurer. Und so versichere ich Euch, dass meinerseits der Verdruss des Ferneseins bereits über Gebühr auf mir lastet. Wenn ich daran denke, was ich unausweichlich noch erleiden muss, wäre das nahezu unerträglich für mich, wäre da nicht meine feste Hoffnung. Und da ich nicht selbst bei Euch sein kann, schicke ich Euch etwas, was dem am nächsten kommt, nämlich mein Bild, in einen Armreif gefasst, mit dem Wahlspruch,

den Ihr ja bereits kennt. Ich wünsche mich an ihrer Stelle, sobald es Euch beliebt. Dies von der Hand
Eures treuen Dieners und Freundes
H. Rex

FRIDA KAHLO AN DIEGO RIVERA,
19. AUGUST 1939

Frida Kahlos Liebesbriefe an ihren Mann, den Maler Diego Rivera, sind erfüllt von den kräftigen Farben und der ungestümen Leidenschaft ihrer Kunst – und ihres Lebens. Die Tochter eines deutschen Vaters und einer mexikanischen Mutter war schon schwer von Kinderlähmung gezeichnet, als sie 1925, im Alter von achtzehn Jahren, bei einem Busunfall schwer verletzt wurde. Eine Eisenstange hatte sich in ihr Becken gebohrt. Sie verbrachte drei Monate in einem Ganzkörpergips, musste dreißig Operationen und lebenslange Schmerzen über sich ergehen lassen. In der Genesungsphase fing sie mit dem Malen an. Sie begegnete Diego, der bereits eine Berühmtheit war. Beide waren politisch links orientiert und hatten sich über die Kommunistische Partei kennengelernt. Diego wurde Fridas künstlerischer Mentor. Er hatte in Paris gelebt, war durch Italien gereist und hatte seinen eigenen Stil in der Wandmalerei entwickelt mit kräftigen Farben und in ihrer Schlichtheit beinahe aztekisch wirkenden Figuren, mittels derer er die Geschichte Mexikos und seiner Revolution erzählte. Diego und Frida wurden ein Liebespaar. Er war zweiundvierzig, sie zwanzig.

1929 heirateten sie, doch es wurde eine turbulente Ehe. Er

war übellaunig und ein notorischer Schürzenjäger, sie hatte Affären mit Männern wie dem russischen Revolutionsführer im Exil, Leo Trotzki, ebenso wie mit Frauen, darunter die französisch-amerikanische Sängerin und Tänzerin Josephine Baker. Weder ihre gesundheitlichen Probleme noch der in der mexikanischen Gesellschaft vorherrschende konservative Katholizismus hinderten sie an der Umsetzung ihrer künstlerischen Vision, und mit ihrer aufwändigen bunten Kleidung brachte sie ihr ethnisch gemischtes Erbe sowie ihr freizügiges Liebesleben zum Ausdruck. Kahlos spektakulärer Kunststil, eine extravagante Mischung aus Fantasie und Realismus, Magie und Folklore, war inspiriert sowohl von Mexiko selbst als auch von ihrem außergewöhnlichen Leben. Das alles offenbart sich auch in ihren Briefen an Rivera, in denen körperliche Liebe und emotionale Turbulenzen mit den Farben der Malerei beschrieben werden.

1939 ließen sie sich scheiden. Lange Zeit galt sie fast ausschließlich als Diegos Frau – doch inzwischen sind Fridas Gemälde und Diegos riesige überschwängliche Wandbilder der Inbegriff von Mexikos Nationalkunst. Die treffendste Beschreibung der stürmischen Beziehung der beiden hat Frida selbst geliefert: »Nur ein Berg kann das Innerste eines anderen Berges verstehen.«

19. August 1939

Diego:

Nichts ist vergleichbar mit Deinen Händen, nichts mit dem grünen Gold Deiner Augen. Mein Körper ist erfüllt von Dir, Tag für Tag. Du bist der Spiegel der Nacht. Du bist das violette Licht des Blitzes. Du bist die Feuchte der Erde. Die Mulden Deiner Achselhöhlen sind meine Zuflucht. Meine ganze Freude ist es, zu spüren, wie das Leben aus Deiner Quellblume hervorsprießt und von mir empfangen wird, um alle meine Nervenwege zu füllen. Sie gehören Dir. Deine Augen sind grüne Schwerter in meinem Fleisch, Wellen zwischen unseren Händen.

Nur Du, in einem Raum voll von Klängen. Im Schatten wie im Licht. Du trägst den Namen Auxochrom, das die Farbe aufnimmt. Ich bin das Chromophor, das die Farbe gibt. Du verkörperst alle Kombinationen von Zahlen. Du verkörperst das Leben. Ich sehne mich danach, die Linie, die Form und die Bewegung zu verstehen. Du beschenkst mich reich, ich empfange Deine Fülle. Dein Wort dringt durch den gesamten Raum und erreicht meine Zellen. Sie sind meine Sterne. Es kehrt zurück zu Deinen Zellen. Sie sind mein Licht.

Frida Kahlo

THOMAS JEFFERSON AN MARIA COSWAY, 12. OKTOBER 1786

Er ist der amerikanische Botschafter in Paris. Sie ist eine »schmachtende Anglo-Italienerin mit goldblondem Haar und von großer Anmut … äußerst versiert, vor allem auf musikalischem Gebiet«. Er ist dreiundvierzig, sie siebenundzwanzig. Er ist Witwer, sie verheiratet. Der aus Virginia gebürtige Jefferson war ein wohlhabender Gutsbesitzer und hatte 1776 die Unabhängigkeitserklärung der neuen Nation Amerika verfasst. Maria Cosway kam 1759 als Tochter eines englischen Gastwirts im Exil nahe Florenz zur Welt und heiratete später einen exzentrischen Maler. Im Herbst des Jahres 1786 verbringen Maria und Jefferson in Paris viel – intensiv erlebte – Zeit miteinander.

Als sie fortgeht, schreibt Jefferson ihr diesen bemerkenswerten Brief. Darin befasst sich einer der führenden Köpfe der westlichen Welt mit dem Dilemma der Liebe, mit Liebesleid und der menschlichen Natur. Verliebt zu sein, vom Elixier des Liebens zu trinken, so argumentiert er, ist es wert, dass einem unvermeidlich das Herz gebrochen wird. Amerika wäre ja auch nicht befreit worden ohne die Leidenschaft des Herzens. Seine Schlussfolgerung? »Es gibt keine Rose ohne Dornen.« Sie treffen sich niemals wieder, korrespondieren aber für den Rest ihres Lebens.

Kurz nach Marias Weggang kommen Jeffersons Tochter und ihre sechzehnjährige Mischlingssklavin Sally Hemings zu ihm nach Paris. Mit Sally beginnt Jefferson eine Beziehung, aus der mindestens fünf Kinder hervorgehen. 1790 kehrte er nach Hause zurück, um dort in Präsident Washingtons Kabinett der erste Außenminister seines Landes zu werden. 1801 wurde er zum dritten Präsidenten der Vereinigten Staaten gewählt. Es folgt nun dieser ganz besondere Brief über die Qualen und Konflikte eines Menschen, der sich unangemessen verliebt hat.

Als ich einsam und traurig an meinem Kamin saß, entspann sich der folgende Dialog zwischen meinem Kopf und meinem Herzen.

Kopf: Nun, mein Freund, Du scheinst ja in keiner sehr guten Verfassung zu sein.

Herz: Ich bin fürwahr das elendeste unter allen irdischen Geschöpfen. Überwältigt von Kummer, jede Faser meines Leibes über alles naturgegebene Maß der Erträglichkeit hinaus angespannt, würde ich mit offenen Armen jedwedes Unheil willkommen heißen, das mich nicht mehr fühlen noch fürchten ließe.

Kopf: Das sind die unabänderlichen Folgen Deiner Herzenswärme und Deines Ungestüms. Wieder eine dieser Verlegenheiten, in die Du uns beständig bringst. Du bekennst Deine Torheiten, fürwahr! Doch Du lässt nicht ab, sie zu pflegen und an ihnen festzuhalten. Und auf Läuterung ist nicht zu hoffen, wo keine Reue herrscht.

Herz: Ach, mein Freund! Es ist jetzt nicht der Augenblick, meine Schwächen zu tadeln. Die Kraft meines Kummers reißt mich in tausend Stücke! Wenn Du irgendwelchen Balsam hast, dann gieße ihn in meine Wunden – wenn nicht, so martere sie nicht mit neuen Qualen. Verschone mich in dieser entsetzlichen Stunde! Zu jeder anderen will ich geduldig Deinen Ermahnungen lauschen.

Kopf: Da muss ich aber widersprechen: Ich habe noch nie erlebt, dass Du Triumphe erzielt hättest, indem Du meinen Ermahnungen Beachtung schenktest. Während Du unter Deinen Torheiten leidest, magst Du Dir ihrer ja vielleicht bewusst sein, doch ist der Anfall erst einmal vorüber, dünkt es Dich, er könne niemals wiederkehren. Es ist daher, so bitter die Medizin auch sein mag, meine Pflicht, sie zu verabreichen …

Herz: Der Himmel möge mir versagt sein, wenn das so ist! …

Kopf: Ich wollte Dir begreiflich machen, wie unbesonnen es ist, Deine Zuneigung vorbehaltlos auf Dinge zu richten, die Du so bald schon wieder verlieren wirst und deren Verlust, wenn er kommt, Dir solch schlimme Schmerzen bereiten muss. Denke nur an die vergangene Nacht. Du wusstest, dass Deine Freunde heute Paris verlassen würden. Das alleine schon bereitete Dir Höllenqualen. Die ganze Nacht über hast Du uns von einer Seite des Bettes auf die andere gewälzt. Kein Schlaf, keine Erholung ... Um diesen ewigen Kummer zu vermeiden, dem Du uns beständig aussetzt, musst Du lernen, vor jedem Schritt vorauszublicken, der sich auf unseren Seelenfrieden auswirken könnte. Alles auf dieser Welt ist eine Sache des Abwägens. Gehe daher besonnen vor, mit der Waage in der Hand. Lege in die eine Schale die Freuden, die eine bestimmte Sache Dir verheißen mag; doch lege in die andere auch redlich die Schmerzen, die folgen werden, und beachte, was schwerer wiegt. Eine Bekanntschaft zu machen ist keine leichtfertige Angelegenheit. Wenn Dir eine neue ins Haus steht, betrachte sie von allen Seiten. Erwäge, welche Vorteile sie bietet und welchen Beschwerlichkeiten sie Dich aussetzen mag. Schnappe nicht nach dem Köder der Freuden, bevor Du nicht sicher bist, dass kein Haken darunter lauert. Die rechte Lebenskunst ist die Kunst, Schmerz zu vermeiden. Und der ist der beste Lotse, der die Felsen und Untiefen, die ihn bedrängen, am weitesten umschifft. Immer lockt uns das Vergnügen, doch das Ungemach ist stets an unserer Seite. Während wir jenem nachjagen, gebietet dieses uns Einhalt. Das wirksamste Mittel, sich gegen Schmerzen zu wappnen, ist, sich in sein Inneres zurückzuziehen und sich selbst zu genügen ...

Herz: Und welch erhabenere Wonne, als seine Tränen unter die Tränen dessen zu mischen, den des Himmels harte Hand getroffen hat! Über dem Krankenbett zu wachen und seine eintönigen und schmerzlichen Momente zu verscheuchen! Unser Brot mit dem zu teilen, dem ein Unglück seins geraubt! Die Welt ist fürwahr voller Elend. Um seine Last zu lindern, müssen wir es unter uns aufteilen ... Als die Natur uns dieselbe Behausung zugewiesen hat, hat sie uns eine geteilte Herrschaft darüber verliehen. Dir teilte sie das Feld der Wissenschaft zu, mir das der Moral. Wenn es gilt, den Kreis zum Quadrat zu machen oder dem Orbit eines Kometen nachzuspüren, wenn das stärkste Gewölbe oder der Festkörper mit dem geringsten Widerstand erforscht werden soll, nimm Du Dich der Sache an, sie gehört Dir. Die Natur hat mir kein Wissen darüber verliehen. In gleicher Weise hat sie Dich, indem sie Dir Empfindungen von Mitgefühl, Wohlwollen, Dankbarkeit, Gerechtigkeit, Liebe oder Freundschaft versagte, deren Kontrolle entzogen. Ihnen hat sie die Mechanismen des Herzens angepasst. Sittliche Werte waren für das Glück der Menschen zu unverzichtbar, um sie den ungewissen Kombinationen des Kopfes zu überlassen. Ihre Wurzeln hat sie daher ins Gefühl gebettet und nicht in die Wissenschaft. Jenes gab sie allen mit, da es allen nottut, dieses nur einigen wenigen, da es bei denen genügt. Ich weiß sehr wohl, dass Du für Dich die uneingeschränkte Zuständigkeit für unser Verhalten in all seinen Facetten in Anspruch nimmst. Und die Achtung vor Deinen würdigen Weisheiten und Maximen, der Wunsch, zu tun, was recht ist, hat mich zuweilen bewogen, Deinem Ratschlag zu entsprechen ... Wäre unser Land, als es bei vorgehaltenem Bajonett von Unbill bedrängt wurde, von seinen Köpfen gesteuert worden, statt von seinen Herzen, wo wären wir da jetzt? Wir hingen an einem Galgen so hoch wie Hamans. Du begannst zu rechnen und Wohlstand und Zahlen zu vergleichen; wir beschleunigten den Pulsschlag unsres wärmsten Blutes. Wir setzten Inbrunst gegen Wohlstand und Zahlen, wir setzten unser Leben der Gefahr aus, als die Gefahr gegen uns zu sprechen schien, und wir retteten unser Land. Wir bewahrheiteten zugleich auch das Walten der Vorsehung, deren Grundsatz lautet, stets zu tun, was recht ist, und ihr die Sache zu überlassen. Kurzum, mein Freund, sofern mich meine Erinnerung nicht trügt, wüsste ich nicht, dass ich jemals etwas Gutes auf Deine Empfehlung hin getan habe oder etwas Unredliches ohne sie. So weise ich denn für alle Zeiten Deine Einmischung in meine Domäne von mir. Fülle nur seitenweise Papier mit Dreiecken und Quadraten, wie es Dir beliebt; erprobe, auf wie viele Arten Du sie kombinieren kannst ... Wir selbst sind nicht unsterblich, mein Freund, wie können wir dies da von unseren Freuden erwarten? Es gibt keine Rose ohne Dornen, keinen Genuss ohne Beimischung. Das ist das Gesetz unserer Existenz, und wir müssen uns dem fügen.

KATHARINA DIE GROSSE AN FÜRST POTEMKIN, ETWA 19. MÄRZ 1774

Dieser Brief offenbart eine der erfolgreichsten Liebesbeziehungen und politischen Allianzen der Weltgeschichte. Katharina kam als junge deutsche Prinzessin nach Russland, um dort den farblosen Thronfolger, Großfürst Peter, zu heiraten, einen kümmerlichen Rüpel, der ihr das Leben zur Hölle machte. Sie war klug, kultiviert, leidenschaftlich und ehrgeizig. In ihrer Einsamkeit und Verzweiflung ließ sie sich im Privaten wie im Politischen von einer Reihe von Liebhabern unterstützen. Als sich abzeichnete, dass ihr Mann als Zar Peter III. eine Katastrophe und als Mensch eine Gefahr war, stürzte sie ihn mithilfe ihres Liebhabers Orlow und bestieg als Katharina II. selbst den Thron. Peter III. wurde erdrosselt. Ständig in Gefahr, auch selbst ermordet zu werden, fand Katharina in Orlow keine große Stütze mehr. Als ihre Beziehung zerbricht, folgt ihm ein gewisser Wassiltschikow, intellektuell gesehen eine Null. Er macht sie noch unglücklicher. Katharina braucht jemanden an ihrer Seite, der ihr ebenbürtig ist. Grigori Potemkin kennt sie schon seit Längerem. Der geistreiche, extravagante und gebieterische Generalleutnant ist bereits in sie verliebt.

Jetzt verliebt sie sich auch in ihn, wohl wissend, dass er einen ebenso scharfen Verstand hat wie sie. In ihren Briefen bezeichnen sie sich als »Zwillingsseelen«, und sie schreiben sich bei Tag und bei Nacht. Zuweilen muten Katharinas Briefe wie SMS an: »Ich liebe General, General liebt mich«, doch sie wollen hoch hinaus. Körperliche Leidenschaft verbindet sich mit politischem Weitblick und verändert den Lauf der russischen Geschichte. Gemeinsam erweitern sie das Reich bis in die Ukraine hinein, annektieren die Krim und gründen eine Schwarzmeerflotte ebenso wie neue Städte von Odessa bis Cherson.

Im folgenden Brief bekennt Katharina, die Potemkin mit Kosenamen wie »mein Held«, »Kosake« oder »Giaur« (muslimischer Tatar) belegt, dass sie selbst noch im Morgengrauen, nach einem Streit, in dem sie die Beziehung beenden wollte, nicht ohne den charismatischen Potemkin leben kann. Sie ist überwältigt von Liebe und Begierde. Was hat er nur angestellt mit der klügsten und gewitztesten Frau in Europa?

Also wirklich, Liebling, ich nehme an, Du dachtest, ich würde Dir heute nicht schreiben. Aber da irren Sie sich gewaltig, mein Herr! Ich bin um fünf Uhr aufgewacht, jetzt ist es nach sechs – ich sollte ihm schreiben [Wassiltschikow]. Aber nur, um Klartext zu reden, und nun pass auf, was dieser Klartext ist: Ich liebe Dich nicht und will Dich nicht mehr sehen. Du wirst es nicht glauben, mein Liebster, aber ich kann Dich überhaupt nicht ausstehen. Gestern plauderten wir bis zwölf Uhr, dann wurde er weggeschickt. Sei nicht böse – wirklich, als könnte man nicht ohne ihn auskommen. Das Schönste von allem, was bei dieser Unterhaltung herauskam, ist, dass ich erfuhr, was sie sich untereinander erzählen: Nein, sagen sie, das ist kein Wassiltschikow, den behandelt sie anders. Und er ist wahrhaft würdig. Niemand wundert sich, und das Verhältnis wird akzeptiert, als hätten sie schon lange damit gerechnet. Aber nein – alles muss ganz anders sein. Von meinem kleinen Finger bis in meine Zehenspitzen und von da bis zum letzten Haar auf meinem Kopf habe ich heute ein allgemeines Verbot gegen den kleinsten Beweis meiner Zuneigung zu Dir erlassen. Und meine Liebe wird in meinem Herzen hinter Schloss und Riegel verwahrt. Es ist schrecklich, wie beengt es da drinnen ist. Mit großer Mühe zwängt sie sich hinein, gib also gut acht – sie könnte leicht irgendwo herausplumpsen. Jetzt hör mal, Du bist doch ein vernünftiger Mann, könnten so wenige Zeilen noch mehr Unsinn enthalten? Eine Flut von törichten Worten ist meinem Kopf entsprungen. Wie es Dir Freude machen kann, mit einem so gestörten Geist zusammen zu sein, weiß ich auch nicht. Ach, Herr Potemkin, was für ein seltsames Wunder haben Sie an einem so durch und durch verwirrten Kopf vollbracht, der früher von der Gesellschaft als einer der besten in Europa angesehen wurde?

Es wird Zeit, sogar höchste Zeit, sich vernünftig zu betragen. Es ist blamabel, es ist schlimm, es ist eine Sünde, dass Katharina die Zweite sich von dieser wilden Leidenschaft so sehr beherrschen lässt. Eine solche Tollkühnheit wird dich selbst für ihn abstoßend machen. Ich werde mir diesen letzten Vers immer wieder vorsagen, und ich hoffe, das allein wird reichen, mich auf den rechten Weg zurückzuführen. Aber das wird noch nicht der endgültige Beweis für Deine starke Macht über mich sein. Es wird Zeit aufzuhören, sonst schreibe ich noch einen vollkommen sentimentalen Hokuspokus, über den Du am Ende lachen wirst, auch wenn das dann sein einziges Verdienst sein wird. Nun, mein Unsinn, ab mit Dir an jene Orte, jene glücklichen Gestade, an denen mein Held verweilt. Solltest Du ihn womöglich nicht mehr zu Hause antreffen und zu mir zurückgetragen werden, werde ich Dich unverzüglich ins Feuer werfen, und Grischenka wird dieses überspannte Betragen nicht zu Gesicht bekommen, in dem jedoch, weiß Gott, viel Liebe steckt. Aber es wäre sehr viel besser, wenn er davon nichts wüsste.

Lebwohl, Giaur, Moskowiter, Kosake. Ich liebe Dich nicht.

JAMES I. AN GEORGE VILLIERS, DUKE OF BUCKINGHAM, 17. MAI 1620

Dies ist ein Liebesbrief des verheirateten Königs James I. an seinen abgöttisch geliebten Günstling. Was intime Beziehungen zu attraktiven jungen Männern betraf, hatte James bereits eine längere Vorgeschichte. Als er den einundzwanzigjährigen George Villiers 1614 zum ersten Mal sah, war er sofort hingerissen von der Schönheit des Jünglings. Und dann erwies sich dieser auch noch als intelligent, wenn auch nicht sonderlich talentiert. Der Ernennung zum Mundschenk des Königs folgte der zügige Aufstieg im Hochadel, der 1623 in der Beförderung zum Herzog von Buckingham gipfelte. Als Großadmiral war er außerdem de facto erster Minister. All dies machte ihn, kaum verwunderlich, zum meistgehassten Mann im Königreich.

James küsste und liebkoste George in aller Öffentlichkeit und nannte ihn liebevoll »Steenie«, in Anspielung auf den heiligen Stephanus, dem bei seinem Tod »das Gesicht eines Engels« nachgesagt wird. 1617 bekannte der König dem Kronrat gegenüber: »Ihr könnt gewiss sein, dass ich den Grafen von Buckingham mehr liebe als irgendjemanden sonst … ich wünsche dies nicht als Makel verstanden zu wissen, denn Jesus Christus hat es ebenso gemacht, und deshalb darf man mir keinen Vorwurf machen. Christus hatte Johannes, ich habe George.« Es bestand vermutlich auch eine sexuelle Beziehung: In einem Brief an James sann Buckingham darüber nach, »ob Ihr mich jetzt … mehr [liebt] als zu der Zeit, die ich niemals vergessen werde, in Farnham, wo sich zwischen dem Herrn und seinem Hund das Kopfende des Bettes nicht mehr finden ließ«. James nannte Buckingham seine Frau: »Gott segne Dich, mein süßes Kind und Eheweib, und gewähre, dass Du Deinem lieben Vater und Ehemann stets ein Trost sein mögest.« Erstaunlicherweise gelang es Buckingham, auch mit James' Sohn und Erben Charles I. eine enge Freundschaft zu unterhalten. Nach James' Tod blieb er im Zentrum der Macht. 1628 wurde er jedoch von einem erzürnten Offizier erstochen. Diesen Brief schreibt James an Buckingham, zu dem Zeitpunkt auf dem Höhepunkt seiner Macht, nachdem er ihm zu einer profitablen Heirat mit Katherine Manners verholfen hat.

Doch selbst nach der Hochzeit preist James noch die »weißen Zähne« seines Günstlings.

Mein einziges süßes und geliebtes Kind,
Dein lieber Papa schickt Dir an diesem Morgen seine Grüße und auch seiner Tochter. Der Herr des Himmels schenke Euch ein süßes, freudiges Erwachen, alle erdenklichen Annehmlichkeiten in Eurem geweihten Bette, und segne die Früchte desselben, auf dass ich süße Schlafgemach-Knaben zum Spielen haben werde. Dafür bete ich jeden Tag, mein Herzblatt. Wenn Du Dich erhebst, halte Dich fern von den Zudringlichkeiten von Leuten, die Deine Stimmung trüben könnten, damit ich bei unserer Begegnung das Strahlen Deiner weißen Zähne erblicken kann, das mir behagliche Gesellschaft auf meiner Reise sein wird. Und so segne Dich Gott. Ich verbleibe in der Hoffnung, dass Du nicht vergisst, meinen früheren Brief noch einmal zu lesen,
James R.

VITA SACKVILLE-WEST AN
VIRGINIA WOOLF, 21. JANUAR 1926

Vita Sackville-West war eine adlige Dichterin und Romanautorin, Tochter von Lord Sackville. Auch nach ihrer Heirat mit dem Diplomaten Harold Nicolson im Jahr 1913 hatte sie weiterhin Affären mit Frauen. Die vielleicht größte Liebe ihres Lebens war die zur Schriftstellerin Virginia Woolf. Im Februar 1923 schrieb Woolf in ihr Tagebuch: »[Vita] ist eine praktizierende Sapphistin & könnte … ein Auge auf mich geworfen haben, obwohl ich schon so alt bin.« Virginia, eine geborene Stephens und verheiratet mit Leonard Woolf, war zu der Zeit vierundvierzig, zehn Jahre älter als Vita. Virginia hielt sich für provinziell und altbacken, gemessen an Vitas extravagantem Freidenkertum, und außerdem für weniger erfolgreich als Autorin. Vita bewunderte Virginias »vorzügliche« Schreibkunst. In diesem ungekünstelten Liebesbrief, den Sackville-West Anfang 1926 von einem ihrer italienischen Zufluchtsorte aus schrieb, versichert sie ihre Geliebte ihrer Zuneigung, obwohl sie auch noch andere Beziehungen hat. 1928 war die Affäre bereits vorüber, doch sie inspirierte Woolf zu ihrem Roman *Orlando*, der mit seinem unverkennbaren, das Geschlecht wechselnden Protagonisten in gewisser Weise Virginias Liebesbrief an Vita ist.

Mailand
Donnerstag, 21. Januar 1926

Ich bin nur noch ein jämmerliches Etwas, das Virginia will. Ich habe in den schlaflosen Alptraumstunden der Nacht einen wunderschönen Brief an Dich verfasst, aber es ist nichts mehr davon übrig – ich vermisse Dich einfach nur, auf eine ganz schlichte, verzweifelte menschliche Weise. Du mit all Deinen un-dümmlichen Briefen würdest nie eine so elementare Formulierung benutzen; womöglich würdest Du sie nicht einmal empfinden. Dennoch glaube ich, dass Du Dir einer kleinen Lücke bewusst bist. Doch Du würdest sie in eine so erlesene Formulierung kleiden, dass sie ein wenig von ihrer Realität verlöre. Mit mir dagegen ist es ziemlich krass – ich vermisse Dich sogar noch mehr, als ich für möglich gehalten hätte; und ich war schon darauf gefasst, Dich ganz erheblich zu vermissen. Und so ist dieser Brief eigentlich nur ein schriller

Schmerzensschrei. Es ist unglaublich, wie unentbehrlich Du für mich geworden bist. Ich nehme an, Du bist es gewohnt, dass Leute Dir so etwas sagen. Zum Teufel mit Dir, Du verwöhntes Ding. Ich werde Dich nicht dazu bringen, mich ein wenig mehr zu lieben, indem ich mir eine solche Blöße gebe. Aber ach, meine Liebe, mit Dir kann ich nicht geistreich und reserviert sein – dafür liebe ich Dich zu sehr. Zu wahrhaftig. Du hast ja keine Ahnung, wie reserviert ich mit Leuten sein kann, die ich nicht liebe. Das habe ich zu einer Kunstform entwickelt. Aber Du hast meine Abwehr niedergerissen. Und eigentlich stört es mich gar nicht …

Bitte verzeih mir, dass ich einen so jämmerlichen Brief geschrieben habe.

V.

SULEIMAN DER PRÄCHTIGE UND HÜRREM SULTAN, ETWA 1530ER JAHRE

Diese beiden Liebesbriefe erzählen von der Partnerschaft zwischen einem Sklavenmädchen und dem mächtigsten Monarchen der Welt. Roxelane war allem Anschein nach die blonde Tochter eines russischen Priesters und eine Christin, bevor sie gefangen genommen und an den Harem des osmanischen Sultans Suleiman des Prächtigen verkauft wurde, der von 1520 an sechsundvierzig Jahre lang regierte. Ganz offensichtlich war sie eine bemerkenswerte Persönlichkeit, intelligent und charakterstark. Obwohl ihm in seinem Harem Tausende Odalisken zur Verfügung standen und er bereits eine Gemahlin besaß, die ihm einen Sohn und Erben, den Prinzen Mustafa, geschenkt hatte, verliebte sich Suleiman in Roxelane. Er gab ihr den neuen Namen Hürrem, was so viel bedeutet wie »die Freudvolle«, wegen ihrer überschäumenden Lebensfreude und ihren »Augen voller Schalk«.

Es war bei osmanischen Padischahs üblich, unter Pseudonymen Liebeslyrik zu verfassen, und Suleiman, der häufig auf Kriegszügen gegen die Ungarn oder die Perser unterwegs war, schrieb Hürrem unter dem Namen Muhibbi Gedichte. Es folgen Verse, für die er heute noch berühmt ist.

SULEIMAN AN HÜRREM

Thron meiner einsamen Nische, mein Reichtum, meine Liebe, mein Mondschein.

Meine wahrste Freundin, meine Gefährtin, mein Leben, mein Sultan

Die Schönste unter den Schönen ...

Mein Frühling, meine Liebste mit dem heiteren Antlitz, mein heller Tag, mein Herzblatt, lachendes Laub ...

Meine Pflanzen, meine Süße, meine Rose, die Einzige, die mir auf dieser Welt keinen Kummer bereitet ...

Mein Istanbul, mein Karaman, die Erde meines Anatoliens

Mein Badachschan, mein Bagdad, mein Chorasan

Meine Frau mit dem herrlichen Haar, meine Liebste mit den geneigten Brauen, meine Liebste mit Augen voller Schalk ...

Auf ewig werde ich Dein Loblied singen

Ich, der Liebende mit dem gequälten Herzen, Muhibbi mit Augen voller Tränen, ich bin glücklich.

Um das Jahr 1521 brachte Hürrem ihren ersten Sohn zur Welt – den unverzichtbaren männlichen Erben. Suleiman setzte sich über die Beschränkung von einem Sohn pro Konkubine hinweg, und 1533 heiratete er sie, womit er mit einer weiteren Tradition brach, nämlich der, dass man als Sultan keine Konkubine zur Frau nahm. Hürrem hatte das Glück, ihrem Herrscher fünf Söhne und eine Tochter schenken zu können. Die meisten von ihnen lebten lange, vor allem ihre schöne und intelligente Tochter Mihrimah, die eine enge Vertraute ihres Vaters wurde und auch ihrem Bruder Selim mit Rat und Tat zur Seite stand. Mit den Jahren erwies sich Hürrem als äußerst begabte Politikerin und legte sich mit Suleimans ältestem Sohn Mustafa an, der auf Befehl seines Vaters erdrosselt wurde. Hürrem starb 1528, noch vor Suleiman, doch es gelang ihr noch, die Thronfolge ihres Sohnes Selim im Jahr 1566 in die Wege zu leiten. Hürrems Grabmal steht neben dem von Suleiman in der Süleymaniye-Moschee in Istanbul. Hier nun einer von Hürrems Briefen an den auf Kriegszug befindlichen Suleiman.

HÜRREM AN SULEIMAN

Mein Sultan, die brennende Qual der Trennung kennt keine Grenzen. Oh erbarme Dich dieser Unglücklichen und versage ihr nicht Deine edlen Briefe. Lass meine Seele wenigstens einen spärlichen Trost aus einem Brief gewinnen ... Wenn Deine edlen Briefe verlesen werden, weinen und klagen Dein Diener und Sohn Mir Mehmed und Deine Sklavin und Tochter Mihrimah, weil sie Dich so sehr vermissen. Ihr Weinen treibt mich in den Wahnsinn, es ist, als wären wir in Trauer. Mein Sultan, Dein Sohn Mir Mehmed und Deine Tochter Mihrimah sowie Selim Khan und Abdullah senden Dir viele Grüße und reiben ihre Gesichter durch den Staub zu Deinen Füßen.

ANAÏS NIN AN HENRY MILLER,
ETWA AUGUST 1932

Als Tochter kubanischer Eltern kam Anaïs Nin 1903 in Frankreich zur Welt. Weibliche Macht, Freiheit und Erotik fanden durch sie auf ganz neue Weise Ausdruck – ebenso aber auch das Leiden der Frau unter männlichem Missbrauch. Sie führte Tagebuch über die inzestuöse, missbräuchliche Beziehung zu ihrem Vater und nutzte dann, als sie älter wurde, dieses Medium, um ihre eigene Sicht auf literarische, emotionale und erotische Themen zu zelebrieren. Während sie mit ihrem schottischen Ehemann, dem Bankier Hugh Guiler, in den 1930er Jahren in Paris lebte, schrieb sie Essays und Erzählungen. Ihr Talent jedoch offenbarte sie vor allem in ihren Tagebüchern.

Der amerikanische Schriftsteller Henry Miller mit dem Spitznamen »der Gangster-Autor« lebte, als er in Paris *Wendekreis des Krebses*, das erste seiner erotischen, obszönen Meisterwerke im Stile Rabelais', vollendete, von der Hand in den Mund. Doch beiden war nichts wichtiger als das Schreiben – »tief in unserem Innern sind wir Schriftsteller und keine Menschen«, formulierte es Nin. Er war neununddreißig, mittellos und verheiratet mit seiner zweiten Frau June Smith, einer faszinierenden, geheimnisvollen Schönheit, als er bei den Guilers zum Mittagessen erschien. Er kam allein – June war noch in New York.

Die neunundzwanzigjährige Nin verfällt zunächst dem Schriftsteller Miller. Als sie seine Frau June kennenlernt, haben die beiden Frauen eine kurze Affäre. Dann begeben sich

Anaïs und Henry auf ihre eigene sexuelle und literarische Reise. Er ist voller Bewunderung für ihr Tagebuch und ihre Erzählungen, sie erkennt gleich die Bedeutung seiner Romane *Wendekreis des Krebses* und *Wendekreis des Steinbocks*, in denen June als Femme fatale Mona/Mara auftritt. Die Veröffentlichung finanzieren Nin und ihr Mann. Ihre Affäre war immer ein erotisches Abenteuer und gleichzeitig eine Feier des Lebens. »Er ist ein Mann, den das Leben trunken macht«, schrieb sie, »genau wie mich.« Doch nachdem sie miteinander geschlafen hatten, diskutierten sie eingehend über Bücher. »Henry hat meine Liebe gut genutzt, schön genutzt – er hat Bücher darauf errichtet.«

Ihre Korrespondenz gehört zum Besten, was das Genre der Liebesbriefe zu bieten hat. Sie ist erotisch, zotig, ungehemmt, poetisch, wunderschön geschrieben, verrückt. »Anaïs«, schreibt er im Sommer 1932, »hier ist die erste Frau, mit der ich absolut aufrichtig sein kann ... Ich meine, ich kann niemals absolut treu sein – das liegt nicht in meiner Natur – dafür liebe ich die Frauen oder das Leben zu sehr ... Aber lache, Anaïs ... ich liebe es, Dich lachen zu hören. Du bist die einzige Frau, die einen Sinn für Vergnügung besitzt, eine weise Toleranz – nein, mehr noch, Du scheinst mich geradezu dazu zu drängen, Dich zu betrügen. Dafür liebe ich Dich. Und was veranlasst Dich dazu – Liebe? Ach, es ist wunderschön, zu lieben und gleichzeitig frei zu sein ... Ich liebe Dich lachend ... Komm schnell her und vögele mich. Schlinge Deine Beine um mich. Wärme mich.« Als *Wendekreis des Krebses* 1934 herauskam, wurde Miller berühmt und berüchtigt, auch für die nachfolgende *Rosarote-Kreuzigungs*-Trilogie. Anaïs Nin wurde bekannt für ihre Tagebücher und Romane wie *Ein Spion im Haus der Liebe*. Ihre erotische Kurzgeschichtensammlung *Das Delta der Venus* bewirkte, als sie schließlich 1977 posthum erschien, einen Wandel in der weiblichen Erotik. Die Affäre der beiden endete nach zehn Jahren, doch blieben sie ein Leben lang Freunde – und meisterhafte Briefeschreiber. Das folgende Beispiel vermittelt einen Eindruck von der Leidenschaft und den Hassgefühlen in ihrer Ménage à trois ebenso wie von Anaïs' Großzügigkeit.

In gewisser Hinsicht hast Du recht, wenn Du von Ehrlichkeit sprichst. Ein Versuch immerhin, mit den üblichen menschlichen oder weiblichen Rückziehern. Nachgeben ist nicht weiblich, männlich oder Trickserei. Es ist eine Heidenangst vor der völligen Zerstörung. Was wir erbarmungslos analysieren, wird das sterben? Wird June sterben? Wird unsere Liebe sterben, plötzlich, unverzüglich, solltest Du eine Karikatur daraus machen? Henry, in zu viel Wissen liegt eine Gefahr. Du hast ein Faible für absolutes Wissen. Aus diesem Grund werden die Leute Dich hassen.

Und manchmal glaube ich, Deine schonungslose Analyse von June lässt etwas außen vor, nämlich Deine Gefühle für sie jenseits des Wissens oder auch dem Wissen zum Trotz. Ich beobachte oft, wie Du über das Tränen vergießt, was Du zerstörst, wie Du gerne innehalten und einfach nur verehren möchtest. Und Du hältst auch inne, doch im nächsten Moment bist Du wieder mit einem Messer zu Gange wie ein Chirurg.

Was wirst Du tun, nachdem Du alles enthüllt hast, was es über June zu wissen gibt? Wahrheit. Was für eine Heftigkeit in Deinem Streben danach. Du zerstörst, und Du leidest. Auf eine seltsame Art stimme ich nicht mit Dir überein, ich stelle mich gegen Dich. Wir sind dafür bestimmt, im Besitz von zwei Wahrheiten zu sein. Ich liebe Dich, und ich bekämpfe Dich. Und bei Dir ist es genauso. Das wird uns stärker machen, jeden von uns, stärker in unserer Liebe und in unserem Hass. Wenn Du karikierst und festnagelst und auseinandernimmst, dann hasse ich Dich. Ich möchte Dir antworten, nicht mit kraftlosen oder albernen Versen, sondern mit einem Staunen so stark wie Deine Realität. Ich möchte Dein Seziermesser mit allen okkulten und magischen Kräften der Welt bekämpfen.

Ich möchte Dich bekämpfen und mich Dir zugleich auch unterwerfen, denn als Frau bin ich voller Bewunderung für Deinen Mut, ich bewundere den Schmerz, den er erzeugt, ich bewundere den Kampf, den Du in Dir trägst und den ich allein vollständig erfasse, ich bewundere Deine erschreckende Aufrichtigkeit. Ich bewundere Deine Stärke. Du hast recht. Die Welt muss karikiert werden, aber ich weiß auch, wie sehr Du lieben kannst, was Du karikierst. Wie viel Leidenschaft doch in Dir steckt! Das ist es, was ich in Dir erspüre. Ich spüre nicht den Gelehrten, den Offenbarer, den Beobachter. Wenn ich bei Dir bin, ist es das Blut, das ich fühle.

Dieses Mal wirst Du nicht aus den Ekstasen unserer Begegnungen erwachen und nur die lächerlichen Momente offenlegen. Nein. Dieses Mal wirst Du das nicht machen, denn während wir zusammen leben, während Du prüfend betrachtest, wie mein Permanent-Rouge die Konturen meines Mundes auslöscht und sich wie Blut nach einer Operation ausbreitet (Du küsstest meinen Mund, und er war weg, seine Konturen hatten sich aufgelöst wie in einem Aquarell, die Farben verliefen); während Du das tust, halte ich mich an das Wunder, das vorüberstreift (das Wunder, ach, das Wunder, dass ich unter Dir liege), und ich gebe es an Dich weiter, ich umhauche Dich damit. Nimm es an. Ich bin so freigiebig mit meinen Gefühlen, wenn Du mich liebst, Gefühlen so unabgestumpft, so neu, Henry, nicht gedämpft durch Ähnlichkeiten mit anderen Momenten, so sehr unsere, Deine, meine, Du und ich zusammen, nicht irgendein Mann oder irgendeine Frau zusammen.

Was könnte berührend realer sein als Dein Zimmer. Das Eisenbett, das harte Kopfkissen, der einzelne Spiegel. Und alles funkelnd wie ein Feuerwerk zum vierten Juli durch meine Freude, die sanft wogende Freude des Schoßes, den Du entflammt hast. Das Zimmer ist voll von dem Glühen, mit dem Du mich durchströmt hast. Das Zimmer will förmlich explodieren, wenn ich neben Deinem Bett sitze und Du mit mir sprichst. Die Worte höre ich gar nicht – Deine Stimme vibriert gegen meinen Körper wie eine andere Art von Liebkosung, eine andere Art von Durchdringung. Ich habe keine Macht über Deine Stimme. Sie kommt geradewegs von Dir zu mir. Ich könnte mir die Ohren zustopfen, und sie würde trotzdem ihren Weg in mein Blut finden und es zum Wallen bringen.

Ich bin unempfänglich für die matten visuellen Angriffe von Dingen. Ich sehe Dein Khakihemd an einem Haken hängen. Es ist Dein Hemd, und ich könnte mir Dich darin vorstellen – Dich in einer Farbe, die ich hasse. Aber ich sehe Dich, nicht das Khakihemd. Etwas regt sich in mir, während ich es ansehe, es ist zweifelsohne das menschliche Du. Es ist eine Vision von dem menschlichen Du, das mir eine verblüffende Zartheit enthüllt. Es ist Dein Khakihemd, und Du bist der Mann, der inzwischen die Achse meiner Welt bildet. Ich kreise um die Fülle Deiner Existenz.

»Komm näher zu mir, komm näher. Ich verspreche Dir, es wird wunderschön.«

Du hältst Dein Versprechen.

Weißt du, ich glaube nicht, dass ich allein das Gefühl habe, wir würden etwas Neues erleben, nur weil es für mich neu ist.

Ich entdecke in Deinen Büchern keins von den Gefühlen, die Du mir entgegengebracht hast, und auch keinen der Sätze, die Du gesagt hast. Wenn ich Deine Bücher las, habe ich mich immer gefragt: Welche Episode werden wir nachspielen?

Du hast Deine Vision und ich die meine, und sie haben sich vermischt. Wenn ich von Zeit zu Zeit die Welt so sehe, wie Du sie siehst (weil sie Henrys Huren sind, liebe ich sie), dann wirst Du sie gelegentlich so sehen wie ich.

ZARIN ALEXANDRA AN GRIGORI RASPUTIN, 1909

Ganz Russland rätselte über die Natur der Beziehung seiner Kaiserin Alexandra zu ihrem Vertrauten, dem sibirischen Bauernsohn und Gottesmann Grigori Rasputin. Es war eine Faszination, die Schritt für Schritt den guten Ruf des Zarenhauses zerstören sollte.

Von ihrer ersten Begegnung mit ihm im Jahr 1905 an korrespondieren Alexandra, ihr Mann Zar Nikolaus II. und ihre Kinder regelmäßig mit Rasputin, der ihnen allen mit Rat und Tat zur Seite steht. Die Zarin glaubt, dass er die Macht hat, die Blutungen ihres an Hämophilie erkrankten Sohnes Alexej zu stoppen. Doch wie dieser Brief beweist, ist Rasputin auch darüber hinaus unentbehrlich für Zar und Zarin als eine Mischung aus Priester, Psychiater und Ratgeber. Sie verehren ihn als christusähnliches Bindeglied zu Gott und authentischen Bauern, der ihren Glauben an die mystische Verbindung zwischen Zar und Volk bestätigt. Es ist schon erstaunlich, dass diese hochmütige, neurotische Monarchin, Enkelin von

Königin Victoria, sich wünscht, seine Hände zu küssen und neben ihm zu schlafen, doch entgegen der weitverbreiteten Annahme war Alexandra äußerst prüde. Sie hatte keine intime Beziehung mit Rasputin. Er ist, wie sie schreibt, ihr »geliebter Beistand«. Es ist eine Verehrung, die bis zu seinem Tod im Jahr 1916 andauert und sogar noch darüber hinaus, bis zum Mord an den Romanows selbst im Juli 1918, als sie immer noch Andenken bei sich tragen, die Rasputin ihnen einmal geschenkt hat.

Es zeugt von Rasputins mangelndem Urteilsvermögen, dass er diesen Brief in die Hände eines gegnerischen Priesters gelangen ließ. Der spielte ihn gezielt der Öffentlichkeit zu, um Rasputin und seine royalen Gönner in Verlegenheit zu bringen. Als er allgemeine Verbreitung fand, hielten ihn viele für zu ungeheuerlich, um wahr zu sein. Und doch war er echt.

Mein geliebter, unvergesslicher Lehrer, Retter und Beistand! Wie anstrengend es doch ist, ohne Euch zu sein. Nur dann ist meine Seele gefasst und ich kann ausruhen, wenn Ihr, mein Lehrmeister, neben mir sitzt und ich Eure Hände küssen und meinen Kopf an Eure gesegnete Schulter lehnen kann. Ach, wie leicht ist dann alles für mich. Dann habe ich nur noch einen Wunsch – einzuschlafen, für alle Zeiten zu schlafen an Eurer Schulter und in Euren Armen. Ach, welch ein Glück es doch ist, einfach nur Eure Gegenwart in meiner Nähe zu spüren. Wo seid Ihr? Wohin seid Ihr entflohen? Es ist so schwer für mich, ein solches Verlangen in meinem Herzen … Doch Ihr, mein geliebter Beistand, sagt kein Wort zu Anna [Wyrubowna, Alexandras Freundin] über mein Leiden ohne Euch. Anna ist gut, sie ist freundlich, sie liebt mich, aber sagt ihr nichts von meinem Kummer. Werdet Ihr bald hier bei mir sein? Kommt schnell. Ich warte auf Euch und fühle mich

elend ohne Euch. Gebt mir Euren heiligen Segen, und ich
küsse Eure gebenedeiten Hände.

Ich liebe Euch für alle Zeit. Mama

HORATIO NELSON AN EMMA HAMILTON,
29. JANUAR 1800

Zum ersten Mal begegnete Horatio Nelson Emma Hamilton, der schönen ehemaligen Schauspielerin und Ehefrau des schwerreichen britischen Botschafters in Neapel, in den frühen Kriegsjahren gegen das revolutionäre Frankreich. Als sie sich wiedersahen, war Nelson bereits Britanniens führender Seeheld, wenn auch körperlich ein Wrack. Er hatte ein Auge verloren (»Ich bin heute Morgen ein wenig verletzt worden«), und seit einer Verwundung im Kampf war ein Arm amputiert (»je eher er ab ist, desto besser«). Im August 1798 triumphierte er dann in der Seeschlacht bei Abukir – »Morgen um diese Zeit werde ich mir entweder die Peerswürde oder [ein Grab in der] Westminster Abbey erworben haben«. Nachdem ihn eine Kugel an der Stirn getroffen hatte und ein Hautfetzen sein verbliebenes Auge verschleierte, sagte er: »Ich bin hinüber. Grüßt meine Frau von mir.« Doch es war nur eine leichte Verwundung, und es gelang ihm, Napoleon Bonapartes Flotte vernichtend zu schlagen, sodass der französische General in Ägypten festsaß.

Hierauf wurde Nelson – zum Baron Nelson of the Nile und Duke of Bronte erhoben – endgültig zur Legende. Als umschwärmter Held verbrachte er längere Zeit im exotischen Neapel, wo er und Emma sich ineinander verliebten. Nelson ist zu diesem Zeitpunkt zweiundvierzig und körperlich schwer angeschlagen, sie mit fünfunddreißig immer noch eine Schönheit. Das Liebespaar verbringt viel Zeit mit Emmas altem Ehemann, dem Botschafter Sir William Hamilton, ein Skandal, der unvermeidlich auch Nelsons leidgeprüfter Frau Fanny sowie der Londoner Gesellschaft zu Ohren kommt.

Nach dem Friedensschluss mit Frankreich begaben sich Nelson und die Hamiltons auf eine Kreuzfahrt, auf der ihre Tochter Horatia gezeugt wurde. Im Jahr 1800 kehrten alle miteinander nach London zurück. Emma wurde gleich von Verehrern belagert, darunter auch der Prinzregent. Als das Nelsons Eifersucht weckte, schrieb ihm Hamilton einen etwas ungewöhnlichen Brief, in dem er beteuerte, dass seine Frau mit ihrer Untreue ihm selbst gegenüber ihre Treue zu Nelson bewahre.

Als 1804 der Krieg erneut aufflammte, schickte sich Nelson an, der französisch-spanischen Flotte entgegenzutreten. Doch zuvor verfasste er noch ein Testament, in dem er anordnete, dass Emma »ausreichend versorgt [werde], um ihre Stellung im Leben aufrecht erhalten« zu können, und dass seine »Adoptivtochter, Horatia Nelson Thompson … künftig nur noch den Namen Nelson trage«. Nelson besiegte die französisch-spanische Flotte bei Trafalgar, wurde aber von einem französischen Scharfschützen tödlich getroffen. Er wurde in der St. Paul's Cathedral beigesetzt, doch seinem letzten Willen wurde nicht entsprochen – Emma starb zehn Jahre nach ihm völlig mittellos.

Dieser feurige Brief stammt aus den frühen Tagen ihrer Leidenschaft. Für den zu seinem Admiral nach Livorno beorderten Nelson ist jede Meile fort von Emma eine Qual. Er hat ihr versprochen, »nicht an Land zu schlafen« – um jeglichem Flirt mit einer anderen vorzubeugen – und schwört, nicht einmal einem Pudding zu frönen, bis er wieder mit ihr schläft. Die »Hindernisse« sind ihre jeweiligen Ehepartner, Sir William Hamilton und Fanny Nelson.

Getrennt von allem, was mir auf dieser Welt lieb und teuer ist, wozu lebt man da noch, falls eine solche Existenz überhaupt diesen Namen verdient. Nichts könnte eine derartige Trennung lindern, ausgenommen unser Land ruft, doch Zeit zu vertrödeln mit Nichtigkeiten, das ist zu viel. Keine Trennung, keine Zeitspanne, meine einzig geliebte Emma, kann an meiner Liebe zu Dir etwas ändern, sie gründet auf den aufrichtigsten Maximen der Ehre, und so bleibt uns nur zu bedauern, was ich unter den bittersten Qualen tue, dass uns Hindernisse davon abhalten, mit den engsten Banden der starren Regeln dieser Welt vereint zu werden, wie wir es mit denen der wahren Liebe sind. Liebe nur weiter Deinen getreuen Nelson, wie er seine Emma liebt. Du bist meine Lotsin, ich unterwerfe mich Dir, lass mich alles finden, was mein vernarrtes Herz unter Einsatz meines Lebens erhofft und ersehnt. Ich habe mein Wort gehalten, niemals an einer Vergnügung teilzunehmen – oder an Land zu schlafen.

Donnerstag, 30. Januar: Wir sind sechs Tage von Livorno entfernt und keine Aussicht darauf, eine Überfahrt nach Palermo zu unternehmen, für mich ist das schlimmer als der Tod. Ich kann weder essen noch schlafen, weil ich immerzu an Dich denken muss, meine Liebste, ich rühre nicht einmal mehr Pudding an, Du kennst den Grund. Nein, eher würde ich verhungern. Meine einzige Hoffnung ist, dass Du genauso Deinem Versprechen an mich treu bleibst, denn ich habe Dir noch nie etwas versprochen, was ich nicht so gewissenhaft gehalten habe, als hätte ich es beim Allmächtigen geschworen, doch bin ich vollkommen von der Wahrhaftigkeit Deiner Liebe überzeugt und davon, dass Du eher sterben würdest, als auch nur bei der kleinsten Kleinigkeit Deinem getreuen Nelson gegenüber falsch zu sein, der nur für seine Emma lebt.

Freitag. Ich werde noch verrückt. Wir hatten einen Sturmwind, unbedeutend, aber jetzt bin ich 20 Seemeilen weiter von Dir entfernt als gestern Mittag. Hätte ich das Sagen, wäre ich ungeachtet des Wetters 20 Seemeilen näher, doch mein Oberbefehlshaber weiß nicht, was mir ermangelt. Letzte Nacht habe ich nur von Dir geträumt, obgleich ich 20-mal aufgewacht bin. In einem meiner Träume saß ich an einer langen Tafel. Du warst nicht anwesend, und ich saß zwischen einer Prinzessin, die ich verabscheue, und einer weiteren. Sie versuchten beide, mich zu verführen, und die erste wollte sich die Freiheiten mit mir herausnehmen, die außer Dir keine Frau auf dieser Welt sich jemals herausgenommen hat. Die Folge war, dass ich sie niederschlug, und in dem Gewimmel kamst Du herein, nahmst mich in Deine Arme und flüstertest: Ich liebe nichts anderes als Dich, meinen Nelson. Ich küsste Dich leidenschaftlich, und wir genossen die Freuden der Liebe. Ach Emma, ich schütte Dir mein Herz aus. Wenn Du etwas anderes liebst als mich, dann liebst Du die, die nicht fühlen wie Dein N.

Sonntagmittag, günstiger Wind. Ich fühle mich schon etwas besser in der Hoffnung, Dich morgen zu sehen. Meine Liebste, meine Emma, ist nur 138 Meilen entfernt. Und ich vertraue darauf, dass Du genauso empfindest wie ich, denn keine Liebe ist wie die meine zu Dir.

NAPOLEON BONAPARTE AN JOSÉPHINE, 24. APRIL 1796

Es war eine Liebesheirat. Er ist ein junger siegreicher General im Frankreich der Revolutionszeit, sie ein auf Martinique geborenes Kreolenmädchen, Witwe eines Aristokraten, der während der Schreckensherrschaft der 1790er Jahre auf der Guillotine endete. Sie wurde die Geliebte von Paul de Barras, einem Mitglied des Direktoriums, der sie seinerseits mit seinem aufstrebenden General Napoleon bekannt machte. Am 9. März 1796 heirateten die beiden. In der Folge besiegte Napoleon Frankreichs Feinde – die Österreicher, die Russen, die Preußen, die Ägypter – und ergriff dann selbst die Macht in Frankreich. 1804 krönte er sich und Joséphine zu Kaiser und Kaiserin. Doch er brauchte einen Erben, und die Ehe blieb kinderlos. Daher ließ er sich von Joséphine scheiden und heiratete Erzherzogin Marie-Louise, Tochter des österreichischen Kaisers, mit der er einen Sohn hatte. Als Napoleon 1814 sein Reich verlor und ins Exil ging, wurde Joséphine allseits dafür bewundert, mit welcher Grazie sie all diese Schicksalsschläge ertragen hatte – doch sie starb nur wenige Monate später.

Dieser Brief erreicht sie in Paris, während General Bonaparte in Italien kämpft. Sie sind noch nicht lange verheiratet, doch schon jetzt vergeht er fast vor Sehnsucht nach ihr, gepeinigt von Eifersucht. Sie ist modisch-elegant und mondän, kokett und untreu, er zwanghaft, kontrollsüchtig und ihr hündisch ergeben, überhäuft sie mit Briefen, in denen er zu gleichen Teilen lobt, verführt, droht, wimmert und prahlt. Er schwärmt von ihrem Körper und ihrer sexuellen Technik, etwas mit der Bezeichnung »Zickzack«, und bittet sie inständig, sich nicht zu waschen, damit er sie noch riechen kann. Wie wir aus diesem Brief erfahren, möchte er sie immer aufs Herz küssen ebenso wie »weiter unten, viel weiter«.

Mein Bruder wird Dir diesen Brief überbringen. Ich hege die größte Zuneigung für ihn und hoffe, er wird auch die Deine gewinnen. Er hat sie verdient. Die Natur hat ihn mit einem herzigen und durch und durch guten Charakter ausgestattet. Er ist voller guter Eigenschaften.

Ich werde an Barras schreiben, damit er ihn in irgendeiner italienischen Hafenstadt zum Konsul befördert. Er möchte mit seiner kleinen Frau weit ab von allem Trubel und von der Politik leben. Ich empfehle ihn Dir.

Ich habe Deine Briefe vom 16ten und vom 21ten. An vielen Tagen schreibst Du nicht. Was tust Du stattdessen?

Nein, mein Liebling, ich bin nicht eifersüchtig, nur zuweilen besorgt.

Komm bald. Ich warne Dich, wenn Du es hinauszögerst, wirst Du mich krank antreffen. Die Übermüdung und Deine Abwesenheit sind einfach zu viel.

Deine Briefe hellen meine Tage auf, und ich habe nicht viele glückliche Tage.

Junot bringt zweiundzwanzig Fahnen nach Paris. Du musst mit ihm zurückkommen, hast Du verstanden?

Hoffnungsloser Kummer, untröstliches Elend, endlose Traurigkeit, sollte mir das Unglück widerfahren, ihn alleine zurückkehren zu sehen.

Verehrungswürdiger Freund, er wird Dich sehen, er wird in Deinem Heiligtum atmen. Vielleicht wirst Du ihm ja die einzigartige und vollkommene Gunst erweisen, Deine Wange küssen zu dürfen. Und ich werde alleine sein und weit, weit entfernt.

Aber Du kommst, nicht wahr? Du wirst hier neben mir sein, in meinen Armen, an meiner Brust, auf meinem Mund.

Erhebe Dich in die Lüfte und komm, komm! Aber reise behutsam. Die Straße ist lang, schlecht, ermüdend.

Gesetzt den Fall, Du hättest einen Unfall oder würdest krank; gesetzt, Übermüdung ... eile mit Weile, meine bezaubernde Liebste. Doch ich denke oft an Dich.

Ich habe einen Brief von Hortense erhalten [Joséphines Tochter, die später Napoleons Bruder Louis heiraten sollte, den künftigen König von Holland]. Ich werde ihr zurückschreiben. Sie ist wirklich ganz reizend. Ich habe sie sehr gern und werde ihr bald die Parfüms schicken, die sie haben möchte.

Lies sorgfältig Ossians Gedicht »Carthon« und schlafe gut und zufrieden, weit entfernt von Deinem guten Freund, doch in Gedanken bei ihm.

Einen Kuss aufs Herz und einen weiter unten, viel weiter!

B.

Ich weiß nicht, ob Du Geld brauchst, Du hast nie von Deinen geschäftlichen Angelegenheiten gesprochen. Wenn ja, kannst Du meinen Bruder fragen, er hat 200 Louisdor von mir dabei.

ALEXANDER II. AN KATJA DOLGORUKAJA, JANUAR 1868

Der Briefwechsel Alexanders II. mit Katja ist wohl der freizügigste, der je von einem führenden Politiker zu Papier gebracht wurde. Doch sind die Briefe darüber hinaus auch bewegend, leidenschaftlich und politisch. Er ist um die vierzig, der attraktivste unter den Romanow-Zaren – ein Reformer, der soeben die Leibeigenschaft abgeschafft hat –, als er sich in ein junges Mädchen verliebt, das gerade die Schule beendet: die Prinzessin Jekaterina Dolgorukaja. An einem Tag im Januar 1865 laufen sie sich im Park vor ihrer Internatsschule zufällig in die Arme, wenige Minuten bevor ein Terrorist ein Attentat auf den Zar verübt. Für Alexander steht ihre Liebe zueinander unter göttlichem Segen, und sie ist sein Schutzengel. Der von seiner prüden Frau gelangweilte und über den Tod seines ältesten Sohnes untröstliche Zar gerät enorm unter Druck, als Terroristen eine Anschlagsserie gegen ihn starten. Trost findet er bei Katja, mit der er die Freuden der Liebe teilt und eine auf beiden Seiten leidenschaftliche Erotik. In mehreren Briefen am Tag, auf Französisch hingekritzelt, kosten sie ihre sexuellen Begegnungen genüsslich aus, wobei sie für Sex das Codewort *Bingerle* benutzen.

In einem seiner Briefe erinnert sich Alexander an das erste Mal, als sie sich heimlich trafen: »Ich werde nie vergessen, was auf dem Sofa im Spiegelzimmer geschah, als wir uns zum ersten Mal auf den Mund küssten und Du mich hinausschicktest, damit Du Deinen Reifrock ausziehen konntest, der uns im Weg war, und wie erstaunt ich war, Dich ohne Pluderhose zu sehen. Oh, oh, quelle horreur? Ich war beinahe schon böse auf diesen Traum, aber er war Wirklichkeit, und ich spürte, dass ER drauf und dran war zu bersten. Ich war wie im Rausch. Und da fand ich meinen Schatz ... Ich hätte alles gegeben, um wieder eintauchen zu können ... Ich war hingerissen, dass Dein aufreizender Reifrock mich Deine Beine hat berühren lassen, die nur ich je zu Gesicht bekommen hatte ... Wir fielen übereinander her wie Raubkatzen ...« Sie ist nicht minder euphorisch: »Du weißt, dass ich Dich will. Ich habe ungeheure Wonne empfunden und fühle mich davon überwältigt, Wonne, die mit nichts anderem vergleichbar ist.« Häufig antwortet er mit: »Mon *Bingerle* lässt grüßen, es ist umfassend gerüstet.« Doch sie tauschen sich auch über Politik und Krieg aus und genießen das Glück mit ihrer wachsenden Kinderschar.

Als Alexanders Ehefrau 1880 starb, heiratete er Katja, fortan Fürstin Jurjewskaja, doch 1881 kam Alexander bei einem erneuten Attentat ums Leben. Katja zog sich nach Paris zurück. Es folgt einer der *Bingerle*-Briefe aus der Anfangszeit ihrer Beziehung.

Um zehn Uhr am Morgen
Bonjour, mein Engel. Ich liebe Dich mehr als mein Leben, und ich bin glücklich, Dich zu lieben, mein Herz gehört für alle Zeit ganz und gar Dir ... Ich erwarte Deinen Brief mit fieberhafter Ungeduld und kann mir nicht erklären, was ihn aufhält.

Um vier am Nachmittag
Ich will Dich unbändiger denn je, mein abgöttisch geliebter Engel ... Die Zeremonie verlief gut, aber ich schwöre Dir, ich bin immer noch erschöpft von unseren köstlichen *Bingerles*

und den Anstrengungen von heute Morgen. Aber wir könnten noch einmal das Glück erleben, das wir miteinander haben. Ich würde mich auf keinen Fall mehr beeilen und unser *Bingerle* nicht unterbrechen. Ja sicher glaube ich, dass ich inzwischen Dein Leben bin, ich wünschte mir nur, dass Du nicht vergisst, dass Du auch meines bist, und mir geht überall immer nur ein Gedanke durch den Kopf – und das bist Du, mein Engel, meine Freude, mein Glück, mein Trost, mein Mut, mein alles. Nichts anderes existiert mehr für mich. Danke, dass Du mir gesagt hast, aus Deinem Leben wäre dank mir etwas geworden. Du hättest mir keine größere Freude machen können, denn das sagt mir, dass Du Dich geliebt fühlst und begreifst, was Du für mich geworden bist. Ohne Dich wäre mein Leben unmöglich, und ich würde Dir ins Grab folgen. Möge Gott sich unser erbarmen und uns eines Tages die Möglichkeit geben, nur für uns zu leben. Kein Paar könnte sich mehr lieben. Dank unseres köstlichen Abends und unserer morgendlichen Begegnung fühle ich mich durch und durch erfüllt von den großartigen, freudigen Momenten, die mir ohne Unterlass in den Sinn kommen. Ich sehe mich in meiner Fantasie in den Armen meiner bezaubernden Elfe liegen und Dein [unleserliches Wort] anhimmeln, das ich wie alles Übrige an Deiner entzückenden Person vergöttere, und ich kann den Ausdruck in Deinen hinreißenden Augen während unserer *Bingerles* nicht vergessen, der die Wonne widerspiegelt, die Du gibst und die Du mehr denn je mit ganzem Sein, Körper und Geist teilst. Wie kann ich hinterher nicht verrückt nach Dir sein, mein Engel, mein alles? Morgen haben wir also Gelegenheit, uns am Vormittag zu sehen, während meines Spaziergangs, und am Abend bei der Hochzeit, wo Blicke ausdrücken werden, was wir empfinden. Sag am Montagmorgen, was Du tun kannst, und am Abend hoffe ich, Dich zu

sehen, um unser unterbrochenes *Bingerle* wieder aufzunehmen ... Du sollst wissen, dass Du mein Dasein beglückst, das
auf ewig Dir gehört, seine Liebe zu Dir ist größer denn je. Ich
möchte Dich verzehren, küssen, schmecken ...

JOSEF STALIN AN PELAGEYA ONUFRIEVA, 29. FEBRUAR 1912

Das Schöne an privaten Briefen ist, dass sie zuweilen verloren
gegangene Aspekte vertrauter Persönlichkeiten an den Tag
bringen. Hier schreibt im Jahr 1912 Josef Dschughaschwili,
ein bolschewistischer Revolutionär georgischer Herkunft, der
später den Namen »Stalin« annimmt, einen Liebesbrief mit
leidenschaftlichen »Küüüsssssen« an seine minderjährige Geliebte Pelageya. Sie haben sich in Wologda kennengelernt, wo
Stalin im Exil lebt und sie die Geliebte eines von Stalins Freunden ist. Sie ist etwa sechzehn, er vierunddreißig. Er hält ihr
Vorträge über Shakespeare, Kunst und Philosophie. Er nennt
sie »feurige Polja« und sie ihn »kauziger Ossip« (eine Kurz-
form von Josef). Sie weiß, wenn er fortgeht, werden sie sich
nie mehr wiedersehen. Als der künftige Diktator der Sowjetunion den Abendzug nach Moskau nimmt, um dort seine
Arbeit in der revolutionären Unterwelt wieder aufzunehmen,
kauft er eine Postkarte von Rodins Skulptur *Der Kuss* – von
einem sich küssenden Paar – und schickt sie an Polya.

Liebe PG,
heute habe ich Deinen Brief erhalten ... Schreibe nicht mehr
an die alte Adresse, da niemand von uns sich mehr dort auf-

hält … Ich schulde Dir einen Kuss für den Kuss, den Peter mir überbracht hat. Ich werde Dich jetzt küssen. Ich schicke nicht einfach nur einen Kuss, sondern küüüsssssse Dich inbrünstig (irgendwie anders zu küssen, lohnt sich nicht),
Josef

FAMILIE

ELISABETH I. AN MARY I.,
16. MÄRZ 1554

Das ist der Brief, der einer Prinzessin das Leben rettete. Es ist die Regierungszeit von Königin Mary, der Tochter Heinrichs VIII. und Katharinas von Aragon. Eine gefährliche Zeit für ihre Halbschwester Elisabeth, deren Legitimität umstritten war, denn sie entstammte der Ehe Heinrichs VIII. mit der als Ehebrecherin hingerichteten Anne Boleyn, die für Mary eine ketzerische protestantische Hure war.

Als Heinrichs Thronerbe Edward VI. bereits 1553 im Jugendalter starb, versuchten einflussreiche politische Lager, eine protestantische Monarchin mit einem äußerst schwachen Anspruch, Lady Jane Grey, durchzusetzen. Doch Mary war eine Königstochter, wenn auch katholisch, und sie wurde als rechtmäßige Königin anerkannt. Als sie jedoch anfing, den Katholizismus wieder einzuführen, und in eine Ehe mit dem katholischen König Philipp II. von Spanien einwilligte, sah sie sich einer Rebellion unter Thomas Wyatt gegenüber, der sie durch Elisabeth ersetzen wollte. Um ihn dazu zu bringen, Elisabeth zu belasten, wurde Wyatt gefoltert. Am Ende wurde er dann hingerichtet.

Elisabeth wird gefangen genommen, doch die intelligente und wachsame Einundzwanzigjährige agiert geschickt und appelliert unmittelbar an ihre Schwester. Im Begriff, in den unheilvollen, bedrohlichen Tower überführt zu werden, wo schon Prinzen und Prinzessinnen von königlichem Geblüt ums Leben kamen, schreibt sie diesen Brief. Sie nimmt Bezug auf den aktuellen Fall des Herzogs von Somerset, Lordprotektor unter dem jungen Edward VI., der in die Hinrichtung seines eigenen Bruders, des Lordadmirals Thomas Seymour, wegen Verschwörung einwilligte – und weil er Elisabeth hatte heiraten wollen. Man nennt den Brief auch den »Gezeitenbrief«, da Elisabeth ihn absichtlich so langsam schrieb, dass die Flut bereits eingesetzt hatte, bevor sie zu Ende gekommen war. Damit verzögerte sich ihre Überstellung in den Tower um einen Tag. Mit wohlüberlegten Worten fleht hier eine Tochter Heinrichs VIII. bei einer anderen um ihr Leben. Später wurde Elisabeth tatsächlich in den Tower gebracht, dann aber wieder freigelassen. Nach Marys Tod folgte sie ihr auf den Thron und wurde, so kann man wohl sagen, Englands größte Monarchin. Ihr Überleben zementierte Englands eigenständigen, protestantischen Kurs.

Wenn jemals die Gültigkeit des alten Sprichwortes erprobt worden ist, dass das Wort eines Königs schwerer wiegt als der Eid eines gewöhnlichen Mannes, so ersuche ich Eure Majestät in aller Demut, es an mir zu bestätigen und Euch an Euer letztes Versprechen und mein letztes Ersuchen zu erinnern, dass ich nicht verurteilt werde ohne eine Entgegnung und angemessene Beweise, was mir jetzt der Fall zu sein scheint. Denn mir wurde, ohne erwiesene Schuld, durch Euren Staatsrat von Euch befohlen, mich in den Tower zu begeben, einen Ort, der eher für einen falschen Verräter als für einen aufrechten Untertan bestimmt ist. Was, obwohl ich es nicht erstrebe, in den Augen des gesamten Königreiches als Beweis meiner Schuld gelten muss. Ich bete zu Gott, ich möge des schmachvollsten Todes sterben, den jemals ein

Mensch erlitten, sollte ich etwas Derartiges beabsichtigen. Und in dieser Stunde beteuere ich vor Gott (der über meine Wahrhaftigkeit richten möge, was auch immer Arglist ersinnen mag), dass ich niemals etwas getan, veranlasst oder gebilligt habe, was Eurer Person von Nachteil sein könnte oder irgendwie dem Staat gefährlich. Und deshalb flehe ich Eure Majestät in aller Demut an, mich vor Euch selbst verantworten zu dürfen und mich nicht Euren Ratgebern ausliefern zu müssen, fürwahr, und dies wenn möglich noch bevor ich in den Tower gehe; wenn nicht, dann bevor ich weiter verurteilt werde. Obgleich ich zuversichtlich bin, dass Eure Hoheit es mir gewähren wird, bevor ich gehe, damit ich nicht schmachvoll beschuldigt werde, wie es jetzt der Fall sein wird. Fürwahr, und dies ohne Grund. Möge Euer Gewissen Eure Hoheit dazu bewegen, mir meine Kühnheit zu verzeihen, zu der mich die Unschuld Zuflucht nehmen lässt. Darauf hoffe ich ebenso wie auf Eure angeborene Güte, die, dessen bin ich mir gewiss, mich nicht verstoßen wird, ohne dass ich es verdient hätte. Ich erbitte nichts weiter von Gott, als dass Ihr die Wahrheit kennt, die Ihr jedoch, wie ich glaube, niemals durch bloße Kunde erfahren werdet, wenn Ihr sie nicht mit eignen Ohren vernehmt. Ich habe schon von so manchem gehört, der verstoßen wurde, weil ihm verwehrt war, vor das Angesicht seines Fürsten zu treten. Und in jüngster Zeit hörte ich meinen Lord Somerset sagen, wenn sein Bruder hätte mit ihm sprechen können, so hätte er niemals den Tod erlitten; doch wurden ihm so gewichtige Verdachtsgründe zugetragen, dass er zu der Überzeugung gelangte, er könne nicht sicher leben, solange der Admiral auf Erden weilte. Und das ließ ihn in seinen Tod einwilligen. Obgleich diese Menschen keinem Vergleich mit Eurer Majestät standhalten, bete ich dennoch zu Gott, dass dergleichen üble Nachrede nicht die eine Schwester gegen die andere aufwiegele, und dies nur, weil sie falsche Kunde gehört haben und die Wahrheit verborgen blieb. So erflehe ich noch einmal, demütig in meinem Herzen vor Euch kniend, da mir ja nicht gestattet ist, meinen Körper vor Euch zu verneigen, mit Eurer Hoheit sprechen zu dürfen. Ich wäre nicht so kühn, dies zu begehren, wüsste ich nicht um meine vollkommene Unschuld wie auch um meine vollkommene Wahrhaftigkeit. Und was den Verräter Wyatt angeht, so mag er mir möglichenfalls einen Brief geschrieben haben, doch bei meiner Treu, ich habe niemals einen erhalten. Und was die Abschrift des Briefes an den französischen König angeht, so mag Gott mich für alle Ewigkeit verdammen, sollte ich ihm jemals Nachricht, ein Zeichen oder einen Brief übermittelt haben, und dazu stehe ich, bis dass ich sterbe.

Euer Hoheit treueste Untertanin, wie sie es schon von Beginn an war und bis zu ihrem Ende sein wird,

Elisabeth

In aller Demut erbitte ich nur ein einziges Wort der Entgegnung von Eurer Seite.

WILMA GRÜNWALD AN KURT GRÜNWALD, 11. JULI 1944

Nur wenige Briefe sind aus den Vernichtungslagern erhalten, in denen die Nazis während des Holocausts das jüdische Volk ausrotten wollten. Hier haben wir eine so ergreifende kurze Nachricht, dass man es kaum erträgt, sie zu lesen. Geschrieben hat sie die tschechische Gefangene Wilma Grünwald an ihren Mann, den Arzt Kurt Grünwald. Zusammen mit ihren

Kindern Jan und Frank (Miša) wurden die beiden, wie Tausende weitere unschuldige jüdische Familien, verhaftet und nach Auschwitz deportiert. Bei der Selektion schickt der SS-Arzt Josef Mengele den hinkenden Jan auf die linke Seite – zur sofortigen Hinrichtung im Vernichtungslager. Seine Mutter, die weiß, was das bedeutet, entschließt sich, mit ihm zu gehen. Sie schreibt diesen Brief kurz nachdem sie und Jan von den beiden anderen getrennt wurden. Dann gibt sie ihn einem Wachmann und bittet diesen, ihn Kurt zuzustecken, der im benachbarten Arbeitslager als Arzt verletzte Gefangene so weit wiederherstellen soll, dass sie wieder arbeiten können. Kurz darauf werden Wilma und Jan vergast.

Erstaunlicherweise erreichte der Brief Kurt, der den Holocaust überlebte und nach seiner Befreiung wieder mit seinem Sohn Frank vereint wurde. Frank überließ den Brief schließlich dem United States Holocaust Memorial Museum.

Du, mein Einziger, Liebster, abgesondert sehen wir der Dunkelheit entgegen. Wir haben kurz in Betracht gezogen, uns zu verstecken, uns dann aber dagegen entschieden, da wir es für aussichtslos hielten. Die berühmten Lastwagen sind bereits hier, und wir warten darauf, dass es losgeht. Ich bin vollkommen ruhig. Du – mein Ein und Alles, gib Dir keine Schuld an dem, was passiert ist, es war unser Schicksal. Wir haben getan, was wir konnten. Bleib gesund und denke an meine Worte, dass die Zeit alles heilen wird – wenn auch nicht vollständig, so doch wenigstens teilweise. Gib acht auf den kleinen Sonnenschein und verwöhne ihn nicht zu sehr mit Deiner Liebe. Ihr beiden, bleibt gesund, meine Liebsten. Ich denke an Dich und Miša. Habt ein wundervolles Leben. Wir müssen in die Lastwagen steigen.
Auf ewig, Wilma.

KADASCHMAN-ENLIL AN AMENOPHIS III., UM 1370 V. CHR.

Väter haben häufig ihre eigenen Vorstellungen davon, wen ihre Töchter heiraten sollten, und daran hat sich in den dreitausend Jahren, seit dieser Brief verfasst wurde, nichts geändert. Hier schreibt ein König an einen anderen. Töchter wurden in herrschaftlichen Häusern nicht selten von ihren Vätern im politischen Geschäft als Schachfiguren eingesetzt.

Der babylonische König Kadaschman-Enlil war Zeitgenosse des ägyptischen Pharaos Amenophis III. des Prächtigen. Die beiden schrieben sich regelmäßig.

Hier handelt es sich um einen der in Tontafeln geritzten Amarna-Briefe. Sie wurden 1887 in der neuen heiligen Stadt Achet-Aton (heute Tell el-Amarna) gefunden, die Amenophis' Sohn Echnaton gegründet hatte. Die diplomatischen Schreiben, insgesamt 382, sind in akkadischer Keilschrift verfasst und wurden aller Wahrscheinlichkeit nach im königlichen Archiv aufbewahrt. Man kann wohl ohne Übertreibung sagen, dass es sich um die aufschlussreichsten Briefe aus der Frühantike handelt.

In diesem Brief grollt Kadaschman-Enlil über den Affront, als Bewerber um die Hand einer Tochter Amenophis' ausgeschlagen worden zu sein, bevor er eine seiner eigenen Töchter als Gegenleistung für Gold anbietet. Ägyptische Herrscher betrachteten sich als zu bedeutend, um ihre Töchter mit ausländischen Regenten zu verheirateten. Doch ist der Babylonier verärgert über diese Arroganz – eine Verärgerung, die nur mit Gold und noch mehr Gold zu besänftigen ist …

Wie ist es möglich, dass, nachdem ich bei Dir um die Hand Deiner Tochter angehalten habe, Du, oh mein Bruder, mir in einer solchen Sprache geantwortet hast und mir erklärtest, Du würdest sie mir nicht geben, da seit ältester Zeit keine Tochter des Königs von Ägypten jemals jemandem zur Frau gegeben wurde? Warum schreibst Du mir so etwas? Du bist der König. Du kannst tun und lassen, was Du willst. Wenn Du Deine Tochter mit mir vermählen wolltest, wer könnte es Dir verbieten? Aber Du hast an Deinem Grundsatz festgehalten, niemanden zu schicken, und mir keine Ehefrau geschickt. Hast Du nicht nach einer brüderlichen und freundschaftlichen Beziehung gestrebt, als Du mir – schriftlich – eine Ehe vorschlugst, damit wir enger verbunden sein können? Warum hat mein Bruder mir keine Frau geschickt? ... Dir ist es möglich, mir keine Ehefrau zu schicken, aber wie könnte ich Dir eine Ehefrau verweigern und sie Dir nicht schicken, so wie Du es tatest? Ich habe Töchter, ich werde Dir diesbezüglich nichts abschlagen ...

Was das Gold betrifft, von dem ich Dir schrieb, schicke mir nun rasch im Laufe des Sommers, ... bevor Dein Bote bei mir eintrifft, Gold in reichem Maße, so viel, wie verfügbar ist. So könnte ich die Aufgabe, die ich in Angriff genommen habe, verrichten. Wenn Du mir diesen Sommer ... das Gold schickst, bezüglich dessen ich Dir schrieb, werde ich Dir meine Tochter zur Frau geben. Schicke deshalb Gold, bereitwillig und so viel Du willst. Doch wenn Du mir kein Gold schickst ... damit ich die Aufgabe verrichten kann, die ich in Angriff genommen habe, warum hast Du mir dann nicht früher bereitwillig welches geschickt? Warum sollte ich, nachdem die Aufgabe, die ich in Angriff genommen habe, erledigt ist, noch Gold wollen? Selbst wenn Du mir 3000 Talente Gold schicktest, würde ich sie nicht annehmen. Ich würde sie zurückschicken und Dir meine Tochter nicht zur Frau geben.

Kadaschman-Enlil an Amenophis III.   79

OLIVER CROMWELL AN
VALENTINE WALTON, 4. JULI 1644

Selbst der Sieg bringt noch Tragödien mit sich. Zwei Tage nachdem er die Truppen Charles' I. in einer der blutigsten Schlachten des englischen Bürgerkrieges bei Marston Moor geschlagen hat, schreibt Oliver Cromwell an seinen Schwager. Er feiert den Sieg als eine »große Gunst des Herrn« für seine Seite, die »Gottselige Partei«, muss aber Walton auch die Nachricht überbringen, dass sein Sohn, der junge Valentine, im Kampf gefallen ist. Der Brief dokumentiert einen Schlüsselmoment der englischen Geschichte. Als Reiterführer der Parlamentstruppen entpuppt sich Cromwell als militärisches Genie. Die von ihm ins Leben gerufene Kavallerietruppe Ironsides trägt entscheidend zum Sieg über den König bei.

Cromwell, 1599 in Huntingdon geboren, war ein unbedeutender Landedelmann, bis er, auf dem Höhepunkt der Auseinandersetzungen zwischen König und Parlament, Abgeordneter wurde. Ohne jede militärische Erfahrung rekrutierte er seine eigene Truppe und stand am Ende der neuen »Model Army« vor. Dieser Psalmen singende General, schonungslos und religiös bis zum Fanatismus, ging aus dem Bürgerkrieg als eine das Parlament beherrschende Führungsgestalt hervor. Widerstrebend leitete er in dieser Eigenschaft auch die Hinrichtung des Königs in die Wege. In der neuen Republik, die unter der Bezeichnung »Commonwealth« bekannt wurde, erwehrte sich Cromwell dann erfolgreich aller Anfechtungen, unter anderem von Seiten der Schotten. Er marschierte in Irland ein und machte mit einer Aufeinanderfolge von Gemet-

zeln die Katholiken dort mundtot. 1653 wurde er als Lordprotektor de facto zum König. Der vorliegende Brief bringt seine
Frömmelei ebenso zum Ausdruck wie seine Härte – man
bekommt nur schwer das Bild der königlichen Kavallerie als
»Stoppeln unter unseren Schwertern« wieder aus dem Kopf.
Doch zeigt Cromwell, der selbst schon Kinder verloren hatte,
auch seine sanftere Seite.

An meinen lieben Bruder, Colonel Valentine Walton:
Es ist unsere Pflicht, an allen Segnungen Anteil zu nehmen
und bei Züchtigungen oder Prüfungen miteinander den
Herrn zu preisen, damit wir gemeinsam trauern können.
Wahrhaftig, England und Gottes Kirche haben vom Herrn
eine große Gunst erfahren in diesem gewaltigen Sieg, wie es
ihn seit Anbeginn dieses Krieges nicht gegeben hat.
Es gab alle Anzeichen eines vollkommenen Sieges, maßgeblich errungen durch den Segen des Herrn auf der Gottseli-
gen Partei. Durch jede unserer Attacken brachten wir dem
Feind eine Niederlage bei. Die linke Flanke, die ich befehligte und die, abgesehen von ein paar Schotten in unserer
Nachhut, aus unserer eigenen Kavallerie bestand, schlug
die gesamte Reiterei des Königs. Gott machte sie zu Stoppeln unter unseren Schwertern. Wir attackierten ihre Infan-
terie mit unserer Kavallerie und schlugen alle vernichtend.
Die Einzelheiten kann ich hier nicht alle berichten, doch ich
glaube, von zwanzigtausend hat der Prinz nicht einmal mehr
viertausend übrig. Der Ruhm, der gesamte Ruhm gebührt
Gott.
Sir, Gott hat Euren ältesten Sohn durch einen Kanonenschuss
dahingerafft. Der Schuss brach ihm das Bein. Wir waren gezwungen, es abzunehmen, woran er starb.
Sir, Ihr wisst um meine eigenen derartigen Schicksalsschläge.

Doch der Herr hat mich damit getröstet: dass der Herr ihn in die Seligkeit aufgenommen hat, nach der wir alle dürsten und für die wir alle leben. Da ist nun Euer geliebtes Kind im Himmelreich und wird nie mehr Sünde oder Kummer erleiden. Er war ein tapferer junger Mann, über alle Maßen liebenswürdig. Gott schenke Euch Seinen Trost. Vor seinem Tod war er so gestärkt, wie er es Frank Russell und mir selbst gegenüber nicht zum Ausdruck bringen konnte. »Es überstieg all seine Schmerzen.« Dies sagte er uns. Es war wahrhaft bewunderungswürdig. Eine Weile danach sagte er, etwas läge ihm auf der Seele. Ich fragte ihn, was es sei. Er erwiderte, es sei, dass Gott ihm nicht vergönnt habe, noch weiter der Scharfrichter Seiner Feinde zu sein. Als er fiel, nachdem sein Pferd von der Kugel getötet worden war und dazu noch, wie man mir zutrug, drei weitere Pferde, bat er sie, so sagte man mir, nach links und rechts zur Seite zu weichen, damit er die Schurken davonlaufen sehen könne. Fürwahr, er war überaus beliebt in der Armee, bei allen, die ihn kannten. Doch es kannten ihn nur wenige, denn er war ein edler junger Mann, würdig, vor Gott zu treten. Ihr habt Grund, den Herrn zu preisen. Er ist jetzt ein ruhmvoller Heiliger im Himmel, worüber Ihr über alle Maßen frohlocken solltet. Möge das Euren Kummer tilgen in der Erkenntnis, dass dies keine leeren Worte sind, um Euch zu trösten, sondern eine unumstößliche Wahrheit. Alles ist möglich durch die Kraft Jesu Christi. Erbittet diese, und Ihr werdet Euren Schicksalsschlag mühelos ertragen. Möge dieser öffentliche Gnadenakt an Gottes Kirche Euch Euren persönlichen Kummer vergessen lassen. Der Herr sei Euch Stärke. Dafür betet

Euer wahrhaft treuer und liebender Bruder

Oliver Cromwell

TOUSSAINT LOUVERTURE AN
NAPOLEON BONAPARTE, 12. JULI 1802

»Ich wurde als Sklave geboren, doch die Natur gab mir die Seele eines freien Mannes.« François-Dominique Toussaint war ein dunkelhäutiger Sklave in der französischen Kolonie Saint-Domingue auf der Insel Hispaniola. Er war intelligent, talentiert und gebildet. Nach seiner Freilassung verwaltete er eine französische Plantage und eignete sich nebenher in einer Mischung aus westlichen und kreolischen Einflüssen medizinisches Wissen an. Schließlich hatte er seinen eigenen Grundbesitz mit eigenen Sklaven. Doch im Jahr 1791 löste die Französische Revolution eine Rebellion unter den Sklaven der Insel aus, und Toussaint stellte sich an die Spitze. Bald hatte er sich durch seinen Kampfeinsatz den Spitznamen L'Ouverture, »der Öffner«, erworben und gab folgende Erklärung ab: »Brüder und Freunde, ich bin Toussaint Louverture; möglicherweise hat sich mein Name ja schon unter Euch herumgesprochen. Ich übe Vergeltung. Ich will, dass in St. Domingue Freiheit und Gleichheit herrschen. Dafür setze ich mich ein. Schließt Euch uns an, Brüder, und kämpft mit uns für die gleiche Sache.«

Nachdem er zunächst mit den Spaniern gegen die Franzosen gekämpft hatte, dann umgekehrt und schließlich wieder gegen die Franzosen, wurde Louverture Generalgouverneur, Alleinherrscher auf Lebenszeit der ersten schwarzen Republik. Er erließ eine Verfassung, obwohl er formal weiter Frankreich unterstellt blieb. Napoleon Bonaparte, Frankreichs Erster Konsul, entsandte eine Armee. Louverture befahl seinem

Befehlshaber Dessalines, Port-au-Prince niederzubrennen. »Setzt den Ort in Brand … Vergesst nicht, dass wir zu nichts anderem Zuflucht nehmen können als zu Flammen und Zerstörung … Zerschießt die Straßen; werft Leichname und Pferde in alle Brunnen; verbrennt und löscht alles aus, damit die, die gekommen sind, um uns zu Sklaven zu erniedrigen, das Bild der Hölle vor ihren Augen haben, die sie verdienen.« Doch Toussaint wurde ausgetrickst und gefangen genommen. Seine Frau Suzanne und die restliche Familie wurden inhaftiert. Hier schreibt ein gebrochener Toussaint, eingesperrt auf einem französischen Kriegsschiff, einen mitleiderregenden Brief, in dem er um Freiheit für seine Familie bettelt. Nach Frankreich befördert, starb er dort im Gefängnis, doch binnen Jahresfrist waren die Franzosen besiegt und seine Schöpfung, Haiti, erlangte die Unabhängigkeit.

BÜRGER ERSTER KONSUL, ich will meine Fehler nicht vor Euch verbergen. Ich habe einige begangen. Wer ist davon schon ausgenommen? Ich bin durchaus bereit, sie einzuräumen. Nach dem Ehrenwort des Generalkapitäns, der die französische Regierung vertritt, nach einer an die Kolonie gerichteten Proklamation, in der er versprach, den Schleier des Vergessenes über die Ereignisse zu werfen, die in Saint-Domingue vorgefallen waren, zog ich mich, wie Ihr es am 18. Brumaire gleichermaßen getan habt, in den Schoß meiner Familie zurück. Kaum war ein Monat vergangen, da führten übelgesinnte Personen durch eine Intrige beim obersten General meinen Untergang herbei, indem sie ihm Misstrauen gegen mich einflößten. Ich erhielt einen Brief von ihm, der mich anwies, gemeinsam mit General Brunet zu handeln. Ich gehorchte. Begleitet von zwei Männern begab ich mich nach Gonaïves, wo ich festgenommen wurde. Sie schickten mich an Bord der Fregatte Créole, aus welchem Grund weiß ich nicht, ohne irgendwelche Kleider außer denen, die ich am Leibe trug. Am folgenden Tag wurde mein Haus geplündert. Meine Frau und meine Kinder wurden verhaftet. Sie hatten nichts mehr, nicht einmal die Möglichkeit, sich zu bedecken. Bürger Erster Konsul, eine Mutter von fünfzig Jahren dürfte doch wohl die Milde und die Güte einer großherzigen und liberalen Nation verdienen. Sie hat sich nichts zuschulden kommen lassen. Ich allein sollte für mein Verhalten gegenüber der Regierung, der ich diene, zur Rechenschaft gezogen werden. Ich habe eine zu hohe Meinung von der Größe und Gerechtigkeit des Ersten Magistrates des französischen Volkes, um auch nur für einen Augenblick an seiner Unvoreingenommenheit zu zweifeln. Ich vertraue darauf, dass die Waage in seiner Hand nicht mehr zur einen Seite ausschlagen wird als zur anderen. Ich fordere seine Großherzigkeit ein.

Grüße und Hochachtung,

Toussaint Louverture

ALEXANDER I. AN SEINE SCHWESTER KATHARINA, 20. SEPTEMBER 1805

Dieser Brief zeigt einmal mehr, dass sich Königshäuser doch um einiges von uns Normalsterblichen unterscheiden. Zar Alexander I. war groß, blond, gutaussehend und mit großer Machtfülle ausgestattet. Doch war er auch nicht ohne Fehl und Tadel. Er wirkte insgeheim an der Ermordung seines Vaters mit, wenn er sich von diesem Verbrechen auch nie ganz erholte. Seine größte Liebe war »Catiche«, die kleine Schwester, die so viel jünger war, dass er sie eher wie seine Freundin behandelte als wie eine Blutsverwandte. 1805, als Alexander zum ersten Mal Napoleon entgegentritt, schreibt er ihr Briefe, die schon fast wie Liebesbriefe anmuten und in denen er zum Beispiel verkündet, er wolle Nase und Füße des »verrückten kleinen Dings« küssen. Doch in mancher Hinsicht war Catiche zäher als Alexander. Ein paar Wochen später fügte Napoleon ihm eine verheerende Niederlage zu.

Törichtes verrücktes kleines Ding,
nun schlage Dir mal aus dem Kopf, dass Dir zu antworten mir lästig wäre. Sobald ich einen freien Moment habe, ist es eine echte Freude, denn ich liebe wenige Dinge auf der Welt so wie mein Äffchen.

Die Neuigkeiten von der Tante haben mich wirklich gefreut, wenn sie so freundlich ist, an mich zu denken. Ich versichere Dir, kein Tag geht vorüber, ohne dass ich an sie denke. Richte ihr das, ich bitte Dich, doch von mir aus. Leb wohl, mein Augenstern, von Herzen von mir vergöttert, Polarstern unserer Zeit, Wunder der Natur, oder besser noch als das alles, mein affiges Äffchen mit der Stupsnase.

Es ist noch viel übrig von dem weißen Schmierfett, das sie auf die Räder tun. Ich würde Dir gern etwas davon schicken, damit die Geschmeidigkeit der Muskeln in der Nase erhalten bleibt, auf die ich die zärtlichsten Küsse drücke.

Ganz der Deine, mit Leib und Seele, Alexander

CHARLES I. AN CHARLES II.,
29. NOVEMBER 1648

1625 trat Charles I. die Nachfolge seines Vaters James I. an. Er war entschlossen, ohne Einschränkungen durch ein übermächtiges Parlament zu regieren, und war damit auch erfolgreich – bis diverse Krisen ihn zwangen, 1640 ein neues Parlament einzuberufen. Die durch religiöse Konflikte noch verschärfte Auseinandersetzung zwischen König und Parlament führte zum Bürgerkrieg, in dem Charles am Ende unterlag. Gegen Ende des Jahres 1648, während Oliver Cromwell und seine New Model Army ihre Macht über das Königreich immer weiter ausbauen, wird Charles von den Parlamentstruppen in Newport gefangen gesetzt. Dort ist er, nach einem fehlgeschlagenen Versuch, auf den Kontinent zu entkommen, in fruchtlose Verhandlungen zur Rettung seines Thrones und seines Lebens verwickelt.

Charles weiß, dass viele Parteigänger des Parlaments ihn inzwischen für einen untauglichen König mit Blut an den Händen halten, dem nicht mehr zu trauen ist, und für eine Republik eintreten. Jetzt ist sogar das bislang Undenkbare in den Bereich des Möglichen gerückt: ein Prozess gegen einen Monarchen von Gottes Gnaden und seine Hinrichtung. Die meisten Mitglieder der Königsfamilie, darunter auch seine geliebte Frau Henrietta Maria, konnten bereits auf den Kontinent entkommen. Ihr ältester Sohn Charles, der Prince of Wales, hält sich in Den Haag auf. In dieser Situation schreibt der König an seinen Sohn, wohl wissend, dass er ihn vielleicht nie mehr wiedersehen wird. Es ist ein Brief über das Königsein – aber auch über das rechte Verhalten und die rechte Art zu leben – von einem todgeweihten Vater an seinen fernen Sohn.

Im Januar 1649 wurde der König vor Gericht gestellt, zum Tode verurteilt und enthauptet. England wurde Republik und Protektorat, bis 1660, als der Sohn als Charles II. den Thron bestieg.

Newport, 29. November 1648

Sohn,

an dem, was verlautet ist, kannst Du ablesen, wie lange wir uns um Frieden bemüht haben. Sei Du nun nicht entmutigt, diese Wege zu beschreiten, um Deine Rechte wiederzuerlangen. Doch gib friedlichen Mitteln den Vorzug. Zeige Deine Geistesgröße, indem Du Deine Feinde eher durch Vergebung bezwingst als durch Bestrafung. Wenn Du sehen könntest, wie unmännlich und unchristlich sich diese unversöhnliche Gesinnung in unseren Widersachern ausnimmt, würdest Du diese Geisteshaltung meiden. Nimm es uns nicht übel, dass wir zu viel von unseren eigenen Ansprüchen abgetreten haben; der Preis war hoch; die Gegenleistung Sicherheit für uns, Frieden für unser Volk. Und wir sind zuversichtlich, dass ein neues Parlament sich erinnern wird, wie dienlich die Macht eines Königs für die Freiheit eines Volkes ist.

Wie vieles haben wir aufgegeben, damit wir und sie in gebührender parlamentarischer Weise erneut zusammentreffen können, um uns auf die Grenzen für Fürst und Volk zu einigen! Und dabei, hierin schenke getrost unserer Erfahrung Glauben, sei niemals mehr Bedeutung oder Privileg vorgetäuscht, als dem Wohle unseres Volkes zukommt (und nicht der Zufriedenstellung von Günstlingen). Wenn Du Deine Macht in dieser Weise nutzt, wird es Dir nie an Mög-

lichkeiten mangeln, allen ein Vater zu sein und ein freigie-
biger Fürst all jenen, denen Du außergewöhnliche Huld erweisen möchtest. Es ist Dir vielleicht schon aufgefallen, dass
alle Menschen Vertrauen in ihre Schätze setzen, sofern sie
ihnen Zinsen bringen. Und wenn Fürsten wie das Meer alles
aufnehmen und vergelten, was ihnen die frischen Flüsse und
Ströme anvertrauen, werden diese nicht grollen, sondern
sich damit rühmen, nun Teil eines Ozeans zu sein.

Diese Überlegungen mögen aus Dir einen großen Fürsten
machen, wie Dein Vater nun ein geringer ist. Und Dein Staat
mag umso gefestigter sein, wie meiner erschüttert wurde.
Denn Untertanen haben gelernt (so wagen wir zu behaup-
ten), dass sie mit ihren Fürsten nur sich selbst besiegen, und
werden somit künftig weniger gewillt sein, sich auf Verände-
rungen einzulassen.

Die Engländer sind ein nüchternes Volk, wenn auch gegenwärtig ein wenig verblendet. Auch wenn wir es nicht genau
wissen, könnte dies das letzte Mal sein, dass wir zu Dir oder
der Welt öffentlich sprechen. Wir sind uns bewusst, in welche Hände wir gefallen sind; dennoch danken wir Gott dafür, dass wir jene inneren Erquickungen haben, denen die
Niedertracht unserer Feinde nichts anhaben kann. Wir haben gelernt, zu uns selber zu finden, indem wir uns in uns
zurückziehen, und können daher, was uns widerfährt, besser
ertragen. Und wir zweifeln nicht, dass Gott die Niedertracht
unserer Feinde zu bezähmen und ihren Grimm zu seinem
Lobe zu verwandeln vermag.

Um zum Ende zu kommen, so Gott Dir Erfolg verleihe, nutze
ihn demütig und ohne jede Vergeltung. So er Dich unter harten Bedingungen wieder in Deine rechtmäßige Stellung ein-
setze, was immer Du versprichst, das halte auch. Jenen Männern, die Gesetze gebrochen haben, zu deren Einhaltung sie

verpflichtet waren, wird ihr Triumph noch arg zu schaffen machen. Halte nichts auf dieser Welt für so wertvoll, dass Du es Dir auf schändliche und unrechtmäßige Weise beschaffen müsstest. Du bist der Sohn unserer großen Liebe, und so, wie wir Dir unsere Ratschläge an Dich ans Herz legen, versichern wir Dir auch, dass wir nicht liebevoller für Dich beten (dem wir ein leiblicher Vater sind) als dafür, dass Ruhm und Ansehen unserer Nation von alters her nicht unter Irrglaube und Fanatismus begraben werde; und dass alle unsere Untertanen (denen wir ein politischer Vater sind) solche vernünftigen Gedanken hegen, dass sie ihr Heil im rechtgläubigen Bekenntnis des christlichen Glaubens suchen, wie es seit der Reformation in diesem Königreich gepflegt wurde, und nicht in neuen Offenbarungen; und dass die altbewährten Gesetze mit der Auslegung gemäß den bekannten Sitten aufs Neue einen Schutzwall um sie bilden werden; auf dass Du zu gegebener Zeit gottesfürchtig regieren und sie regiert werden mögen.

C. R.

SWETLANA STALINA AN IHREN VATER, MITTE DER 1930ER JAHRE

Was passiert, wenn unsere Kinder beschließen, einen Tag lang Diktator zu spielen? Das ist ein Spiel, das Swetlana, Tochter des sowjetischen Diktators Stalin und aufgewachsen im Kreml, besonders gern spielte. Im Alter von sieben bis elf Jahren schrieb sie häufig Befehle auf, die jedes Kind auf der Welt liebend gern erfüllt sehen würde. Einmal weist sie ihren »Ersten Sekretär« (Stalin) sowie weitere »Sekretäre« (der Kommunistischen Partei) an, in sämtlichen sowjetischen Schulen alle Hausaufgaben abzuschaffen. Stalin machte es den allergrößten Spaß, das Spiel mitzuspielen, und er zeichnete alle ihre Befehle ab, wie es auch das restliche Politbüro tat. Anschließend wurden sie an die Pinnwand in der stalinschen Küche geheftet. Stalin nannte seine Tochter »Swetlana, die Chefin« oder »Setanka, die Hausfrau« und antwortete für gewöhnlich mit den Worten: »Ich gehorche. Setankas kleiner Sekretär. Stalin.« Swetlana unterschrieb mit »Erste Sekretärin der Kommunistischen Partei« oder »Chefin«. Im vorliegenden »Befehl« verlangt sie zu wissen, was wirklich im äußerst geheimnisvoll regierenden Zentralkomitee vor sich geht, mittels dessen ihr Vater das sowjetische Volk terrorisierte. Gelegentlich erbat sich Stalin noch mehr Befehle: »Schreibe mir öfter. Dein kleiner Sekretär [er selber] wird bald nicht mehr wissen, was er tun soll, wenn er keine täglichen Befehle und Anweisungen von Dir mehr bekommt.«

Tagesbefehl Nr. 3: Ich befehle Dir, mir zu zeigen, was im Zentralkomitee vor sich geht! Streng geheim. Stalina, die Chefin.

AUGUSTUS AN GAIUS CAESAR, 23. SEPTEMBER 2 V. CHR.

Ein schon älterer Vater schreibt an seinen Sohn, ein in die Jahre gekommener Kaiser an seinen adoptierten Erben. Caesar Augustus (ehemals Octavian) herrscht über Rom seit dem Attentat auf seinen Großonkel Julius Caesar 44 v. Chr. und über das gesamte Reich als sein erster Kaiser seit 31. Da er keine eigenen Söhne hat, hat er seine Neffen Gaius und Lucius adoptiert, damit sie ihm auf seinem »Wachposten« nachfolgen. Nachdem er Gaius auf eine Inspektionsreise in die römische Provinz geschickt hat, stellt er fest, dass er an seinem vierundsechzigsten Geburtstag das »goldigste kleine Eselchen« vermisst. Leider starben beide Jungen noch vor Augustus.

Sei gegrüßt, mein lieber Gaius, mein goldigstes kleines Eselchen, das ich, fürwahr, beständig vermisse, wann immer Du nicht bei mir bist. Besonders aber an Tagen wie dem heutigen halten meine Augen begierig Ausschau nach meinem Gaius, und wo immer Du heute gewesen sein magst, ich hoffe, Du hast meinen vierundsechzigsten Geburtstag gesund und froh gefeiert ... und ich bete zu den Göttern, dass ich die Zeit, die mir noch verbleibt, sicher und bei Wohlbefinden mit Dir verbringen mag, während unser Land blüht und gedeiht und Ihr beiden den Herrn spielt und Euch anschickt, mir auf meinen Wachposten nachzufolgen.

JOSEPH II. AN SEINEN BRUDER LEOPOLD II., 4. OKTOBER 1777

Es war *die* Königshochzeit ihrer Zeit – doch nach sieben Jahren Ehe stimmt etwas nicht, und dieser Brief enthüllt, was es ist und wie es sich lösen lässt.

1770 wurde die Habsburger Erzherzogin Maria Antonia (Marie-Antoinette) mit gerade einmal fünfzehn Jahren mit dem französischen Thronerben, dem späteren Ludwig XVI., verheiratet. Sie war hübsch und munter, aber auch albern, verschwenderisch und töricht. Keine vielversprechende Mischung in einem überstrapazierten Reich am Rande des Bankrotts, das sich einen weiteren Ansehensverlust für das Königshaus kaum leisten konnte. König Ludwig seinerseits war ungeschlacht, unfähig und beschränkt. Sieben Jahre lang flirtete Marie mit Verehrern, während sich Ludwig abmühte, die Ehe zu vollziehen.

Schließlich kommt ihr Bruder, Kaiser Joseph II., zu Besuch, um zu sehen, was sich machen lässt. In einem frühen Beispiel für Eheberatung führt Joseph wie ein kaiserlicher Sexualtherapeut Gespräche mit Ludwig und mit seiner Schwester. »Was für zwei Tölpel«, schreibt er anschließend in diesem erstaunlichen Brief an seinen Bruder, den künftigen Kaiser Leopold, und zieht den Schluss, dass das eigentliche Problem nicht körperlicher oder medizinischer Natur ist, sondern lediglich vom mangelnden Interesse der Königin und der Trägheit des Königs herrührt. Im August vollzog das dankbare Paar seine Ehe, und schon bald war sie mit dem ersten von mehreren Kindern schwanger.

1789 wurden Ludwig und Marie-Antoinette gestürzt und landeten 1793 auf der Guillotine.

Stell Dir nur vor! In seinem Ehebett – das ist das Geheimnis – hat er starke, einwandfreie Erektionen. Er führt das Glied ein, bleibt so etwa zwei Minuten dort, ohne sich zu regen, und zieht sich zurück, ohne sich überhaupt entladen zu haben, wiewohl immer noch steif, und wünscht eine gute Nacht. Es ist unglaublich, denn er hat noch dazu bisweilen des Nachts Ausstöße, aber in seinem eigenen Bett, niemals während der Arbeit. Und er ist zufrieden, sagt schlicht, dass er es nur aus Pflichtgefühl tut und keine Freude daran hat. Ach! Wenn ich nur einmal hätte dabei sein können, hätte ich es richtig gefügt. Man müsste ihm die Peitsche geben, damit er sich mit Leidenschaft entlädt, wie die Esel. Hinzu kommt, dass meine Schwester recht betulich ist. Sie sind zwei rechte Stümper, die beiden.

RAMSES DER GROSSE AN HATTUSCHILI, KÖNIG DER HETHITER, 1243 V. CHR.

Arroganz der Macht, dokumentiert in einem dreitausend Jahre alten Brief. Ramses der Große regierte Ägypten in dessen Blütezeit und war über sechzig Jahre lang sein unumschränkter Herrscher. Zu Beginn seiner Regierungszeit hatte er in der Schlacht bei Kadesch gegen den Hethiter-König Hattuschili gekämpft, doch 1258 v. Chr. wurden sie Verbündete, und Ramses ließ sich herab, eine hethitische Prinzessin zu heiraten. Hier macht sich Hattuschili ihre guten Beziehungen zunutze und bittet Ramses, ihm bei einem heiklen familiären Problem zu helfen: Seine mit einem benachbarten König verheiratete Schwester Massana-uzzi möchte gern Kinder haben, obwohl sie nicht mehr die Jüngste ist, und der Hethiter fragt an, ob Ramses ihm nicht Priester und Heiler schicken kann, um ein wenig nachzuhelfen. Es folgt die überhebliche, schroffe Antwort des Pharao, in der er spottet, dass nicht einmal ägyptische Zauberkunst eine Frau von sechzig Jahren noch dazu bringen kann, Kinder zu gebären.

Dies an meinen Bruder: (Bezüglich dessen) was mein Bruder mir hinsichtlich seiner Schwester Massana-uzzi schrieb:

»Möge mein Bruder mir einen Mann schicken, der Arzneien bereitet, damit sie Kinder gebären kann.« So hat mein Bruder geschrieben. Und so (antworte ich) meinem Bruder: Höre: Massana-uzzi, die Schwester meines Bruders, der König, Dein Bruder, kennt sie. Man sagt, sie sei 50 oder sogar 60 Jahre alt! Höre: Eine Frau von 50 ist alt, von einer 60-Jährigen gar nicht zu reden! Man kann keine Arzneien herstellen, die sie in die Lage versetzen, Kinder zu gebären! Nun ja, der Sonnengott und der Sturmgott könnten einen Befehl erteilen, und die Anweisung, die sie geben, wird dann ohne Unterlass ausgeführt für die Schwester meines Bruders. Und ich, der König, Dein Bruder, werde einen sachkundigen Beschwörungspriester und einen sachkundigen Arzt schicken, und sie werden Arzneien fertigen, um ihr dabei zu helfen, Kinder zu bekommen.

SCHÖPFUNGSAKT

MICHELANGELO AN
GIOVANNI DA PISTOIA, 1509

Michelangelo Buonarroti war nicht nur Bildhauer und Maler, sondern auch ein glänzender Dichter und grandioser Briefeschreiber. Gelegentlich verschickte er seine Gedichte als Briefe – dieser hier ist einer der besten. Im Jahr 1508 war er vom Kriegerpapst Julius II. dafür engagiert worden, die Ausmalung der Sixtinischen Kapelle in Rom zu übernehmen – eine etwas unkonventionelle Wahl, wenn man bedenkt, dass er zu der Zeit eher als Bildhauer bekannt war.

Julius ließ Michelangelo freie Hand bei der Erfüllung dieser Maßgabe: neun Hauptszenen, die Gottes Erschaffung der Welt und des Menschen im Buch Genesis darstellen sollten. Der Auftrag, der ihn bis 1512 beschäftigen sollte, wurde sein absolutes Meisterwerk. Nicht nur war seine künstlerische Vision erstaunlich ambitioniert, auch die körperliche Belastung der konkreten Deckenausmalung war mörderisch. Er musste sich selbst ein Gerüst bauen und stundenlang kopfüber in der Kapelle hängen – und das über Jahre. An einem Punkt schreibt er an seinen Vater: »Ich führe eine jämmerliche Existenz … kein Leben, keine Ehre … Ich bin ausgelaugt von enormen Strapazen und geplagt von tausend Ängsten … nicht einmal eine Stunde des Glücks war mir beschieden.« Aus all diesen Qualen ging jedoch eines der größten Kunstwerke der Menschheitsgeschichte hervor. Nach einem Jahr des Schöpfungsprozesses schreibt er den folgenden verzweifelten Versbrief an seinen Freund Giovanni da Pistoia und geht dabei näher auf einige der Torturen ein, mit denen er zu kämpfen hat.

›Als der Autor das Gewölbe der Sixtinischen Kapelle malte‹
An Giovanni, eben jenen von Pistoia

Ich habe bei dieser Anstrengung schon einen Kropf
Wie Wasser es den Katzen der Lombardei macht
Oder in einem anderen beliebigen Landstrich
Mit Macht drängt sich der Bauch mir unters Kinn

Der Bart steht himmelwärts, das Gedächtnis fühle ich
Im Pinselkasten, die Brust wie die einer Harpye
Und der Pinsel über dem Gesicht
Macht mir, tropfend, ein üppiges Fußbodenornament

Die Lenden sind mir in den Bauch gedrückt
Der Hintern als Gegengewicht zum Kreuz
Die Schritte bewege ich ohne Sicht vergebens

Nach vorne verlängert sich meine Körperhülle
Um sich zu beugen, verknäuelt sie sich hinten
Und ich bin wie ein syrischer Bogen gespannt.

Doch trügerisch und seltsam
Erwächst das Urteilsvermögen aus dem Geist
Denn es schießt sich schlecht mit verdrehtem Rohr

Meine tote Malerei
Verteidige sie doch jetzt, Giovanni, und meine Ehre
Ich bin hier weder an gutem Ort, noch bin ich Maler.

WOLFGANG AMADEUS MOZART AN SEINE
COUSINE MARIANNE, 13. NOVEMBER 1777

Ein Brief voll fieberhafter, obszöner Ausgelassenheit von
einem musikalischen Genie. Geboren in Salzburg und von
seinem ehrgeizigen Vater in Musik unterrichtet, reiste der
junge Mozart zehn Jahre lang als Pianist und Geiger durch
Europa. Während der anstrengenden endlosen Tourneen unterhielt er, damals Anfang zwanzig, eine ungestüme Freundschaft und vermutlich auch leidenschaftliche Liebesbeziehung
zu Marianne – sehr zum Missfallen seines Vaters. Ihr geheimes Einverständnis in sexueller Hinsicht und die beidersei-
tige Vorliebe für Fäkalhumor sprechen nur allzu deutlich aus
ihren derb-komischen Briefen.

»Ma trés cher Cousine«, schreibt Mozart seiner kleinen
Cousine, die er »Bäsle« nannte, »… also kommen Sie gewis,
sonst ist ein schys; ich werde alsdann in eigner hoherperson
ihnen Comlimentiren, ihnen den arsch Petschieren, ihre
hände küssen, mit der hintern büchse schiessen, ihnen Em-
brassiren, sie hinten und vorn kristiren, ihnen, was ich ihnen
etwa alles schuldig bin, haarklien bezahlen, und einen wa-
ckeren furz lassen erschallen, und vielleicht auch etwas fallen
lassen Nun adieu – mein Engel mein herz ich warte auf sie
mit schmerz … P: S: Scheis – dibitari der pfarer zu Rodempl
hat sein köchin im arsch geleckt, ein andern zum Exempl …«

Das Wunderkind erhielt seine erste Anstellung beim Fürst-
bischof von Salzburg. 1781 zog er dann, entschlossen, sich
einen Namen zu machen, nach Wien. In Europas Musik-
hauptstadt blühte der junge Mozart auf. Hier komponierte

er seine größten Opern und Symphonien. Kaiser Joseph II. wusste ihn anfangs zwar nur in bescheidenem Maße zu würdigen, erhob ihn jedoch am Ende in den Rang eines Kammerkomponisten. 1782 heiratete Mozart Constanze Weber, die er abgöttisch liebte. Sie bekamen sechs Kinder. Seine Briefe an sie kommen jungenhaft liebevoll daher: »Ich freue mich wie ein Kind wieder zu dir zurück [sic] – wenn die Leute in mein Herz sehen könnten, so müsste ich mich fast schämen. Es ist alles kalt für mich – eiskalt – Ja, wenn du bei mir wärst, da würde ich vielleicht an dem artigen Betragen der Leute gegen mich mehr Vergnügen finden so ist es aber so leer – adieu – Liebe – ich bin Ewig dein dich von ganzer Seele liebender Mozart.«

Doch nichts reicht auch nur annähernd an den skandalösen Humor der »Bäsle-Briefe« heran, jene früheren Mozart-Kreationen mit ihrem anarchischen Schwall von Wortspielen, Stabreimen, Liedern, Echos und Wiederholungen. Am besten liest man sie sehr schnell. Dieser hier beginnt mit einer Anweisung von seiner Mutter, einen »vernünftigen Brief« zu schreiben. Doch dieser Vorsatz hielt nicht lange an …

Iezt schreib ihr einmal einen gescheiden brief, du kannst dessentwegen doch spass darein schreiben, aber so, dass du alle briefe richtig erhalten hast; so darf sie sich nicht mehr sorgen, und kümmern.

Ma trés chére Niéce! Cousine! Fille!
Mére, Sœur, et Epouse!

Poz Himmel Tausend sakristey, Cruaten schwere noth, teüfel, hexen, truden, kreüz-Battalion und kein End, Poz Element, luft, wasser, erd und feüer, Europa, asia, affrica und America, jesuiter, Augustiner, Benedictiner, Capuciner, minoriten, franziscaner, Dominicaner, Chartheüser, und heil: kreüzer herrn, Canonici Regulares und irregulares, und alle bärnhäuter, spizbuben, hundsfütter, Cujonen und schwänz übereinander, Eseln, büffeln, ochsen, Narrn, dalkken und fuxen! was ist das für eine Manier, 4 soldaten und 3 Bandelier? – – so ein Paquet und kein Portrait? – – ich war schon voll begierde – – ich glaubte gewis – – denn sie schrieben mir ja unlängst selbst, daß ich es gar bald, recht gar bald bekommen werde. Zweifeln sie vielleicht ob ich auch mein wort halten werde? – – das will ich doch nicht hoffen, daß sie daran zweifeln! Nu, ich bitte sie, schicken sie mir es, je ehender, je lieber. Es wird wohl hoffentlich so seyn, wie ich es mir ausgebeten habe, nemlich in französischen aufzuge.

wie mir Mannheim gefällt? – – so gut einen ein ort ohne bääsle gefallen kann. Verzeihen sie mir meine schlechte schrift, die feder ist schon alt, ich scheisse schon wircklich bald 22 jahr aus den nemlichen loch, und ist doch noch nicht verissen! – und hab schon so oft geschissen – – und mit den Zähnen den dreck ab-bissen.

Ich hoffe auch sie werden in gegentheil, wie es auch so ist, meine briefe richtig erhalten haben. nemlich einen von hohenaltheim, und 2 von Mannheim, und dieser; wie es auch so ist, ist der dritte von Mannheim, aber im allen der 4.:^{te}, wie es auch so ist. Nun muß ich schliessen, wie es auch so ist, denn ich bin noch nicht angezogen, und wir essen iezt gleich, damit wir hernach wieder scheissen, wie es auch so ist; haben sie mich noch immer so lieb, wie ich sie, so werden wir niemahlen aufhören uns zu lieben, wenn auch der löwe rings-herum in Mauern schwebt, wenn schon des zweifels harter Sieg nicht wohl bedacht gewesen, und die tirraney der wütterer in abweg ist geschliechen, so frist doch Codrus der weis Philosophus oft roz für haber Muß, und die Römmer, die stüzen meines arsches, sind immer, sind stehts gewesen, und werden immer bleiben – – kastenfrey. Adieu, j'espére que vous aurés deja pris quelque lection dans la langue française, et je ne doute point, que – –

Ecoutés: que vous saurés bientôt mieux le français, que moi; car il y a certainement deux ans, que je n'ai pas ecrit un môt dans cette langue. adieu cependant. je vous baise vos mains, votre visage, vos genoux et votre – – afin, tout ce que vous me permettés de baiser. Je suis de tout mon cœur

votre

trés affectioné Neveu et Cousin

Wolfg. Amadé Mozart

HONORÉ DE BALZAC AN
EWELINA HAŃSKA, 19. JUNI 1836

Hier zeigt sich die Wirkmacht des Briefes in ganz besonderer Weise. Balzac, Autor der *Menschlichen Komödie*, beginnt seine Beziehung mit der polnischen Gräfin Hańska, ohne dass sich die beiden je begegnet wären. Hańska, Spross einer berühmten und wohlhabenden Adelsfamilie, heiratete einen mehr als zwanzig Jahre älteren Gutsbesitzer und bekam fünf Kinder von ihm. In den 1820er Jahren fing sie an, Balzacs Romane zu lesen, und schrieb ihm anonym von Polen aus nach Paris. Sie ist eine glühende Verehrerin und eine verheiratete Frau, er eine eitle Berühmtheit, die sich geschmeichelt fühlt. Nach ungefähr einem Jahr treffen sie sich und beginnen eine Affäre. Zwar findet Hańskas Ehemann die Briefe, doch gelingt es Balzac, ihn davon zu überzeugen, dass sie nur ein Spiel sind.

Als der Graf 1841 starb, mag Balzac angenommen haben, dass einer Heirat nun nichts mehr im Wege stünde, doch seine schlechte Gesundheit und finanzielle Probleme sorgten dafür, dass sie erst im März 1850 den Bund der Ehe schlossen, nur Monate vor seinem Tod im August desselben Jahres. Dieser Brief aus der Anfangszeit ihrer Beziehung zeigt, wie fast schon besessen Balzac von der schönen Gräfin ist, obwohl sich auch andeutet, dass ihre Liebe seine Kreativität verzehrt. Hätte der Ehemann diesen Brief gelesen, hätte er da noch an ein Spiel geglaubt?

Mein geliebter Engel,
ich bin verrückt nach Dir wie ein Verrückter; ich kann keine zwei Gedanken in Einklang bringen, ohne dass Du Dich zwischen sie schiebst. Ich kann nur noch an Dich denken. Gegen meinen Willen trägt mich meine Phantasie zu Dir. Ich halte Dich, drücke Dich, küsse Dich, liebkose Dich, und tausend Liebkosungen, voller Liebe, beherrschen mich!
In meinem Herzen, da wirst Du immer *bereitwillig* sein; ich fühle Dich dort köstlich. Aber mein Gott, was soll nur aus mir werden, wenn Du meinen Geist eingenommen hast? Oh, es ist eine Monomanie, die mir, heute morgen, Angst macht. Ich stehe andauernd auf und sage mir: Auf geht's, ich gehe hin! Dann setze ich mich wieder, zurückgeführt durch mein Pflichtbewusstsein. Es ist ein entsetzlicher Kampf. Das ist kein Leben, so war ich vorher nie. Du hast alles verschlungen. Ich fühle mich stumpfsinnig und glücklich, sobald ich mich dazu verleiten lasse, an Dich zu denken. Ich wälze mich in einer köstlichen Träumerei, in der ich in einem Augenblick tausend Jahre durchlebe. Was für eine schreckliche Situa-

tion! Erfüllt von Liebe, die Liebe durch alle Poren spüren, und dabei von Gram verzehrt, verfangen in tausend Spinnweben! Oh! meine geliebte Eva, weißt Du es nicht? Ich habe Deine Karte aufgehoben; sie liegt da, vor mir, und ich spreche mit Dir, als ob Du hier wärst. Ich sehe Dich vor mir wie gestern, schön, wundervoll schön. Gestern, den ganzen Abend lang, sagte ich mir: »Sie ist mein!« Oh! die Engel sind nicht so glücklich im Paradies, wie ich es gestern war!

JOHN KEATS AN FANNY BRAWNE, 13. OKTOBER 1819

Hier haben wir ein Musterbeispiel für alles verzehrende Leidenschaft im Schatten des Todes. John Keats, Jahrgang 1795, war geschlagen mit schlechter Gesundheit, Armut und einer Hoffnungslosigkeit, wie sie eines der bedeutendsten romantischen Dichter nur würdig war. Seine Mutter starb an Tuberkulose, als er vierzehn war, und er fühlte sich von allen Seiten vom Tod umgeben.

1818 lernt er Fanny Brawne kennen. Sie wird die Liebe seines Lebens. Doch er ist zu arm, um sich mit ihr zu verloben, und ihre Liebe wird niemals vollzogen. Seine quälende Besessenheit von Fanny, von der Liebe und vom Tod inspirierte ihn zu den Gedichten »The Eve of St. Agnes« und »La Belle Dame sans Merci« – und kommt auch in diesem Brief an Fanny zum Ausdruck. Bald darauf stellte Keats fest, dass auch er Tuberkulose hatte, und reiste in der Hoffnung auf Heilung nach Rom, wo er mit nur sechsundzwanzig Jahren starb.

Fanny trauerte sechs Jahre lang um ihn und wusste sich in

dieser Trauer mit der Schwester des Dichters, Fanny Keats, verbunden. Schließlich heiratete Fanny Brawne Louis Lindon, den Sohn eines jüdischen Kaufmanns, mit dem sie eine Familie gründete. Kurz vor ihrem Tod 1865 offenbarte sie ihre Beziehung zu Keats ihren Kindern und übergab ihnen seine Briefe an sie, die »eines Tages von Wert sein« würden. Die Kinder veröffentlichten die Briefe, was Fanny dem Vorwurf aussetzte, des Dichters nicht würdig zu sein. Erst die sehr viel später erfolgte Veröffentlichung ihrer Briefe an Keats' Schwester belegte, dass sie Keats' erlesene Kunst durchaus zu schätzen gewusst hatte.

25 College Street, Westminster

Mein geliebtes Mädchen,

in diesem Augenblick habe ich mich selber angewiesen, einige Verse ins Reine zu schreiben. Es will sich aber nicht die Spur von Behagen einstellen. Ich muss Dir eine oder zwei Zeilen schreiben. Vielleicht hilft das ja, Dich auch nur für kurze Zeit aus meinen Gedanken zu vertreiben. Meiner Treu, ich kann an nichts anderes mehr denken. Vorbei ist die Zeit, da ich die Kraft hatte, Dich vor dem wenig verheißungsvollen Morgen meines Lebens zu warnen. Meine Liebe hat mich selbstsüchtig gemacht. Ich kann ohne Dich nicht sein. Ich bin achtlos gegenüber allem, sofern es nicht bedeutet, Dich wiederzusehen. An diesem Punkt scheint mein Leben zu enden – weiter kann ich nicht blicken. Du hast mich aufgesogen. In eben diesem Moment ist mir, als würde ich mich auflösen. Ich wäre zutiefst unglücklich ohne die Hoffnung, Dich bald zu sehen. Ich hätte Angst, mich weit von Dir zu entfernen. Meine süße Fanny, wird sich Dein Herz auch niemals wandeln? Meine Liebste, ja? Meine Liebe kennt jetzt keine Grenzen mehr. Dein Brief ist gerade hier angekommen. Glücklicher könnte ich, fern von Dir, nicht sein. Er ist mir mehr wert als ein ganzes Handelsschiff voller Perlen. Drohe mir nicht, nicht einmal im Scherz. Ich habe mich immer darüber gewundert, dass Menschen für ihre Religion den Märtyrertod auf sich nahmen. Mir graute davor. Jetzt graut es mir nicht mehr. Auch ich könnte den Märtyrertod sterben für meine Religion. Liebe ist meine Religion – für sie könnte ich sterben – für Dich könnte ich sterben. Mein Glaubensbekenntnis ist die Liebe, und Du bist seine einzige Lehre. Du hast mich hingerissen mit einer Macht, der ich nicht widerstehen kann. Und doch konnte ich widerstehen, bis ich Dich sah. Und selbst seit ich Dich gesehen, habe ich mich oftmals bemüht, »die Beweggründe meiner Liebe aus dem Wege zu räumen«. Das kann ich nun nicht mehr – der Schmerz wäre zu groß. Meine Liebe ist selbstsüchtig. Ich kann nicht atmen ohne Dich.

Für immer Dein,

John Keats

T. S. ELIOT AN GEORGE ORWELL, 13. JULI 1944

Jeder Schriftsteller fürchtet ihn: den Ablehnungsbescheid von einem Verlag. Im vorliegenden Fall hat ihn der Verlagsleiter von Faber & Faber ausgestellt, bei dem es sich um keinen Geringeren als T. S. Eliot handelt – besser bekannt als Verfasser des *Waste Land*. Selbstgefällig weist er das neueste Buch des Journalisten, Essayisten und Romanciers George Orwell zurück. Orwell war zur damaligen Zeit vor allem bekannt für sein Engagement im Spanischen Bürgerkrieg und seine hervorragende Berichterstattung darüber, die er unter dem Titel *Mein Katalonien* veröffentlicht hatte, sowie für Bücher über seine ganz persönlichen Armutserfahrungen wie *Der Weg nach Wigan Pier*. Doch jetzt tut er etwas für einen Schriftsteller sehr Heikles: Er wechselt das Genre. In seinem jüngsten Werk hat er mittels der Metapher eines Bauernhofs vor Augen geführt, wie sich Sowjetrussland – beziehungsweise eine vergleichbare Gewaltherrschaft – zu einem blutrünstigen Terrorstaat entwickelt. Es ist ein unverkennbarer Angriff auf den Stalinismus zu einer Zeit, als Stalins Russland ein Verbündeter im Kampf gegen Hitler war. Orwell hegte größere Sympathien für Stalins Widersacher Trotzki. Darauf beruht auch Eliots Argumentation – wobei er allerdings die umfassendere Botschaft des Romans übersieht. *Farm der Tiere* und später dann *1984* sind Meisterwerke, die die Realitäten der modernen Politik genau beobachtet haben und vor ihnen warnen. Auch im 21. Jahrhundert sind sie noch hochaktuell. Eliots gönnerhafte Ablehnung gehört zu den peinlichsten Fehlentscheidungen in der Geschichte des Verlagswesens.

Lieber Orwell,
ich weiß, dass Sie sich eine rasche Entscheidung über »Farm der Tiere« wünschten. Doch das Minimum ist die Meinung von zwei Direktoren, und das ist in weniger als einer Woche nicht zu schaffen. Hätte nicht Eile eine wichtige Rolle gespielt, hätte ich auch noch den Vorstandsvorsitzenden gebeten, einen Blick darauf zu werfen. Doch stimmt der zweite Direktor in den Hauptpunkten mit mir überein. Wir finden beide, dass es ausgezeichnete Literatur ist, dass der Handlungsablauf sehr geschickt gehandhabt ist und dass die Erzählweise das Interesse des Lesers an sich bindet – und das

ist etwas, was seit Gulliver nur wenigen Autoren gelungen ist.

Andererseits sind wir nicht überzeugt (und ich bin mir sicher, dass es auch keiner der anderen Direktoren wäre), dass dies die rechte Perspektive ist, aus der heraus man die politische Lage zur gegenwärtigen Zeit kritisieren sollte. Es ist zweifelsohne die Pflicht eines jeden Verlagshauses, das Anspruch auf andere Interessen und Motive erhebt als auf bloßen kommerziellen Erfolg, Bücher zu veröffentlichen, die dem aktuellen Trend zuwiderlaufen – doch in einem jeden derartigen Fall gebietet dies, dass wenigstens ein Vertreter des Unternehmens überzeugt ist, dass es das ist, was zum aktuellen Zeitpunkt gesagt werden sollte. Ich wüsste nicht, was jemanden aus Sicht der Vernunft oder der Vorsicht davon abhalten sollte, dieses Buch zu veröffentlichen – sofern er an das glaubt, wofür es einsteht.

Ich glaube, mein eigenes Missbehagen mit dieser Fabel liegt darin, dass sie einfach nur einen ablehnenden Eindruck macht. Sie sollte Verständnis für das wecken, was dem Autor wichtig ist, und auch Verständnis für seine Bedenken. Und die positive Sichtweise, die mir weitgehend trotzkistisch erscheint, ist nicht überzeugend. Ich glaube, Sie haben panaschiert, ohne als Entschädigung irgendeine stärkere Anhängerschaft aus einer der beiden Parteien zu bekommen – d.h. von denen, die aus Sicht eines reineren Kommunismus russische Tendenzen kritisieren, und von denen, die sich, aus einer ganz anderen Perspektive heraus, Sorgen um die Zukunft kleinerer Nationen machen. Und schließlich sind Ihre Schweine ja auch weitaus intelligenter als die anderen Tiere und von daher am besten dafür qualifiziert, die Farm zu leiten – genau genommen hätte es ohne sie gar keine Farm der Tiere geben können – sodass eigentlich (so könnte man argumentieren) nicht mehr Kommunismus vonnöten gewesen wäre, sondern mehr sozial gesinnte Schweine.

Es tut mir sehr leid, denn wer immer dies nun veröffentlicht, wird selbstverständlich Gelegenheit haben, alle Ihre künftigen Arbeiten zu verlegen. Und ich habe Respekt vor Ihrer Arbeit, denn es ist gute Literatur von grundlegender Integrität.

Miss Sheldon wird Ihnen das Manuskript mit separater Post zurückschicken.

MUT

SARAH BERNHARDT AN
MRS. PATRICK CAMPBELL, 1915

Sie war die berühmteste Schauspielerin des späten 19. und frühen 20. Jahrhunderts und könnte den heutigen Prominenten noch einiges beibringen. Die schöne Tochter einer jüdischen Pariser Kurtisane und ihres unbekannten Freiers war eine Selfmadefrau. Einer der Liebhaber ihrer Mutter war der einflussreiche Halbbruder Kaiser Napoleons III., Fürst de Morny. Er verhalf ihr zum Start in die Schauspielerei und könnte auch der Liebhaber der Tochter gewesen sein.

Sarah war nicht nur eine glänzende Bühnenkünstlerin, sondern auch ein Freigeist. Als sie ihren einzigen Sohn bekam, weigerte sie sich, den Namen des Vaters preiszugeben, und beliebte stattdessen bisweilen zu scherzen: »Ich konnte mich nie entscheiden, ob sein Vater [Premierminister] Gambetta, [Romanautor] Victor Hugo oder General Boulanger war.« Er hätte aber auch ebenso gut der Sohn ihrer ersten Liebe, des Fürsten de Ligne, sein können. So oder so wurde sie Frankreichs Topschauspielerin, reich und imposant im Auftreten. Und sie war fortwährend auf Tourneen unterwegs. Nach einem Sturz auf der Bühne während einer Aufführung von *La Tosca* in Rio de Janeiro brach sie sich das Knie. Jahrelang ertrug sie die daraus resultierenden Schmerzen, bis sie – wie sie hier lakonisch einer anderen berühmten Schauspielerin gegenüber bekennt – mit siebzig entscheidet, ein für alle Mal etwas dagegen zu unternehmen …

Der Doktor wird nächsten Montag mein Bein abnehmen. Bin sehr froh. Grüße und Küsse von ganzem Herzen.
Sarah Bernhardt

FANNY BURNEY AN IHRE
SCHWESTER ESTHER, 22. MÄRZ 1812

Frances »Fanny« Burney, geboren 1752, war die Tochter eines hochgebildeten Vaters – eines Komponisten und Musikhistorikers – und einer französischen Mutter. In einem langen, ereignisreichen Leben haben ihre literarische Begabung, ihr Wissensdurst sowie ein Sinn für Humor sie zu einer Pionierin in einer männerdominierten Welt gemacht. Fanny fing schon in jungen Jahren mit dem Schreiben an und wurde später eine der ersten Bestsellerautorinnen zu einer Zeit, in der man von Mädchen aus gutem Hause nicht erwartete, dass sie sich im anrüchigen Metier des Geschichtenerzählens die Hände schmutzig machten. Aus diesem Grund veröffentlichte sie ihren ersten Roman *Evelina* anonym und bemühte sich sogar, ihre weibliche Identität vor ihrem Verleger zu verbergen. Die geistreiche Satire auf die adlige Gesellschaft war ein Erfolg, und als ihre Identität gelüftet war, wurde sie schlagartig berühmt. Seit sie sechzehn war, führte Fanny bis zu ihrem Tod 1840 ausgiebig Tagebuch über persönliche wie historische Ereignisse und schrieb auch herrliche Briefe. Daneben blieb sie aber auch dem Genre des Romans treu und inspirierte damit spätere Autorinnen wie Jane Austen. Deren bekanntestes Buch verdankt seinen Titel Burneys *Cecilia*, wo eine der Figuren sagt: »Diese ganze unselige Angelegenheit ist nur die Folge von Stolz und Vorurteil.«

Fanny hatte kleine Romanzen mit diversen Verehrern, blieb jedoch lange unverheiratet. Wenig verlockende Heiratsanträge lehnte sie ab, da sie sich nicht denken konnte, »warum das Leben alleine nicht glücklich sein sollte. Freiheit hat durchaus ihren Wert – für Frauen genauso wie für Männer«. 1785 bot ihr Königin Charlotte, die Frau König Georges III., die Stellung einer »Keeper of the Robes« an. Fünf anstrengende Jahre verbrachte sie daraufhin als Hofdame. Sie sympathisierte mit den moderateren Ideen der Französischen Revolution und heiratete schließlich einen General im Exil, Alexandre d'Arblay, der mit ihr in seine Heimat zurückkehrte, um unter Napoleon zu dienen. In Paris bemerkt Fanny einen Knoten in ihrer Brust. Sie willigt in eine Mastektomie ein, die von Dr. Dubois, dem Geburtshelfer von Napoleons Kaiserin Marie-Louise, bei vollem Bewusstsein durchgeführt wird. Erstaunlicherweise überstand sie die Tortur und lebte danach noch fast dreißig Jahre. In diesem tief bewegenden Brief an ihre Schwester beschreibt sie jeden Augenblick ihrer Qualen.

Bericht aus Paris
über eine entsetzliche Operation – 1812

Ich habe meiner liebsten Esther einen langen Bericht versprochen – & hier ist er. Mir geht es inzwischen sehr gut … Lies daher diesen Brief bei passender Gelegenheit & ohne Aufregung – denn es ist alles gut ausgegangen …
So etwa im August des Jahres 1810 begann mich ein leichter Schmerz in der Brust zu plagen, der von Woche zu Woche

weiter zunahm, doch da er eher dumpf als stechend war, bereitete er mir keinerlei Unbehagen, was mögliche Folgen anging ... So vergingen einige Monate, während derer Madame de Maisonneuve, meine besonders enge Freundin, mich gemeinsam mit M. d'Arblay drängte, in eine Untersuchung einzuwilligen. Ich hielt ihre Befürchtungen für unbegründet und konnte meinen Widerwillen nicht bezwingen. Ich erwähne diese trügerische Zuversicht hier als Warnung an meine liebe Esther ... M. d'A ließ einen Arzt kommen ... er gab mir ein paar Anweisungen, die keine Früchte trugen – im Gegenteil, es wurde nur schlimmer, & M. d. A wollte kein Nein mehr dagegen dulden, dass ich M. Dubois zurate zog, der mich bereits von einem Abszess geheilt hatte, wovon Maria, meine liebste Esther, dir ausführlicher berichten kann. M. Dubois, der angesehenste Arzt in Frankreich, war zu der Zeit zum Geburtshelfer der Kaiserin bestellt ... Allmählich erahnte ich die Gefahr, in der ich schwebte. M. Dubois gab mir eine Arznei, die ich einen Monat lang anwenden sollte, währenddessen er mich nicht aufsuchen konnte, & ließ nichts verlauten – ermahnte mich aber so eindringlich, gelassen zu sein & mir keine Sorgen zu machen, dass ich nur argwöhnen konnte, dass sehr wohl Anlass zu gehöriger Beunruhigung bestand ... Ich nahm, allerdings vergebens, meine Medizin, & alle Symptome wurden schlimmer ...

Ein offizielles Konsilium wurde nun abgehalten zwischen [den Ärzten] Larrey, Ribe & Moreau – und nach entsprechender Zeit wurde ich offiziell von allen dreien zu einer Operation verdammt. Ich war nicht weniger verwundert als enttäuscht – denn die arme Brust war überhaupt nicht verfärbt & auch nicht viel größer als ihre gesunde Nachbarin. Und doch spürte ich, dass das Übel tief saß, so tief, dass ich oft dachte, wenn es sich nicht auflösen ließe, könne es nur zusammen mit dem Leben ausgemerzt werden. Trotzdem nahm ich all meinen Verstand zusammen & sagte ihnen, dass ich – sofern sie keine andere Alternative sähen – mich ihrem Urteil & ihrer Erfahrung nicht widersetzen würde. Dem guten Dr. Larry, der während der langen Behandlungszeit die herzlichste Freundschaft für mich entwickelt hatte, traten Tränen in die Augen; von meiner Furcht hatte er auf Widerstand geschlossen ...

[Am Tag des Eingriffs] schlenderte ich zum Hospital – ich sah die Vorbereitungen & schreckte zurück. Doch kurz darauf kehrte ich wieder um. Wozu sollte ich die Augen davor verschließen, was ich so bald ja doch erfahren musste? Doch der Anblick der enormen Mengen an Binden, Kompressen, Schwämmen und Mull verursachte mir eine leichte Übelkeit. Ich lief auf & ab, bis ich alle Emotionen beruhigt hatte, & wurde nach und nach fast schon stumpfsinnig – teilnahmslos, ohne Empfindungen oder Bewusstsein – & so blieb ich, bis die Uhr drei schlug ... da wurde mein Zimmer, ohne vorherige Nachricht, von 7 Männern in Schwarz betreten, Dr. Larry, M. Dubois, Dr. Moreau, Dr. Aumont, Dr. Ribe & einem Schüler von Dr. Larry sowie einem weiteren von M. Dubois. Ich war unterdessen aus meiner Benommenheit erwacht & ein wenig entrüstet – warum so viele? und ohne meine Zustimmung? Doch ich brachte keine Silbe heraus. M. Dubois fungierte als Oberbefehlshaber. Dr. Larry ließ sich nicht blicken. M. Dubois ordnete an, dass eine Bettstatt in die Mitte des Raumes gestellt wurde. Erstaunt wandte ich mich an Dr. Larry, der versprochen hatte, ein Lehnstuhl würde ausreichen. Doch er senkte den Kopf und wollte mich nicht ansehen. Zwei alte Matratzen verlangte M. Dubois als Nächstes & ein altes Laken. Jetzt fing ich heftig an zu zittern, mehr aus Abscheu & Entsetzen vor den Vorbereitungen als vor Schmerzen. Nachdem dies zu seiner Zufriedenheit arrangiert war, ersuchte er mich, die Bettstatt zu besteigen. Einen Augenblick lang stand ich unschlüssig da, ob ich nicht vielleicht unvermittelt fliehen sollte – ich schaute zur Tür, zu den Fenstern – ich war verzweifelt – doch das war nur vorrübergehend, danach setzte mein Verstand wieder ein & meine Ängste & Gefühle wehrten sich vergeblich dagegen ... Zu dem Zeitpunkt kannte ich noch nicht die unmittelbare Gefährdung, doch alles dort brachte mich zu der Einsicht, dass Gefahr über meinem Haupte schwebte & dass dieses Experiment alleine mich aus ihren Klauen erretten konnte. Ich bestieg daher freiwillig die Bettstatt. Und M. Dubois legte mich auf die Matratze & und breitete ein Batisttuch auf mein Gesicht. Es war allerdings durchsichtig & ich sah durch es hindurch, dass die Bettstatt sogleich von den 7 Männern und meiner Krankenschwester umstellt wurde. Ich weigerte mich, mich festhalten zu lassen. Doch als ich hell durch den Batist das Glitzern von poliertem Stahl scheinen sah, schloss ich die Augen. Ich wollte den Anblick des schrecklichen Einschnitts nicht der Gefahr krampfartiger Panik aussetzen. Es folgte eine abgrundtiefe Stille, die einige Minuten andauerte und während der, so nehme ich an, sie durch Zeichen ihre Anweisungen entgegennahmen & ihre Untersuchung vornahmen. Oh, was für eine entsetzliche Anspannung! Ich hörte auf zu atmen ... ich befürchtete, dass sie die ganze Brust für befallen hielten – und meine Furcht war nur allzu berechtigt, denn ich sah, abermals durch den Batist, die hochgehaltene Hand von M. Dubois, während sein Zeigefinger zuerst eine gerade Linie von oben nach unten zeichnete, zum zweiten ein Kreuz & drittens einen Kreis, womit er andeutete, dass alles abgenommen werden müsse ... Ich schloss ein weiteres Mal die Augen und verzichtete auf jegliches Zuschauen, jeglichen

Widerstand & jegliche Einmischung, traurig entschlossen, mich ganz meinem Schicksal zu ergeben.

Meine liebste Esther & alle meine Lieben, denen sie dieses trübselige Liedchen übermittelt, werden sich freuen zu hören, dass dieser Entschluss, nachdem er einmal gefasst war, auch strikt eingehalten wurde, ungeachtet eines Schreckens, der jeder Beschreibung spottet, & der qualvollsten Schmerzen. Und doch – als der entsetzliche Stahl in die Brust versenkt wurde – und dort durch Venen, Arterien, Fleisch und Nerven schnitt – benötigte ich keine Aufforderung, meine Schreie nicht zurückzuhalten. Ich stieß ein Geheul aus, das während des gesamten Eingriffs ununterbrochen andauerte – ich wundere mich beinahe, dass es nicht immer noch in meinen Ohren klingt, so unerträglich war die Qual. Als der Schnitt gemacht war und das Instrument entfernt, hielt der Schmerz unvermindert an, denn die Luft, die mit einem Mal in jene empfindlichen Stellen schoss, fühlte sich an wie eine Masse von winzigen, aber scharfen & gezackten Dolchen, die an den Rändern der Wunde zerrten. Doch als ich das Instrument ein weiteres Mal spürte – wie es einen Bogen zeichnete – gegen den Strich, wenn ich so sagen darf, während das Fleisch sich so gewaltsam wehrte, dass es die Hand des Operateurs erlahmen ließ, der gezwungen war, von rechts nach links zu wechseln – da, ja da dachte ich wahrhaftig, ich müsse verschieden sein. Ich versuchte nicht länger, meine Augen zu öffnen – sie fühlten sich an wie hermetisch abgeriegelt & so fest verschlossen, dass die Augenlider wie in die Wangen eingedrückt schienen. Nachdem das Instrument dieses zweite Mal entfernt war, folgerte ich, die Operation sei vorüber. Aber nein! Augenblicklich wurde das furchtbare Schneiden wieder aufgenommen – & schlimmer denn je – um das Untere, die Basis jener schlimmen Drüse, von den Teilen,

Fanny Burney an ihre Schwester Esther **121**

an denen sie haftete, zu trennen. Wieder wäre alle Beschreibung vergebene Mühe – und wieder war noch nicht alles vorüber – Dr. Larry ruhte nur seine Hand aus, & – oh, Himmel! – da fühlte ich, wie das Messer gegen das Brustbein schlug – und es schrammte! Dies verrichtet, während ich noch in vollkommen fassungsloser Qual verharrte, hörte ich die Stimme von Mr. Larry (alle Übrigen wahrten absolute Stille), die in einem beinahe tragischen Tonfall alle Anwesenden zu sagen bat, ob noch irgendetwas zu tun blieb oder ob sie die Operation für abgeschlossen hielten. Die allgemeine Antwort lautete: Ja; doch der Finger von M. Dubois – den ich buchstäblich über der Wunde schweben fühlte, obwohl ich nichts sah & obwohl er nichts anfasste, so unglaublich empfindlich war die Stelle – wies auf eine weitere Erfordernis. Und wieder begann das Schaben! Danach glaubte Dr. Moreau, noch ein Stück krankes Gewebe zu erkennen – und nochmals und nochmals verlangte M. Dubois nach Stückchen um Stückchen. – Meine liebste Esther, nicht tage-, nicht wochen-, sondern monatelang konnte ich nicht über diese furchtbare Angelegenheit sprechen, ohne sie fast wieder neu zu durchleben! Ich konnte nicht ungestraft daran denken! Mir wurde schlecht, eine einzelne Frage brachte mich schon außer Fassung. Selbst jetzt noch, 9 Monate danach, habe ich Kopfschmerzen davon, dass ich es erzähle! & diesen elenden Bericht, den ich vor mindestens 3 Monaten begann, wage ich nicht zu überarbeiten oder noch einmal durchzulesen, zu schmerzhaft ist noch immer die Erinnerung.

Um zum Ende zu kommen, das Übel war so tiefgreifend, der Fall so heikel & die notwendigen Vorsichtsmaßnahmen zur Verhinderung eines Rückfalls so zahlreich, dass die Operation, einschließlich der Wundversorgung und des Verbandanlegens, 20 Minuten dauerte!, eine Zeit so heftiger Schmerzen, dass sie kaum auszuhalten waren. Dennoch ertrug ich es mit allem Mut, den ich aufbringen konnte, & bewegte mich kein einziges Mal, noch gebot ich ihnen Einhalt oder leistete Widerstand oder beschwerte mich oder sprach – außer ein- oder zweimal ... Zweimal, glaube ich, fiel ich mindestens in Ohnmacht – ich habe zwei vollständige Lücken in meiner Erinnerung von dieser Abwicklung, die es mir erschweren, das Geschehene zusammenzufügen. Als alles getan war & sie mich aufsetzten, damit ich ins Bett gebracht werden konnte, war meine Kraft so vollständig ausgelöscht, dass ich gezwungen war, mich tragen zu lassen & und nicht einmal mehr meine Arme und Hände aufrecht halten konnte, sie hingen wie leblos herunter, während mein Gesicht, so sagte mir die Schwester, bar jeder Farbe war. Angesicht dieser Umbettung schlug ich die Augen auf & und da sah ich meinen guten Dr. Larry, beinahe so blass wie ich, sein Gesicht blutgestreift & seine Miene, die Kummer, Besorgnis & beinahe Entsetzen ausdrückte.

DAVID HUGHES AN SEINE ELTERN,
21. AUGUST 1940

Hauptmann der Luftwaffe David Hughes kämpfte als Pilot in der Luftschlacht um England, die eine Nazi-Invasion und damit auch eine Einverleibung Großbritanniens in Hitlers Reich verhinderte. Die Schlacht wurde von den jungen, oftmals erst achtzehnjährigen Piloten der RAF gewonnen, von denen viele in dem erbitterten Kampf über England und dem Kanal den Tod fanden. Von seinem Stützpunkt nahe Newquay in

Cornwall aus schreibt Hughes diesen munteren Brief an seine Familie und bezeugt damit die Begeisterung und Ängste der jungen Männer.

Am besten hat der damalige Premierminister Winston Churchill den Mut dieser Piloten in seiner berühmten Rede beschrieben: »Die Dankbarkeit eines jeden Haushalts auf dieser Insel, in unserem Empire, ja auf der ganzen Welt, mit Ausnahme der Behausungen der Schuldigen, gilt den britischen Fliegern, die, unbeeindruckt von Übermacht, ungeschwächt von fortwährender Bedrohung und Todesgefahr, dabei sind, durch ihren Heldenmut und ihre Hingabe das Blatt des Krieges zu wenden. Noch nie zuvor in der Geschichte kriegerischer Auseinandersetzungen hatten so viele so wenigen so viel zu verdanken. Wir alle sind in Gedanken bei den Kampffliegern.«

Weniger als einen Monat nach diesem Brief wurde David Hughes am 11. September 1940 über dem Ärmelkanal abgeschossen. Seine Leiche wurde nie geborgen.

RAF St. Eval bei Newquay, Cornwall, 21. August 1940
Meine Lieben,
es ist schon sehr lange her, seit ich das letzte Mal geschrieben habe, und sehr viel ist seitdem passiert.
Ich habe beschossen und wurde beschossen. Ich habe getötet, wurde aber nicht getötet. Mein Leben wurde mir von einem Kameraden gerettet, und ich habe dafür ein anderes gerettet.
Ich bin jetzt das, was man ein »Fliegerass« nennt, insofern als ich mehr als 5 Jerrys [Deutsche] für mich verbuchen kann, und zwar wurden 6 Maschinen zerstört, indem ich einen kleinen Knopf gedrückt habe. Zur Information der Jungs: Ich habe 3 ME 110er, 2 ME 109er und eine Dornier 17 abgeschossen.

Ich traf am Sonntag, dem 4. August, bei meiner neuen Staffel ein. Da waren noch drei ranghöhere Offiziere in der Staffel. Am 11. August war ich bereits der C. O. [Befehlshaber]. Wir haben in 4 Tagen zwölf Piloten verloren. Nachdem ich übernommen hatte, verloren wir nur einen in einer Woche, dabei standen die Chancen noch schlechter für uns. An einem Tag waren wir die erste Staffel, die Feindkontakt hatte, und ich führte meine Staffel, zwölf von uns, gegen 350 von 400 feindlichen Kämpfern eskortierte Bomber. Es war ein Mordsgerangel. Bei der Landung hatte ich 150 Einschusslöcher in meiner Maschine, eins war $1\frac{1}{2}$ cm von meinem Kopf entfernt. Ich sprach ein kurzes Gebet, bevor wir in den Sturzflug gingen, und ich glaube, mein Schutzengel hat Überstunden gemacht!!

Am 18. August wurde meine Staffel zum Ausruhen hierher geschickt, und das war auch nötig. In weniger als vierzehn Tagen hatte ich über sechs Kilo abgenommen. Wir waren 6 und sieben Stunden am Tag geflogen, hatten dabei Mahlzeiten verpasst und im Durchschnitt nur 5 Stunden pro Tag geschlafen!

Als wir hier ankamen, kriegte ich ein Telegramm, in dem stand: »Glückwunsch, Staffel 238, für den großartigen Beitrag, den Sie geleistet haben« von Sir Cyril Newall, Air Chief Marshal.

Bisher hatten wir hier eine ruhige Zeit, aber heute haben uns die Nazis mit ihrer Aufmerksamkeit beehrt und uns bombardiert. Ich war in der Offiziersmesse, als die Bomben fielen, und rannte runter zu den Maschinen, und als ich abhob, beschossen mich die Jerrys mit Maschinengewehrfeuer, dann verdrückten sie sich in die Wolken und entkamen.

Ich weiß nicht, wann wir nach Wallop zurückkehren, aber ich schätze, bald.

Letzten Montag flog ich rüber nach Cardiff und besuchte Joan [seine Frau] für ein paar Stunden. Ihr ging es in letzter Zeit nicht besonders gut, mein armer Liebling, ihr Hals war wieder wund. Ich liebe sie so sehr!!

Ich schreibe diese Zeilen in Fliegermontur und warte auf den Befehl zum Abflug.

Passt auf Euch auf, Ihr Lieben.

Ganz herzlich,

David

ENTDECKUNG

ADA LOVELACE AN ANDREW CROSSE,
ETWA 16. NOVEMBER 1844

Ada Lovelace wurde 1815 als Tochter des berühmt-berüchtigten romantischen Dichters Lord Byron geboren. Der hatte viele uneheliche Nachkommen, doch Ada war das einzige Kind aus seiner Ehe mit Annabel Millbank. Sein skandalöses Verhalten und sein politischer Liberalismus zwangen ihn nur vier Monate nach ihrer Geburt, England zu verlassen, und er sollte sie nie wiedersehen. »Gleicht Dein Gesicht dem Deiner Mutter, mein schönes Kind! ADA! einzige Tochter meines Hauses und meines Herzens?«, schrieb er in *Childe Harold's Pilgrimage*. Byron starb 1824 in Griechenland. Adas Mutter prangerte für den Rest ihres Lebens seine zahlreichen Perversionen und seinen liederlichen Lebenswandel an, zeigte aber nur wenig Interesse an Ada, die von ihrer Großmutter aufgezogen wurde. Sie litt unter Kopfschmerzen und war nach einer Maserninfektion eine Zeit lang gelähmt. So träumte sie davon, eine Flugmaschine zu konstruieren, um darin davonzufliegen – und ihrer Krankheit zu entkommen.

Mathematik und die Naturwissenschaften faszinierten Ada von klein auf, und sie legte eine frühreife Begabung an den Tag in einer Zeit, in der nur wenigen Frauen Bildung zuteilwurde, geschweige denn die Möglichkeit, als eigenständige Wissenschaftlerinnen zu brillieren. Mit siebzehn hatte Ada eine Affäre mit ihrem Hauslehrer William Turner und wäre auch um ein Haar mit ihm durchgebrannt. Drei Jahre später heiratete sie dann aber Lord King, der später zum Earl of Lovelace wurde und ihr damit den märchenhaften Titel einer Countess of Lovelace bescherte. Die beiden hatten drei Kinder. Die wichtigste Beziehung in Adas Leben war jedoch die zu ihrem Freund und Mentor Charles Babbage (der sie »Lady Fairy« nannte). Zusammen wurden sie Pioniere der Informatik. In diesem Brief an ihren Forscherkollegen Andrew Crosse (mit dessen Sohn John sie vermutlich eine Liebesaffäre begann, als sie seinen Vater zu dem im Brief erwähnten Treffen begleitete) nennt sie sich »Braut der Wissenschaft«. Und sie erklärt im Weiteren ihre moderne Philosophie der Interkonnektivität der gesamten Natur. Auch ihre übliche schlechte Gesundheit lässt sie hier nicht unerwähnt. Ada starb mit sechsunddreißig Jahren an Gebärmutterhalskrebs – im selben Alter wie ihr Vater, neben dem sie auch bestattet werden wollte.

Lieber Mr. Crosse – Danke für Ihren freundlichen, warmherzigen Brief ... Dann erwarten wir Sie also am Montag, dem 18ten, und am Mittwoch, dem 20ten, begeben wir uns alle nach Broomfield. Vielleicht haben Sie ja schon am Ton meines Briefes gemerkt, dass ich inzwischen mehr denn je die Braut der Wissenschaft bin. Religion ist für mich Wissenschaft und Wissenschaft Religion. In dieser tief empfundenen Wahrheit liegt das Geheimnis meines brennenden Interesses an der Auslegung von Gottes Schöpfung ... Und wenn ich so die Wissenschaftler und sogenannten Philosophen betrachte, voller selbstsüchtiger Gedanken und mit einem Hang, sich gegen die Verhältnisse und die Vorsehung aufzulehnen, dann denke ich mir: Das sind keine wahren Priester, sie sind nur halbe Propheten – wenn nicht gar vollkommen trügerische. Sie haben das große Buch schlichtweg nur mit dem physischen Auge gelesen und ohne allen Geist. Das Geistige, das Moralische, das Religiöse scheinen alle miteinander in Zusammenhang zu stehen und in einem großen, harmonischen Ganzen verbunden zu sein ... Dass Gott eins ist und dass all die Werke und die Empfindungen, die Er ins Leben gerufen hat, EINS sind, das ist eine Wahrheit (und dazu noch eine schriftgemäße Wahrheit), die meiner Ansicht nach in ihrer wirklich tiefen und unergründlichen Bedeutung dem Verständnis der meisten Menschen nicht nahegebracht wird. Die Neigung, separate und voneinander unabhängige Bündel aus den materiellen und den moralischen Fakten des Universums zu schnüren, ist zu weit verbreitet. Wohingegen alles und jedes von Natur aus zusammenhängt. Über dieses Thema könnte ich ganze Bände füllen ... Ich sollte Ihnen vielleicht nicht verschweigen, dass ich zuweilen unter schlimmen körperlichen Beschwerden leide. Falls mich etwas Derartiges in Broomfield überkommen sollte, müsste ich möglicherweise eine Weile auf meinem Zimmer bleiben. In diesem Fall ist alles, dessen ich bedarf, in Ruhe gelassen zu werden. Trotz all meiner Tatkraft bin ich mitunter anfällig für Unpässlichkeiten, vornehmlich in Verbindung mit den Verdauungsorganen, von keinen gewöhnlichen Ausmaßen ...

Mit vorzüglicher Hochachtung,

AA Lovelace

WILBUR WRIGHT AN DIE SMITHSONIAN
INSTITUTION, 30. MAI 1899

Hier haben wir es sozusagen mit Flugpost zu tun. Wilbur Wright und sein Bruder Orville waren keineswegs zwei Sonderlinge, sondern flugbegeisterte Mechaniker, die schon ein eigenes Fahrradfabrikat auf den Markt gebracht hatten. Von da aus war es zwar noch ein weiter Weg bis zur Flugmaschine, doch hegten beide lange ihren Traum vom Fliegen und tüftelten und probierten eifrig in ihrer Werkstatt. Es kommt einem immer noch wie ein kleines Wunder vor, aber als Wright mit zweiunddreißig Jahren diesen Brief schrieb, war er nur drei Jahre vom ersten kontrollierten Flug entfernt …

The Smithsonian Institution,
Washington

Werte Herren,

ich interessiere mich für das Thema des mechanischen und bemannten Fluges, seit ich als Junge eine Reihe von Booten verschiedener Größe nach Art der Maschinen Cayleys und Pénauds konstruiert habe. Meine Beobachtungen seither haben mich nur noch stärker davon überzeugt, dass bemannte Flüge durchaus machbar sind. Es ist nur eine Frage der Kenntnis und der Fertigkeit, wie bei allen akrobatischen Bravourstücken. Vögel sind die am vollkommensten ausgebildeten Akrobaten auf der Welt und perfekt geeignet für ihre Tätigkeit, und es mag sein, dass der Mensch ihnen niemals gleichkommen wird, doch kann niemand, der schon einmal einem Vogel dabei zugesehen hat, wie er einem Insekt oder einem anderen Vogel nachjagt, daran zweifeln, dass hier Meisterleistungen vollführt werden, die drei- oder viermal so viel Anstrengung erfordern wie bei einem normalen Flug. Ich glaube, dass zumindest einfache Flüge für den Menschen möglich sind und dass die Experimente und Nachforschungen einer großen Zahl von eigenständig Schaffenden zur Anhäufung von Informationen, Wissen und Fertigkeiten führen werden, die am Ende auf einen gelungenen Flug hinauslaufen werden ...

Ich bin ein Enthusiast, aber beileibe kein Sonderling, der eifersüchtig über seine Theorien hinsichtlich der korrekten Konstruktion eines Flugapparates wacht. Ich möchte von allem Gebrauch machen, was bereits bekannt ist, und dann, wenn möglich, mein Scherflein dazu beitragen, dass zukünftige Schaffende schließlich Erfolg erzielen können. Ich kenne die Bedingungen nicht, unter denen Sie Ihre Schriften versenden, aber wenn Sie mir die Kosten mitteilen, werde ich Ihnen den Betrag zusenden.

Hochachtungsvoll

Wilbur Wright

JOHN STEVENS HENSLOW AN CHARLES DARWIN, 24. AUGUST 1831

Eine der Grundlagentheorien der modernen Biologie hat ihren Ursprung in diesem Brief. Charles Darwin sagte über seinen Freund, den Pastor John Stevens Henslow: »Ich bin vollkommen überzeugt, dass niemals ein besserer Mensch auf Erden wandelte.« Die beiden lernten sich 1828 an der Universität von Cambridge kennen, wo Henslow Regius-Professor für Botanik war. Sie wurden so gute Freunde, dass Darwin bald als der Mann galt, »der mit Henslow flaniert«. Als Henslow von einem freien Platz auf einer zweijährigen Expedition nach Südamerika an Bord der HMS Beagle unter Führung von Captain Robert FitzRoy erfährt, denkt er als Erstes an seinen Schützling Darwin. Der Freund, auf den im Brief Bezug genommen wird, Marmaduke Ramsay, hatte eine Reise nach den Kanarischen Inseln vorgeschlagen, bei der Darwin auch mitgefahren wäre, wäre Ramsay nicht unerwartet verstorben. Die Reise mit der Beagle, die fünf Jahre dauern sollte, gab Darwin die Gelegenheit, seine Ideen genauer zu erforschen. Vor allem aber führte sie zu seiner weltverändernden Theorie der Evolution durch natürliche Auslese, die er schließlich 1859 in seinem Werk *Die Entstehung der Arten* veröffentlichte.

Mein lieber Darwin,
bevor ich zum eigentlichen Anliegen dieses Briefes komme, wollen wir miteinander den Verlust unseres hochgeschätzten Freundes, des armen Ramsay, betrauern, über dessen Tod Sie zweifelsohne schon längst unterrichtet sind. Ich will jetzt nicht länger bei diesem schmerzlichen Thema verweilen, da ich hoffe, Sie binnen Kurzem zu sehen, in der sicheren Erwartung, dass Sie begierig das Angebot annehmen werden, das man Ihnen aller Voraussicht nach für eine Reise nach Feuerland & zurück über die Ostindischen Inseln unterbreiten wird. Ich wurde von Peacock, der diesen Brief lesen und Ihnen von London aus weiterleiten wird, gebeten, ihm einen Naturkundler zu empfehlen als Begleiter für Captain Fitz-Roy, der von der Regierung beauftragt wurde, den äußersten Zipfel Amerikas zu vermessen. Ich erklärte, dass ich keine geeignetere Person als Sie wüsste, die aller Wahrschein-

lichkeit nach bereit wäre, eine solche Position anzunehmen. Ich konstatiere dies nicht unter der Prämisse, dass Sie ein fertig ausgebildeter Naturforscher sind, sondern in hohem Maße befähigt, alles, was in der Naturkunde beachtenswert ist, zusammenzutragen, zu studieren und zu vermerken. Peacock kann nach Belieben über die Einstellung entscheiden & wenn er niemanden findet, der willens ist, die Aufgabe zu übernehmen, ist die Gelegenheit vermutlich dahin. Captain F. möchte einen Mann (so habe ich es verstanden), der eher ein Gefährte ist als ein bloßer Sammler & würde niemanden akzeptieren, wie gut er auch als Naturforscher sei, der ihm nicht gleichermaßen als Gentleman empfohlen wurde. Näheres zu Bezahlung etc. weiß ich nicht. Die Reise soll 2 Jahre dauern & wenn Sie viele Bücher mitnehmen, können Sie tun, was Ihnen gefällt. Sie werden über hinreichende Möglichkeiten verfügen. Kurzum, ich denke, es gab nie eine bessere Gelegenheit für einen Mann von Inbrunst & Tatkraft. Captain F. ist ein junger Mann. Nun möchte ich, dass Sie unverzüglich in die Stadt kommen & sich mit Peacock besprechen (unter der Adresse Suffolk Street Nr. 7 Pall Mall East oder andernfalls im University Club) & nähere Einzelheiten erfahren. Schieben Sie keine Bescheidenheit oder Zweifel an Ihrer Kompetenz vor, denn ich versichere Ihnen, ich halte Sie genau für den Mann, nach dem sie suchen. Fühlen Sie sich also auf die Schulter geklopft von Ihrem Büttel & Ihnen herzlich zugeneigten Freund

J. S. Henslow

FERDINAND UND ISABELLA, KÖNIG UND KÖNIGIN VON KASTILIEN UND ARAGON, AN CHRISTOPH KOLUMBUS, 30. MÄRZ 1493

Diese Briefe bescherten den Europäern einen ersten Eindruck von Amerika. Es ist die Geburtsstunde des Zeitalters der amerikanischen Imperien und ihrer Besiedlung durch Europäer. Die gesamte Moderne beginnt mit diesem Brief, der das spanische Herrschaftsrecht bekräftigt. Nach sehr viel Lobbyarbeit vonseiten des genuesischen Seemanns und Visionärs Christoph Kolumbus hatten die »allerkatholischsten Majestäten« von Spanien, Ferdinand und Isabella, ihm schließlich die Erlaubnis erteilt, in See zu stechen, um einen Seeweg nach Indien zu finden. Am 3. August 1492 brach er mit neunzig Mann Besatzung auf. Die allerkatholischsten Majestäten hörten dann erst wieder im März 1493 von ihm, als die Nachricht kam, dass er zwar ein Schiff verloren, dafür aber tatsächlich Indien entdeckt, das asiatische Festland (in Wirklichkeit das heutige Kuba) gesehen und auf der Insel Hispaniola (heute Haiti und die Dominikanische Republik) eine Ansiedlung gegründet habe. Am 30. März fordern sie ihn mit diesem Brief auf, unverzüglich an den Hof in Barcelona zurückzukehren.

Don Christoph Kolumbus, unser Admiral des Ozeanischen Meeres, Vizekönig und Gouverneur der Inseln, die in den indischen Landen entdeckt wurden. Wir haben Eure Briefe erhalten und erfreut Kenntnis von allem genommen, was Ihr uns in ihnen geschrieben habt, und auch nicht weniger davon, dass Gott Eure Bemühungen zu einem so guten Abschluss gebracht hat, Euch wohl geleitet hat in dem, was Ihr begonnen, wodurch Ihm und uns gut gedient ist und unsere Königreiche großen Nutzen haben werden. Möge es Gott gefallen, dass Ihr, über Euren Dienst an Ihm in dieser Sache hinaus, auch von unserer Seite viele Gunstbeweise erhaltet, die Euch, so seid versichert, Euren Diensten und Mühen gemäß übermittelt werden.

Wir wünschen, dass Ihr das, was Ihr mit Gottes Hilfe begonnen habt, fortsetzt und weiterführt, und begehren mithin, dass Ihr sogleich zurückkommt. Denn es kommt uns zugute, wenn Ihr Eure Rückkehr mit der größtmöglichen Eile betreibt, damit wir alles Notwendige rechtzeitig besorgen können.

CHRISTOPH KOLUMBUS AN FERDINAND UND ISABELLA, 29. APRIL 1493

Bei seiner Rückkehr von seiner ersten Reise berichtet Kolumbus in einem Brief ausführlich »über die kürzlich entdeckten Inseln jenseits des Ganges«. Adressiert ist das Schreiben an den Schatzmeister des Königshofes, doch richtet es sich eigentlich an das Königspaar Ferdinand und Isabella. Später wird es auch veröffentlicht. Die vielgerühmte »Entdeckung« Amerikas war nur für die Europäer etwas Neues – dort waren schon seit Jahrtausenden blühende Zivilisationen ansässig. Recht hatte Kolumbus allerdings mit seiner Feststellung, dass es unter den Karibik-Völkern Menschenfresser gab – in diesem Brief hat das Wort »Kannibale« seinen Ursprung. Kolumbus glaubt, er sei an die chinesische Küste gelangt. Erst

Amerigo Vespucci erkannte später, dass es sich dabei um die Neue Welt handelte.

Da ich weiß, wie groß Eure Freude darüber sein wird, dass es mir gelungen ist, meine Aufgabe glücklich zu Ende zu bringen, habe ich den Entschluss gefasst, kurz die Einzelheiten zu skizzieren, um Euch über alle auf dieser Reise erfolgten Ereignisse und Entdeckungen in Kenntnis zu setzen. Dreiunddreißig Tage nachdem ich von Cádiz ausgelaufen war, erreichte ich das Indische Meer und fand dort mehrere Inseln, auf denen unzählige Menschen leben. Von all diesen Inseln habe ich im Namen unseres durchlauchtigsten Königs nach feierlicher Verlautbarung und dem Hissen der Fahne Besitz ergriffen, ohne dass mir irgendjemand widersprochen hätte. Und der ersten dieser Inseln gab ich den Namen unseres heiligen Erlösers, denn nur im Vertrauen auf seine Hilfe haben wir sowohl diese als auch alle anderen Inseln erreicht. Die Inder nennen diese Insel allerdings Guanahani. Ich bezeichnete auch jede andere Insel mit neuem Namen, und zwar nannte ich eine Santa María de Concepción, eine andere Fernandina, und eine weitere Isabela, wieder eine andere Juana, und so ließ ich auch alle übrigen benennen. Sobald wir auf der Insel, die ich, wie gerade gesagt, Juana taufen ließ, gelandet waren, segelte ich ihre Küste entlang noch ein Stück nach Westen und fand sie, da ich kein Ende entdeckt hatte, von solcher Größe, dass ich glaubte, sie sei gar keine Insel, sondern das Festland des Mongolenreichs. An der Meeresküste sah ich jedoch weder Städte noch Märkte, sondern nur einige Dörfer und Landgüter, mit deren Bewohnern ich aber nicht sprechen konnte, weshalb diese auch die Flucht ergriffen, sobald sie uns erblickten. Ich fuhr noch weiter, denn ich rechnete damit, irgendeine Metropole oder auch kleinere Städte zu finden. Doch als ich endlich erkennen musste, dass sich uns trotz weiten Vordringens nichts Neues bot und uns die Fahrt längs der Küste in nördliche Richtung abdrängte, beschloss ich, da ich den nördlichen Kurs vermeiden wollte, keine neuen Entwicklungen mehr abzuwarten. Es war hier nämlich schon der Winter ausgebrochen und es schien wünschenswert, sich nach Süden zu beeilen, noch dazu wo die Winde unseren Wünschen entsprachen. Ich kehrte also um und fuhr zu einer bestimmten Bucht zurück, die ich zuvor gekennzeichnet hatte. Von dort sandte ich zwei Männer meiner Mannschaft an Land, um in Erfahrung zu bringen, ob es in dieser Gegend einen König oder irgendwelche Städte gäbe. Die Männer waren drei Tage unterwegs und fanden unzählige Stämme und Siedlungen, doch immer nur kleine und ohne staatliche Verwaltung. Und so kamen sie zurück. Indessen hatte ich schon von einigen Indern, die ich vor Ort aufgegriffen hatte, erfahren, dass dieses Land doch eine Insel war …

Auf jener Insel aber, die, wie oben erwähnt, Hispaniola getauft wurde, befinden sich mächtige und schöne Berge, weite Flächen, Auen und fruchtbarste Felder, die ebenso als Weideland wie auch als Bauflächen genutzt werden können. Vorteilhaft ist auf dieser Insel auch die große Zahl natürlicher Häfen sowie die Qualität der Flüsse, die reichlich Wasser führen und der Gesundheit der Bevölkerung höchst zuträglich sind; doch wer all das nicht gesehen hat, kann es kaum glauben … Die Insel Hispaniola ist außerdem reich an Gewürzen sowie an Gold und anderen Metallen.

Auf dieser und allen anderen Inseln, die ich gesehen habe oder von denen ich Kenntnis besitze, laufen die Bewohner beiderlei Geschlechts nackt wie am Tage ihrer Geburt umher. Die einzige Ausnahme bilden einige Frauen, die ihre Scham mit Blättern oder einem Baumwolltuch bedecken, welches sie sich zu diesem Zweck selbst weben. Die Menschen auf diesen Inseln kennen keine Form des Eisens. Sie haben auch keine Waffen, kennen diese nämlich nicht und wären für Waffen auch gar nicht geeignet; und zwar nicht, weil ihnen dazu die körperlichen Voraussetzungen fehlten (sie sind nämlich im Gegenteil trefflich gewachsen), sondern weil sie furchtsam sind und angsterfüllt. Sie tragen jedoch anstelle richtiger Waffen von der Sonne gedörrte Schilfrohre, in deren Wurzeln sie einen getrockneten und spitz zugeschliffenen Holzstift stecken. Und nicht einmal diese getrauen sie sich immer zu benutzen. Denn oft geschah es, dass ich zwei oder drei von meinen Männern zu irgendwelchen Dörfern schickte, um mit deren Bewohnern zu sprechen, und dass zwar zunächst ein ganzer Schwarm von Indern herauskam, jedoch alle, sobald sie die Unseren näher kommen sahen, in aller Eile die Flucht ergriffen, wobei Eltern ihre Kinder vergaßen und umgekehrt. Und dies nicht, weil auch nur einem von ihnen irgend ein Schaden oder Unrecht zugefügt worden wäre. Im Gegenteil, an alle, bei denen ich landete und mit denen ich sprechen konnte, habe ich alles, was ich bei mir hatte, Stoffe und vieles andere, ohne Gewinn für mich verschenkt. Doch sie sind eben von Natur aus ängstlich und furchtsam.

Sobald sie sich aber sicher fühlen, legen sie jede Furcht ab und sind in höchstem Maße ehrlich und vertrauenswürdig und mit allem, was sie haben, überaus großzügig. Einem Bittsteller verweigert keiner, was er besitzt. Ja, sie fordern uns sogar selbst dazu auf, uns an sie zu wenden.

Überhaupt begegnen sie allen Menschen mit großer Liebe. Sie geben sogar Großes für Kleines und sind dabei mit dem Geringsten oder gar nichts zufrieden. Ich habe jedoch verboten, ihnen derartige Geringfügigkeiten und sogar völlig Wertloses wie zum Beispiel Scherben von Schüsseln, Schalen und Gläsern sowie Nägel und Löffel zu geben. Allein, wann immer sie solche Dinge bekommen konnten, kam es ihnen vor, als besäßen sie die schönsten Juwelen der Welt ... Auch Bruchstücke von Fassreifen, Krügen und Holzfässern nahmen sie, dumm wie das Vieh, und gaben dafür Baumwolle und Gold. Weil dies aber sehr ungerecht war, verbot ich diesen Handel und gab ihnen, ohne einen Preis zu verlangen, viele schöne und ansprechende Dinge, die ich zu diesem Zweck mitgebracht hatte, um sie leichter für mich zu gewinnen, und damit sie Christen würden; außerdem sollten sie dadurch unserem Königspaar und den Fürsten sowie dem gesamten Volk Spaniens in Liebe zugetan sein und sich bemühen, all jene Dinge zu sammeln und uns zu übergeben, an denen sie selbst Überfluss haben, und derer wir dringend bedürfen ...

Sofort nach meiner Ankunft in jenem Meer nahm ich gleich von der ersten Insel einige Inder unter Einsatz von Gewalt mit uns. Diese sollten von uns lernen und gleichzeitig auch uns von allem unterrichten, was sie selbst über diese Breiten wussten. Und mein Plan verlief nach Wunsch. Denn schon nach kurzer Zeit konnten wir einander teils durch Gebärden und Zeichen, teils durch einzelne Wörter verstehen, und so waren sie uns von großem Nutzen. Diese Menschen fahren auch jetzt noch mit mir und glauben immer noch, ich sei vom Himmel herabgestiegen, obwohl sie lange bei uns gelebt haben und auch heute noch bei uns leben. Und diese waren auch die Ersten, die überall, wo wir an Land gingen, verkündeten, was dann mit lauten Rufen von Mund zu Mund ging: »Kommt, kommt und sehet die Menschen des Himmels!« Und so legten Frauen wie Männer, Kinder wie Erwachsene, Junge wie Alte ihre anfängliche Furcht ab und drängten sich, uns zu sehen. Und wo wir gingen, der Weg war umwogt von großem Gefolge, wobei uns die einen zu essen, die anderen zu trinken brachten, und das mit größter Zuneigung und unglaublichem Wohlwollen ...

Und so habe ich denn keine Ungeheuer erblickt und habe auch nirgendwo von solchen gehört, mit Ausnahme der Berichte über eine Insel namens Carib, die zweite, die man auf der Überfahrt von Spanien nach Indien erreicht. Diese Insel bewohnt ein Volk, das von seinen Nachbarn für überaus grausam angesehen wird. Die Bewohner von Carib essen nämlich Menschenfleisch. Sie haben viele verschiedene Arten von Ruderbooten, mit denen sie zu allen Inseln Indiens fahren und dort plündern und rauben, so viel sie können. Sie unterscheiden sich in keiner Weise von den anderen, außer dass sie langes Haar, wie sonst nur Frauen, tragen. Sie benutzen Bogen und Pfeile aus Schilfrohr, in deren dickeres Ende sie (wie schon berichtet) angespitzte Holzstifte stecken, und stehen deshalb im Ruf, grausam zu sein. Ihretwegen leben alle übrigen Inder in ewiger Angst. Ich aber schätze diese um nichts höher ein als die anderen. Diese Bewohner von Carib sind diejenigen, die mit bestimmten Frauen verkehren, welche ohne Männer auf der Insel Matinino wohnen, der ersten, wenn man von Spanien nach Indien übersetzt. Die Frauen dort gehen keiner der weiblichen Tätigkeiten nach, sondern benutzen Bogen und Pfeile in derselben Form, wie ich es über ihre Ehemänner berichtet habe. Sie panzern sich mit Platten aus Kupfer, von dem es bei ihnen große Mengen gibt ...

Die berichteten Ereignisse sind in höchstem Maße wahrhaftig und wundersam, entsprechen jedoch nicht meinen Verdiensten, sondern meinem heiligen Glauben an Jesus

Christus und der frommen Gottesfurcht unserer Königlichen Hoheiten, denn was der menschliche Verstand nicht zu erreichen vermochte, das gewährte den Menschen der göttliche ...

Und darum lasset uns alle, König und Königin, alle Fürsten und deren blühende Reiche sowie alle anderen Länder der Christenheit dem Heiland, unserem Herrn Jesu Christ Dank sagen, da er uns solchen Sieg und solche Gnade schenkte ...

Und auch wir wollen fröhlich sein, sowohl ob der ruhmvollen Erhöhung unseres Glaubens als auch wegen des Gewinnes weltlicher Güter, an denen nicht nur Spanien, sondern die gesamte Christenheit teilhaben wird.

Somit schließt mein tatsachengetreuer Kurzbericht.

Leb wohl!

TOURISMUS

ANTON TSCHECHOW AN
ANATOLIJ KONI, 16. JANUAR 1891

Im Jahr 1890 begibt sich Anton Tschechow, Arzt und bekannter Autor, auf eine Reise zur Strafkolonie Sachalin im fernen Osten Russlands, vorgeblich, um dort eine Volkszählung durchzuführen. Seine Briefe von unterwegs berichten von dem Leid und der Verwahrlosung dieser gottverlassenen Menschen wie auch von seinen eigenen Abenteuern mit einem weltverdrossenen, aber auch humorvollen Feingefühl und geradezu forensischer Präzision.

Um zur »Hölle von Sachalin« zu gelangen, reist Tschechow per Schiff, Flussdampfer, Eisenbahn und Kutsche. Dabei lernt er auch die Ein-Pferde-Städte des Fernen Ostens kennen. In einem Brief an seinen Verleger Alexei Suworin schildert er einen Besuch im Bordell von Blagoweschtschensk: »Ein nettes, sauberes Zimmer, auf asiatische Weise sentimental und ausgestattet mit Nippsachen … Die kleine Japanerin hat ihre eigene Auffassung von Sittsamkeit. Sie macht nicht das Licht aus, und wenn man fragt, wie dieses oder jenes auf Japanisch heißt, antwortet sie geradeheraus, und da sie nicht viel Russisch spricht, zeigt sie mit dem Finger und legt sogar die Hand darauf. Im Übrigen tut sie nicht vornehm oder ziert sich wie die russischen Frauen. Und die ganze Zeit über lacht sie … Sie macht ihre Sache erstaunlich geschickt, sodass es einem gar nicht vorkommt, als würde man Verkehr haben, sondern eher an einem erstklassigen Reitkurs teilnehmen. Wenn du kommst, zieht die Japanerin mit den Zähnen ein Stück Watte aus ihrem Ärmel, fasst dich am ›Nippel‹ und massiert dich … All dies erfolgt mit Koketterie, Lachen, Singen und vielen ›tsu‹s.«

Geboren wurde Tschechow in Taganrog am Asowschen Meer. Nach einer entbehrungsreichen Kindheit qualifizierte er sich als Arzt und begann daneben mit dem Schreiben von Kurzgeschichten für Suworins Zeitung. Noch berühmter machten ihn seine Theaterstücke, darunter *Der Kirschgarten* und *Onkel Wanja*. Die Kunst des Dramatikers beschrieb er einmal folgendermaßen: »Lass alles weg, was für die Geschichte nicht relevant ist. Wenn Du im ersten Kapitel sagst, dass an der Wand ein Gewehr hängt, dann muss es unbedingt im zweiten oder dritten Kapitel losgehen. Wenn nicht damit geschossen wird, dann sollte es auch nicht dort hängen.« Schließlich heiratete er die Schauspielerin Olga Knipper – starb dann allerdings bereits mit vierundvierzig Jahren an Tuberkulose. Er gefiel sich in der Feststellung »Die Medizin ist meine Ehefrau, Literatur ist meine Geliebte.« In diesem Brief an seinen Freund und Anwalt Koni finden sich beide Themen vereint – der Brief ist einer seiner besten.

Sehr geehrter Herr Anatolij Fëdorovič,

Ich habe mich nicht mit der Antwort auf Ihren Brief beeilt, weil ich aus Petersburg nicht vor Samstag abreise.
Ich bedaure, dass ich nicht bei Frau Naryškina gewesen bin, aber es scheint mir, den Besuch bei ihr besser bis zum Erscheinen meines Buches aufzuschieben, wenn ich mich freier in dem Material, das ich besitze, umsehen werde. Die kurze Zeitspanne, die ich in Sachalin verbracht habe, kommt mir

jetzt so kolossal vor, dass ich, wenn ich über sie sprechen will, nicht weiß, womit ich beginnen soll, und jedes Mal habe ich den Eindruck, dass ich nicht das sage, was notwendig ist. Die Lage der Kinder und Heranwachsenden auf Sachalin bemühe ich mich ausführlich zu beschreiben. Sie ist ungewöhnlich. Ich habe hungrige Kinder gesehen, ich sah dreizehnjährige Liebesdienerinnen, fünfzehnjährige Schwangere. Mit Prostitution beginnen sich die Mädchen ab zwölf zu beschäftigen, manchmal sogar vor Eintritt der Menstruation. Kirche und Schule existieren nur auf dem Papier. Die Kinder werden von der Umwelt und den Verhältnissen in der Katorga [Verbanntenlager] erzogen. Übrigens habe ich ein Gespräch mit einem zehnjährigen Jungen aufgeschrieben. Ich habe ein Verzeichnis in der Siedlung Oberarmudan [Verchnij Armudan] angefertigt. Alle Siedler dort sind ausnahmslos arm und gelten als hoffnungslose Spieler beim Stoß-Spiel [Stoß ist ein Glücksspiel]. Ich gehe in eine Hütte, die Wirtsleute sind nicht zu Hause, auf der Bank sitzt ein Junge mit weißblonden Haaren, geduckt, barfuß, über irgendetwas dachte er nach. Wir begannen ein Gespräch.

Ich: Wie heißt denn dein Vater mit Vatersnamen?

Er: Weiß nicht.

Ich: Wie das? Du lebst bei deinem Vater und weißt nicht, wie er heißt? Schäm' dich.

Er: Er ist nicht mein richtiger Vater.

Ich: Wie denn, nicht der richtige?

Er: Er ist der Hausgenosse von der Mama.

Ich: Ist deine Mutter verheiratet oder Witwe?

Er: Sie ist Witwe. Sie ist wegen ihrem Mann hierhergekommen.

Ich: Was heißt das, wegen ihrem Mann?

Er: Sie hat ihn erschlagen.

Ich: Erinnerst du dich an deinen Vater?

Er: Ich erinnere mich nicht. Ich bin unehelich. Mich hat die Mama im Straflager geboren.

Mit mir ist auf dem Amur-Dampfer nach Sachalin ein Gefangener in Fußfesseln gefahren, der seine Frau umgebracht hatte. Mit ihm war seine Tochter, ein ungefähr sechs Jahre altes Mädchen, eine kleine Halbwaise. Ich bemerkte, wenn der Vater vom oberen Deck heruntersteig, wo das Wasserklosett war, gingen hinter ihm der Aufseher und die Tochter, während jener im Wasserklosett saß, standen der Soldat mit dem Gewehr und das Mädchen vor der Türe. Als der Gefangene zurückkehrte und auf der Treppe nach oben stieg, ist hinter ihm das Mädchen gekrabbelt und hat sich an seinen Fußketten festgehalten. Nachts schlief das Mädchen im gleichen Haufen mit den Gefangenen und den Soldaten. Ich erinnere mich, dass ich auf Sachalin auf einer Beerdigung war. Man bestattete die Frau eines Siedlers [Strafgefangene, die sich frei bewegen konnten, aber nicht von Sachalin weg durften], der nach Nikolaevsk abgereist war. Am offenen Grab standen vier Sargträger, die auch Sträflinge waren, ex officio. Ich und der Schatzmeister in Gestalt von Hamlet und Horazio, die über den Friedhof schlenderten, ein Tscherkesse, der Mieter der Verstorbenen, weil er nichts Besseres zu tun hatte, eine Strafgefangene, die aus Mitleid dort war und zwei Kinder der Verstorbenen mit sich führte, das eine ein Säugling und das andere Alëska, ein Junge von vier Jahren in Frauenbluse und blauen Hosen mit hellen Flicken auf den Knien. Es war kalt, feucht, im Grab war Wasser, die Sträflinge lachten. In der Ferne war das Meer zu sehen. Alëska guckt neugierig in das Grab. Er will sich die kalt gewordene Nase reiben, aber es stören dabei die langen Ärmel der Bluse. Als man das Grab zuschaufelt, frage ich ihn: Alëska, wo ist deine

Mutter? Er winkt mit der Hand ab wie ein Gutsherr, der beim Spiel verloren hat, lacht und sagt: Sie haben sie begraben. Die Sträflinge lachen, der Tscherkesse wendet sich an uns und fragt, was er mit den Kindern anfangen soll – er ist nicht verpflichtet, sie zu ernähren. Infektionskrankheiten habe ich auf Sachalin nicht angetroffen. Angeborene Syphilis gibt es sehr wenig, aber ich habe blinde Kinder gesehen, schmutzig, die Haut voller Ausschlag, lauter solche Krankheiten, die von Mangel zeugen. Die Kinderfrage werde ich natürlich nicht lösen können. Ich weiß nicht, was man tun muss, aber mir scheint, dass man durch Wohltätigkeit und durch die Restsummen, die Gefangene und andere hinterlassen haben, nichts erreichen kann; meiner Meinung nach ist es schädlich, das Wichtige abhängig zu machen von Wohltätigkeit, die in Russland zufälligen Charakter hat, und von Resten, die es überhaupt nicht gibt, abhängig zu machen. Ich würde eine staatliche Kassenführung bevorzugen. Meine Moskauer Adresse ist: Kleine Dmitrov-Straße [Malaja Dmitrovka], Haus Viergang. Gestatten Sie mir, Ihnen für Ihr Entgegenkommen und für Ihr Versprechen, mich zu besuchen, zu danken.
Mit herzlicher Hochachtung und ergebenst verbleibe ich Anton Tschechow.

GUSTAVE FLAUBERT AN
LOUIS BOUILHET, 15. JANUAR 1850

Diesen Brief über sexuelle Abenteuer schrieb der französische Romancier Gustave Flaubert an seinen Schulfreund und Schriftstellerkollegen Louis Bouilhet. Knapp dreißigjährig reist Flaubert 1849 bis 1850 durch den Nahen Osten, von Griechenland aus über Istanbul bis Beirut. Dabei standen nicht nur Besichtigungen der Sehenswürdigkeiten auf dem Programm, sondern auch Erlebnisse in Hinterhöfen und Badehäusern. Seine Briefe schildern pikante Begegnungen mit jungen Männern und Mädchen, was er mit der scherzhaften Bemerkung kommentiert, er reise ja schließlich zu »Bildungszwecken«. Seine gewagten Abenteuer kamen ihn jedoch teuer zu stehen – für den Rest seines Lebens wurde er von den Infektionen geplagt, die er sich dort zugezogen hatte, was zu seinem Entschluss beitrug, nicht zu heiraten und auch keine Kinder in die Welt zu setzen.

Nach seiner Rückkehr begann Flaubert mit der Arbeit an seinem Meisterwerk, *Madame Bovary*, der Geschichte über eine verhängnisvolle ehebrecherische Beziehung. Er rühmte sich seiner beständigen Suche nach dem treffenden Wort – dem »mot juste« – und verausgabte sich mit diesem Perfektionismus so sehr, dass er weit weniger Werke veröffentlichte als ihm ebenbürtige Schriftstellerkollegen wie Balzac oder Zola. Doch selbst in diesem Brief, der von einem Badehaus in Kairo erzählt, ist sein Witz gestochen scharf und der Stil von ausgesuchter Sorgfalt.

Da wir von Schwuchteln sprechen, nun also, was ich darüber weiß. Hier gehört das zum guten Ton. Man bekennt sich zu seiner Sodomie und spricht darüber am Tisch des Gastgebers. Manchmal leugnet man ein wenig, dann beschimpfen alle einen, und es endet damit, dass man sich dazu bekennt. Auf Bildungsreise und im Auftrag der Regierung gesandt, sahen wir es als unsere Pflicht an, uns dieser Art Ejakulation hinzugeben. Es ergab sich dazu zwar noch keine Gelegenheit, wir suchen aber danach.

Es wird in den Bädern praktiziert. Man reserviert das Bad für sich (fünf Franken), inklusive Masseure, Pfeife, Kaffee, Wäsche, und man penetriert seinen Bengel in einem der Baderäume. Du wirst übrigens wissen, dass alle Badejungen Schwuchteln sind.

Die Masseure, diejenigen, die einen zum Schluss abreiben, wenn alles fertig ist, sind normalerweise ziemlich nette Jungen. Wir haben uns mit einem in einem Etablissement ganz in unserer Nähe verständigt. Ich ließ das Bad für mich alleine reservieren. Ich ging dort hin. Der Schelm war an diesem Tag nicht da! Ich war alleine ganz hinten in der Wärmekammer und sah durch die dicken Glaslinsen der Kuppel, wie der Tag zur Neige ging; das heiße Wasser floss überall: ausgestreckt wie ein Kalb dachte ich an alles Mögliche und meine Poren weiteten sich in aller Ruhe.

Es ist sehr wollüstig und von süßer Melancholie, alleine ein Bad ohne irgendjemanden zu nehmen, verloren in diesen dunklen Räumen, in denen das geringste Geräusch wie Kanonendonner hallt, während die nackten Kellaks sich gegenseitig herbeirufen und einen bearbeiten und herumdrehen wie Einbalsamierer, die einen fürs Grab vorbereiten.

An diesem Tag (vorgestern, Montag) rieb mich mein Kellak sanft ein, und als er zu den edlen Körperteilen kam, hob er meine Liebeskugeln an, um sie zu säubern, dann, während er mit der linken Hand meine Brust rieb, nahm er mit der rechten meinen Schwanz in Angriff und, als er ihn durch eine Zugbewegung befleckte, neigte er sich über meine Schulter und wiederholte »Batchis, batchis« (was heißen soll: »Trinkgeld, Trinkgeld«).

Es war ein Mann in den Fünfzigern, widerwärtig und ekelhaft. Siehst Du die Wirkung, und das Wort »batchis, batchis«. Ich stieß ihn ein wenig weg und sagte: »làh, làh« = »nein, nein«.

Er glaubte, dass ich verärgert war, und nahm eine jämmer-
liche Miene an. Da gab ich ihm einige kleine Klapse auf die
Schulter und wiederholte mit sanfterer Stimme: »Làh, làh«.
Er begann zu lächeln mit einem Lächeln, das aussagte: »Na
komm schon! Du bist ja doch ein Schwein, aber heute fällt
Dir plötzlich ein, nicht zu wollen.« Ich aber lachte lauthals wie
ein alter Geck. Das Gewölbe des Bads hallte davon wider im
Schatten.

KRIEG

PETER DER GROSSE AN KATHARINA I.,
27. JUNI 1709

Dieser Brief markiert den Zeitpunkt, an dem Russland zur Weltmacht aufstieg – ein Triumph, dem noch russische Herrscher jüngerer Zeit von Stalin bis Putin nachzueifern trachteten. Peter der Große war der Zwei-Meter-Zar, der sich im Jahr 1707 mit einer Invasion durch die beste Armee ihrer Zeit konfrontiert sah, der schwedischen. Doch er setzte sich zur Wehr, gründete eine neue Hauptstadt – St. Petersburg – und erneuerte auch Marine und Armee. Schließlich besiegte er, an jenem Tag im Jahr 1709, die Schweden bei Poltawa. Diesen Moment möchte er mit seiner Frau teilen.

Auch sie ist eine außergewöhnliche Persönlichkeit. Sie war eine einfache Wäscherin gewesen, die Geliebte wechselnder Generäle und stammte nicht einmal aus Russland. Doch Peter verliebte sich in sie, benannte sie in Katharina um und machte sie am Ende sogar zur eigenständigen Kaiserin von Russland. In den schlüpfrigen Briefen der beiden nennt er sie »Katharinuschka, meine Herzensfreundin« und setzt häufig noch hinzu: »Ich langweile mich ohne Dich.« Sie neckten sich gegenseitig mit dem Thema andere Frauen – insbesondere Wäscherinnen. »Ich habe Deinen Brief mit all den Scherzen darin erhalten. Du wirst sagen, ich suche nach einer neuen Dame, aber dafür bin ich zu alt«, schreibt er ihr während eines Besuchs in Versailles am 28. April 1717.

»Ich glaube, Euer Gnaden ist von einer ganzen Heerschar von Springbrunnen abgelenkt und vergisst uns«, gibt sie am 25. Mai, begleitet von viel Phallussymbolik, scherzhaft zurück. »Auch wenn ich glaube, dass Du neue Wäscherinnen gefunden hast, hat Dich Deine alte Wäscherin nicht vergessen.«

In einem Scherz über sein häufiges Leiden Geschlechtskrankheit erklärt er: »Die Ärzte untersagen häusliche Freuden. Ich habe meine Geliebte weggeschickt, da ich nicht imstande sein werde, der Versuchung zu widerstehen, wenn ich sie hierbehalte.« Worauf Katharina erwidert: »Ich hoffe, der Verehrer der Geliebten [Peter] wird im selben Gesundheitszustand eintreffen wie sie!«, fügt dann jedoch hinzu: »Aber wenn mein Alter hier wäre, würden wir uns noch ein Kind machen.« Sie hatten insgesamt zwölf Kinder miteinander, doch alle Jungen starben. Am 2. Januar 1717 freut er sich über einen neuen Sohn: »Ich habe Deinen entzückenden Brief erhalten, in dem Du berichtest, dass uns Gott der Herr mit einem weiteren Rekruten beschenkt hat.« Schon am folgenden Tag versucht er, auf die Nachricht hin, dass das Baby gestorben sei, seine Frau zu trösten: »Ich habe Deinen Brief über das erhalten, was ich bereits wusste, das unerwartete Geschehnis, das Freude in Trauer verwandelt hat. Welche Antwort kann ich geben als die des leidgeprüften Hiob? Der Herr hat gegeben, der Herr hat genommen, gelobt sei der Name des Herrn. Ich bitte Dich inständig, es so zu sehen. Ich tue es, soweit ich es vermag.«

Das also ist die Gefährtin, mit der er seinen weltbewegenden Sieg bei Poltawa feiern möchte. Und so schreibt er ihr:

Guten Tag, Matuschka! Ich verkünde Dir, dass der allbarmherzige Gott uns heute einen beispiellosen Sieg über den Feind beschert hat. Mit einem Wort, die gesamte feindliche Armee ist geschlagen, worüber Du noch von uns hören wirst.

Peter

PS: Komm her und gratuliere uns!

NAPOLEON BONAPARTE AN JOSÉPHINE, 3. DEZEMBER 1805

Das ist der Brief eines Mannes, der soeben die Kaiser von Russland und Österreich besiegt hat und nunmehr Herr über Europa ist. Auf dem Schlachtfeld von Austerlitz kritzelt Napoleon die folgende Nachricht an seine Frau Joséphine.

An die Kaiserin in Straßburg.

Ich habe Lebrun vom Schlachtfeld aus zu Dir geschickt. Ich habe die russisch-österreichische Armee, befehligt von den beiden Kaisern, besiegt. Ich bin ein wenig [!] müde, da ich acht Tage in einem Biwak im Freien verbracht habe und die Nächte recht kalt waren. Heute übernachte ich im Schloss des Fürsten Kaunitz, wo ich zwei oder drei Stunden schlafen werde. Die russische Armee ist nicht nur besiegt, sie ist zerstört.

Ich küsse Dich,

Napoleon

DWIGHT D. EISENHOWER AN
DIE ALLIIERTEN TRUPPEN, 5. JUNI 1944

Am 5. Juni 1944 gibt General »Ike« Eisenhower, Oberbefehlshaber der alliierten Expeditionsstreitkräfte und späterer Präsident der Vereinigten Staaten, den Befehl zum Beginn der
lange erwarteten Operation Overlord aus, der Invasion des
von den Nazis besetzten Frankreich. Es ist ein riskantes Un-
terfangen: ein Angriff über den Ärmelkanal, zwar mit einer
zahlenmäßig weit überlegenen Streitmacht, jedoch gegen eine
mit Hitlers Atlantikwall gut verteidigte Küste – und auf Ge-
deih und Verderb dem Wetter, der See und der Luftmacht der
Nazis ausgeliefert. An jenem Tag schreibt Eisenhower einen
Brief, der vor dem Angriff an die Truppen ausgegeben werden
soll. Doch er verfasst auch noch einen zweiten für den Fall der
Katastrophe – fälschlich datiert auf den 5. Juli. Glücklicherweise kam dieser zweite Brief nie zum Einsatz. D-Day war
erfolgreich. Hier der erste Brief:

> Ihr seid im Begriff, zu einem großen Kreuzzug aufzubrechen,
> auf den wir all die Monate hingewirkt haben. Die Augen der
> Welt sind auf Euch gerichtet ... Wir werden nichts weniger
> akzeptieren als einen vollständigen Sieg! Viel Glück!

Und das ist der Brief, den er niemals abschickte:

> 5. Juli
> Mit unseren Landungen im Gebiet Cherbourg-Havre ist es
> uns nicht gelungen, einen ausreichenden Brückenkopf zu bil-

den, und ich habe die Truppen abgezogen. Meine Entscheidung, zu diesem Zeitpunkt und an diesem Ort anzugreifen, gründete auf den besten verfügbaren Informationen. Die Truppen, die Luftwaffe und die Navy haben alles getan, was Tapferkeit und Pflichteifer zu tun vermochten. Falls dem Versuch irgendeine Schuld oder ein Makel anhaftet, so ist dies ganz allein mir zuzuschreiben.

KATHARINA, HERZOGIN VON OLDENBURG, AN IHREN BRUDER ALEXANDER I., 3. SEPTEMBER 1812

Im Sommer des Jahres 1812 marschierte der französische Kaiser Napoleon in Russland ein. Bis September hatte er die alte Hauptstadt Moskau erobert, die daraufhin bis auf die Grundmauern niedergebrannt wurde – eine schockierende Demütigung für Zar Alexander und das russische Volk. In dieser katastrophalen Lage vertraut Alexander niemandem. Er weiß, dass sein Ruf, wenn nicht gar sein Leben, auf dem Spiel steht. In seiner Entschlossenheit, um jeden Preis Widerstand zu leisten – selbst wenn er dafür weit bis in die Stadt Kasan zurückweichen muss –, wird er von dem Menschen ermutigt, den er am meisten liebt: seiner starken und unerschrockenen Schwester Catiche. Ihr Brief ist ebenso eindringlich wie kurz.

Moskau ist eingenommen. Manches übersteigt alles Begreifen. Vergiss nicht Deinen Entschluss »kein Frieden«, dann hast Du immer noch die Aussicht, Deine Ehre wiederherzustellen. Vergiss bei all Deinem Kummer nicht Deine Freunde, die sofort zu Dir eilen würden und nur allzu froh wären, von Nutzen zu sein. Verfüge über sie.

Mein lieber Freund, keinen Frieden, und selbst wenn Du nach Kasan gehst, dann immer noch keinen Frieden!

PHILIPP II. AN DEN HERZOG VON MEDINA-SIDONIA, 1. JULI 1588

Ein Brief, der einen unwilligen Untergebenen dazu bewegen soll, eine undankbare Aufgabe von außerordentlichem Ausmaß zu übernehmen.

Philipp II. von Spanien war zur damaligen Zeit der mächtigste König in Europa, Herrscher über ein Reich, in dem die Sonne niemals unterging – doch Königin Elisabeth von England bot ihm die Stirn. Zuerst hatte er ihr einen Heiratsantrag gemacht, dann ihre Ermordung angeordnet, bevor er schließlich seine große Unternehmung ausheckte: die Invasion Englands durch seine »große und überreich vom Glück begünstigte Kampfflotte«, die spanische Armada. Sie bestand aus hundertdreißig Kriegsschiffen mit 27 000 Mann an Bord, die sich unterwegs mit 30 000 weiteren, in den Spanischen Niederlanden wartenden Soldaten zur Invasionsstreitmacht vereinigen sollten. Philipp übergab das Kommando einem erfahrenen Admiral, dem Marqués de Santa Cruz, doch der starb, bevor die Flotte in See stach, und so befahl der König dem Herzog von Medina-Sidonia, an seine Stelle zu treten. Der Herzog, der kein Seemann war, erkannte die Schwachstellen des Vorhabens und versuchte, sich zu drücken. »Eure Majestät, glaubt mir, wenn ich Euch versichere, dass wir sehr schwach sind … wie, glaubt Ihr, können wir ein so großes Land wie England mit einer Streitmacht angreifen, wie die unsere es derzeit ist?«

Dies ist Philipps Antwort. Die Armada setzte am 28. Mai die Segel – geradewegs in Richtung Katastrophe.

Herzog und Vetter.

Soeben erhielt ich den Brief von Eurer Hand mit Datum vom 24. Juni. So, wie ich Euch kenne, glaube ich, Ihr habt all diese Dinge einzig und allein wegen Eures Eifers, mir zu dienen, und des Wunsches, Euer Kommando zum Erfolg zu führen, an mich herangetragen. Die Gewissheit, dass dem so ist, veranlasst mich, offener zu Euch zu sein, als ich es zu jemand anderem wäre … Wenn dies ein ungerechter Krieg wäre, könnte man in der Tat den Sturm als Zeichen unseres Herrn verstehen, Ihn nicht länger zu erzürnen. Doch da es ein gerechter Krieg ist, kann man unmöglich annehmen, dass Er ihn unterbinden will, sondern dass Er ihm eher größere Gunst erweisen möchte, als wir zu hoffen wagen … Ich habe dieses Unternehmen Gott geweiht … Reißt Euch also zusammen und leistet Euren Beitrag.

Philipp

HARUN AR-RASCHID AN NIKEPHOROS, 802 N. CHR.

Harun ar-Raschid war der fünfte und berühmteste abbasidische Kalif – formell hieß er Emir Almumenin oder Befehlshaber der Gläubigen. Von Bagdad aus herrschte er über das riesige islamische Reich. Er ist der Kalif, von dem in *Tausend und eine Nacht* die Rede ist. Als ihm der byzantinische Kaiser Nikephoros die Stirn bietet, indem er sich weigert, Tribut zu zahlen, schickt ihm der Kalif diese knappe Antwort – mit der Ankündigung von Krieg.

Im Namen Gottes, des Gnädigen, des Barmherzigen, von Harun, dem Befehlshaber der Gläubigen, an Nikephoros, den Hund der Byzantiner: Oh Sohn einer Ungläubigen, ich habe Deinen Brief gelesen, und die Antwort ist das, was Du sehen wirst, ohne dass Du es noch hören musst. Lebe wohl!

GRIGORI RASPUTIN AN NIKOLAUS II., 17. JULI 1914

Dies ist der wohl freimütigste Brief, der jemals von einem Bauern an einen Zaren gerichtet wurde. Im Juli 1914 schlittert Europa auf einen Krieg zu. Zar Nikolaus schreckt vor einer Beteiligung zurück, fürchtet andererseits aber auch, dass Russland dem Konflikt nicht ausweichen und dennoch eine Großmacht bleiben kann. Seine Frau Alexandra steht an seiner Seite, doch er bezieht sie nicht ein, da er ihre Hysterie fürchtet. Ihr geistlicher Berater Rasputin erholt sich weit ab von der Hauptstadt von einem Attentatsversuch, doch als Alexandra erkennt, dass Russland kurz vor einem Krieg steht, fleht sie ihn telegrafisch an, auf den Zaren einzuwirken. Dies ist Rasputins Antworttelegramm, in dem er vor einer Katastrophe warnt, sollte Russland zu den Waffen greifen. Nikolaus war entrüstet über Rasputins Unverfrorenheit – doch dieser hatte recht. Und Nikolaus bewahrte den Brief bis zu seiner eigenen Ermordung 1918 auf.

Lieber Freund,
ich sage es noch einmal, eine drohende Wolke schwebt über Russland, viel Kummer und Leid, es ist finster und kein Hoffnungsschimmer in Sicht. Ein Meer von Tränen, unermesslich, und was Blut angeht … Was kann ich sagen? Es gibt keine Worte, nur unbeschreibliches Grauen. Ich weiß, dass alle Krieg von Ihnen wollen, augenscheinlich ohne zu erkennen, dass dies Verderben bedeutet. Hart ist Gottes Strafe, wenn er die Vernunft außer Kraft setzt, es ist der Anfang vom Ende. Sie sind der Zar, Vater des Volkes, lassen Sie nicht zu, dass die Verrückten triumphieren und sich und das Volk zerstören. Ja, sie werden Deutschland bezwingen, aber was ist mit Russland? Wenn man es recht bedenkt, hat wahrhaftig noch niemals ein Land so gelitten wie Russland, ertränkt im eigenen Blut. Groß wird das Verderben sein, Leid ohne Ende.
Grigori

BLUT

PIANCH AN NODJMET, UM 1070 V. CHR.

Mord per Brief. Der Militärdiktator von Theben, Pianch, regierte gemeinsam mit seiner Frau Nodjmet. Während Pianch gegen das aufständische Nubien kämpft, hat daheim seine Frau das Sagen. Als sie Verrat wittert, erbittet sie seinen Rat. In einem frühen Fall von Staatsmord gibt er ihr eine ebenso unmissverständliche wie schaurige Antwort: Schaff sie beiseite!

Lass diese beiden Wachmänner in mein Haus bringen und gehe zügig ihren Worten auf den Grund, dann lass sie töten und bei Nacht ins Wasser werfen.

WLADIMIR LENIN AN DIE BOLSCHEWIKI VON PENSA, 11. AUGUST 1918

Hier zeigt sich der wahre Lenin, wie das sowjetische Volk ihn niemals sah.

Wladimir Lenin wurde sowjetischer Regierungschef, nachdem er im Oktober 1917 die bolschewikische Machtergreifung angeführt hatte. Während seiner Herrschaft und vor allem nach seinem Tod wurde er von der Propaganda zum gütigen großväterlichen Patriarchen hochstilisiert, sein Leichnam wurde einbalsamiert und in einem Mausoleum wie der eines Heiligen verehrt. Ganz im Gegensatz dazu rühmte sich Lenin seiner Härte und erklärte mehrfach: »Eine Revolution ohne Erschießungskommandos ist sinnlos.« Als er hörte, dass Stalin Menschen umgebracht hatte, sagte er: »Das ist genau die Sorte, die wir brauchen.« Gleich nach seiner Machtübernahme schuf Lenin die gnadenlose Tscheka, die Geheimpolizei, die seinen Terror vollstreckte. Und während sein Regime sich abmühte, den Bürgerkrieg für sich zu entscheiden, schrieb er Briefe wie diesen, in denen er wahllose Tötungen anordnete. Der Brief kam erst nach dem Fall der Sowjetunion 1991 ans Licht. Lenins Leichnam wird nach wie vor am Roten Platz zur Schau gestellt.

Genossen! Der Aufstand von fünf Kulaken-Bezirken muss erbarmungslos niedergeschlagen werden. Die Interessen der gesamten Revolution erfordern dies, da »der letzte entscheidende Kampf« mit den Kulaken inzwischen überall im Gange ist. Es muss ein Exempel statuiert werden.

1. Erhängt mindestens einhundert bekannte Kulaken, Reiche, Blutsauger (und sorgt dafür, dass dies vor den Augen der Leute stattfindet).
2. Veröffentlicht ihre Namen.
3. Beschlagnahmt ihr gesamtes Getreide.
4. Bestimmt Geiseln entsprechend dem gestrigen Telegramm.

Tut das alles auf eine Weise, dass im Umkreis von Hunderten von Kilometern die Leute sehen, zittern, wissen, schreien: Sie strangulieren die blutsaugenden Kulaken, bis sie tot sind.
Telegraphiert Erhalt und *Umsetzung*.
Gruß, Lenin
Sucht Euch wirklich harte Leute.

JOSEF STALIN AN KLIMENT WOROSCHILOW, 3. JULI 1937

Im Februar 1937 entfesselte Stalin den großen Terror, der sich vornehmlich gegen seine eigenen Genossen in der Kommunistischen Partei richtete. Am Ende waren ungefähr eine Million unschuldiger Menschen erschossen und Millionen weitere saßen im Gefängnis. In der Öffentlichkeit verhält sich Stalin ausweichend, während die Verhaftungen und Exekutionen zunehmen, doch hinter den Kulissen regelt er alles bis ins Detail. Viele seiner Briefe an seine Schergen, in denen er das Gemetzel befeuert, sind erhalten geblieben. »Ist es nicht an der Zeit, diesen Herrn in die Zange zu nehmen und ihn zu zwingen, sich zu seinen schmutzigen Geschäften zu bekennen?«, schreibt er während der Folter eines Gefangenen. Andere Male schickt er kategorische Befehle wie diesen an einen bewährten Gefolgsmann: »Genosse Malenkow, Moskwin muss verhaftet werden. J. St.« Wenn seine Mordgesellen müde werden, treibt er sie an: »Je schärfer die Zähne, desto besser. J. St.«

Er überzeugt seine Genossen von der Schuld der Verhafteten, indem er ihnen Geständnisse präsentiert, die unter Folter beschafft wurden. Hier schickt er einem Helfershelfer solche Aussagen mit folgendem Begleitbrief:

Lieber Klim, hast Du die Aussagen gelesen ...? Was sagst Du zu Trotzkis bourgeoisen Hündchen ...? Sie wollten alle Mitglieder des Politbüros beseitigen ... ist es nicht bizarr? Wie tief kann ein Mensch nur sinken? J. St.

MAO TSE-TUNG AN DIE ROTEN GARDEN DER MITTELSCHULE DER TSINGHUA-UNIVERSITÄT, 1. AUGUST 1966

Das ist der Brief, der das Chaos und die Grausamkeiten der Kulturrevolution entfesselte. Seit seiner Machtergreifung im Jahr 1949 hatte Mao schon Millionen von »Klassenfeinden« durch Erschießung oder durch Hunger in den Tod getrieben. Jetzt zettelt er, unterstützt von Gefolgsleuten wie seiner Frau Jiang Qing und seinem Verteidigungsminister Lin Biao, hinter den Kulissen eine Kampagne an, die sich gegen seine eigenen übermächtigen Beamten richtet, die versucht hatten, seine Macht zu beschneiden. Seine Waffen sind die jungen radikalen Studenten und Schlägertypen der Roten Garden. Er benutzt sie zur Vernichtung jeglicher Gegenspieler, indem er sie Ausschreitungen beziehungsweise, wie er es nennt, »die Bombardierung der Hauptquartiere« anstiften lässt.

Dieser Brief ist eine der öffentlichen Bezeugungen seiner Unterstützung der Roten Garden: »Es ist rechtens, sich gegen Reaktionäre aufzulehnen.« Er empfiehlt ihnen, ihren Opfern, »nachdem ihre Fehler aufgedeckt wurden«, die Gelegenheit zu geben, »neue Menschen« zu werden. Das ist teuflische Doppelzüngigkeit: Viele wurden gefoltert, getötet oder auf dem Land »umerzogen«.

Genossen der Roten Garden!
Ich habe sowohl die Wandzeitungen, die Ihr am 28. Juli geschickt habt, als auch den Brief erhalten, den Ihr mir mit der Bitte um eine Antwort geschickt habt. Die Wandzeitungen

bringen Euren Zorn auf und Eure Anprangerung aller Grund-
herren, Besitzbürger, Imperialisten, Revisionisten und ihre
Laufburschen zum Ausdruck, die die Arbeiter, Bauern, revolutionären Intellektuellen sowie die revolutionären Parteien
und Gruppierungen ausbeuten und unterdrücken. Ihr sagt,
es sei rechtens, sich gegen Reaktionäre aufzulehnen – darin
unterstütze ich Euch mit Inbrunst ... Hier möchte ich betonen,
dass ich selber wie auch alle meine revolutionären Kampfge-
fährten dieselbe Haltung einnehmen. Wo sie auch sein mögen, in Peking oder anderswo in China, ich werde allen meine
inbrünstige Unterstützung geben, die in der Kulturrevolution
eine ähnliche Haltung einnehmen wie Ihr. Noch etwas: Wiewohl wir Euch unterstützen, bitten wir Euch gleichzeitig auch,
darauf zu achten, dass Ihr Euch mit allen vereinigt, bei denen
dies möglich ist. Was die betrifft, die schwerwiegende Fehler
begangen haben, nachdem ihre Fehler aufgedeckt wurden,
solltet Ihr ihnen einen Weg heraus aus ihren Schwierigkeiten
anbieten, indem Ihr ihnen Arbeit gebt und es ihnen ermög-
licht, ihre Fehler zu bereinigen und neue Menschen zu werden. Marx sagt: Das Proletariat muss nicht nur sich selbst
befreien, sondern die gesamte Menschheit. Wenn es nicht
die gesamte Menschheit befreien kann, dann wird das Proletariat auch selbst nicht imstande sein, endgültige Befreiung
zu erreichen. Wollt Ihr bitte auch dieser Wahrheit Beachtung
schenken, Genossen.

China versank in vier Jahren staatlich sanktionierter Anarchie,
aus der der Große Vorsitzende Mao allmächtig hervorging. Er
baute Lin Biao zu seinem Nachfolger auf, wandte sich dann
aber gegen seinen Stellvertreter. Marshall Lin plante einen
Mordanschlag auf Mao, bevor er versuchte, sich nach Russland abzusetzen, und starb am 13. September 1971 bei einem

Flugzeugabsturz. Während der darauffolgenden Suche nach Widersachern schrieb Mao diese kurze Anweisung, in der er dem stellvertretenden Kommandanten der Leibwache, Zhang Yao-ci, Überlebensratschläge gibt. Der Bezug auf »Opern und Filme« verweist darauf, dass Maos sich von seiner radikalen Frau, Jiang Qing, die die Künste unter sich hatte, distanzierte – und die Kulturrevolution für beendet erklärte. Der Brief enthüllt das düstere Klima von Verfolgungswahn und Terror im Umfeld eines der Monster des zwanzigsten Jahrhunderts – in seinen eigenen Worten.

1. Pflegen Sie keine Beziehungen.
2. Machen Sie keine Besuche.
3. Geben Sie keine Essen und machen Sie keine Geschenke.
4. Laden Sie niemanden zu Opern oder Filmen ein.
5. Lassen Sie sich nicht mit Leuten fotografieren.

JOSIP BROZ TITO AN JOSEF STALIN, 1948

Der Brief, der den größten Schreckensherrscher der Neuzeit in Schrecken versetzte. Als sich zwischen den kommunistischen Verbündeten Sowjetunion und Jugoslawien eine Spaltung auftut, erwartet der Sowjetführer Stalin, dass das kleinere Land vor seiner Macht in die Knie geht. Stattdessen bietet der jugoslawische Präsident Marschall Tito Stalin die Stirn, was Letzteren erzürnt. Er schickt Attentäter zur Ermordung Titos aus, doch die scheitern wiederholt. Schließlich schickt der Jugoslawe Stalin das folgende Schreiben, das dieser angeblich zusammen mit einigen weiteren besonderen Briefen in seinem Privatsafe aufbewahrte, wo man es nach seinem Tod fand. Es zeigte Wirkung. Stalin schickte keine Attentäter mehr.

Hör auf damit, Leute zu schicken, die mich ermorden sollen! Wir haben bereits fünf von ihnen gefangen, einen davon mit einer Bombe und einen anderen mit Gewehr … Wenn Du nicht aufhörst, Killer zu schicken, werde ich einen sehr effizienten nach Moskau schicken, und ich werde ganz bestimmt nicht noch einen zweiten schicken müssen.

ZERSTÖRUNG

THEOBALD VON BETHMANN HOLLWEG AN HEINRICH VON TSCHIRSCHKY, 6. JULI 1914

Dieser Brief setzte das Gemetzel des Ersten Weltkriegs in Gang. Wenn man seine gestelzte Sprache aus der Ära der gekrönten Häupter und Königshöfe liest, kann man kaum nachvollziehen, dass er eine Tötungsmaschinerie entfesselte. Deutschland trifft sicherlich ein gehöriges Maß an Schuld, doch Österreich, Serbien und Russland haben ebenfalls ihren Anteil an der Verantwortung. Am 28. Juni 1914 tötet ein serbischer Attentäter, insgeheim mit Rückendeckung durch die serbische Regierung, Erzherzog Franz Ferdinand, den österreich-ungarischen Thronfolger. Als Vergeltungsmaßnahme will Österreich Serbien vernichten, doch das Land wird von Russland unterstützt, Russland wiederum von Frankreich – und hinter beiden steht Großbritannien. Viele österreichische und deutsche Machthabende glauben, dass man mit einem Krieg am besten Russland mattsetzen könnte, doch das kann Österreich ohne die Unterstützung seines mächtigeren Verbündeten Deutschland nicht riskieren. Der österreichische Außenminister Berchtold stimmt mit seinem Kaiser Franz Josef überein, dass die Vernichtung Serbiens unerlässlich ist.

Am 5. Juli schickt Berchtold seinen Kabinettschef Graf Alexander von Hoyos nach Berlin, um von Deutschland Rückendeckung zu bekommen. Beim Mittagessen mit Kaiser Wilhelm II. übergibt der österreichische Botschafter Franz

Josefs Brief, in dem dieser geltend macht, dass es sich bei dem »gegen meinen armen Neffen verübte[n] Attentat ... nicht um die Bluttat eines Einzelnen, sondern um ein wohlorganisiertes Komplott gehandelt [hat], dessen Fäden nach Belgrad reichen«. Der Kaiser verspricht Deutschlands »loyale Unterstützung«, selbst bei einer Einmischung Russlands – eine Strategie, die sein Kanzler Bethmann Hollweg im vorliegenden Brief noch einmal bekräftigt. Der erste Teil bezieht sich auf Österreichs Wunsch, Rumänien zur Raison zu bringen (dessen König mit dem deutschen Kaiser verwandt war), doch das Entscheidende sind die letzten beiden Zeilen – der sogenannte Blankoscheck. Die russische Entschlossenheit, zu Serbien zu stehen, die französische und die britische Rückendeckung für Russland und schließlich die britische Entschlossenheit, seine französischen und russischen Verbündeten zu unterstützen, werden von den Deutschen grob unterschätzt. Als sie endlich das Ausmaß ihrer Fehleinschätzung bemerken, ist es zu spät. Der Krieg, der am 28. Juli begann, sollte insgesamt etwa 16 Millionen Menschen töten.

Geheim! Zu Ew. Exz. Persönlicher Orientierung

Berlin, den 6. Juli 1914

Der österreichisch-ungarische Botschafter hat Sr. M. gestern ein geheimes Handschreiben des Kaisers Franz Joseph überreicht, das die gegenwärtige Lage vom österreichisch-ungarischen Standpunkt darstellt und die seitens Wien ins Auge gefassten Massnahmen entwickelt ...
Ich habe heute Graf Szögyény im Allerhöchsten Auftrag erwidert, dass S. M. dem Kaiser Franz Joseph für das Schreiben danken lasse und es alsbald persönlich beantworten werde.

Unverzüglich wolle S.M. indes betonen, dass auch Er sich der Gefahr nicht verschliesse, die Österreich-Ungarn und damit dem Dreibund aus der von russischen und serbischen Panslawisten betriebenen Agitation drohe. Wenngleich S.M. zu Bulgarien und seinem Herrscher bekanntlich kein unbedingtes Vertrauen hege und naturgemäss mehr zum alten Bundesgenossen Rumänien und seinem Hohenzollernfürsten neige, so verstehe Er doch, dass Kaiser Franz Joseph mit Rücksicht auf die Haltung Rumäniens und die Gefahr der Gründung eines neuen Balkanbundes mit direkter Spitze gegen die Donaumonarchie einen Anschluss Bulgariens an den Dreibund herbeizuführen wünsche ...

S.M. werde ferner im Sinne der Anregungen des Kaisers Franz Joseph Seine Bemühungen in Bukarest einsetzen, um König Carol zur Erfüllung seiner Bündnispflichten, zur Lossagung von Serbien und zur Unterdrückung der rumänischen Agitation gegen Österreich-Ungarn zu bewegen.

Was endlich Serbien anlange, so könne S.M. zu den zwischen Österreich-Ungarn und diesem Lande schwebenden Fragen naturgemäss keine Stellung nehmen, da sie sich Seiner Kompetenz entzögen. Kaiser Franz Joseph könne sich aber darauf verlassen, dass S.M. im Einklang mit seinen Bündnispflichten und seiner alten Freundschaft treu an Seite Österreich-Ungarns stehen werde.

Bethmann Hollweg

HARRY S. TRUMAN AN IRV KUPCINET,
5. AUGUST 1963

Präsident Harry Truman ordnete den Einsatz der neuen amerikanischen Atombomben an, um ein Ende des Krieges gegen
Japan herbeizuführen. Am 6. und am 9. August 1945 fielen die
Bomben zuerst auf Hiroshima und dann auf Nagasaki – mit
unermesslichen Verlusten an Menschenleben. Sie veranlassten Japan tatsächlich, um Frieden nachzusuchen. Gleichzeitig
waren sie aber auch Vorboten einer neuen, beängstigenden
Ära des atomaren Wettrüstens, das sich im 21. Jahrhundert mit
weniger gefestigten Atommächten wie Pakistan und Nordkorea noch einmal zugespitzt hat. Noch nie war die Gefahr
eines nuklearen Infernos so real. Das gibt diesem Brief des
pensionierten Präsidenten noch einmal eine besondere Bedeutung. Der damals neunundsiebzigjährige Truman, der in
Missouri im Ruhestand lebte, schrieb ihn an den Kolumnisten
Irv »Kup« Kupcinet. Dieser hatte in der *Chicago Sun-Times*
einen Artikel veröffentlicht, in dem er Trumans Handeln verteidigte. Der Brief zeugt von der sachlichen und nüchternen
Art des unprätentiösen ehemaligen Herrenausstatters, der als
Präsident ein Schild auf seinem Schreibtisch stehen hatte mit
der Aufschrift THE BUCK STOPS HERE (etwa: Die Verantwortung endet hier).

Lieber Kup,
ich bin Ihnen überaus dankbar für Ihren Artikel vom 30. Juli,
von dem Sie mir eine Kopie geschickt haben.
Ich habe es tunlichst vermieden, die Artikel zu kommentie-

ren, die über den Abwurf der Bombe geschrieben wurden, aus dem einfachen Grund, dass der Abwurf der Bombe vollständig und umfassend in meiner Autobiografie erklärt wird. Es geschah, um 125 000 junge Männer auf der amerikanischen Seite und 125 000 auf der japanischen davor zu bewahren, getötet zu werden, und so kam es auch. Es hat vermutlich außerdem noch eine halbe Million junge Menschen auf beiden Seiten davor bewahrt, für immer zu Krüppeln zu werden.

Sie müssen immer bedenken, dass die Leute, wie Sie in Ihrem Artikel schreiben, vergessen, dass die Bombardierung von Pearl Harbour geschah, als wir uns im Frieden mit den Japanern befanden und unser Möglichstes taten, ein Abkommen mit ihnen auszuhandeln. Man muss sich nur auf den Kiel des Schlachtschiffes in Pearl Harbour stellen mit den 3000 jungen Männern darunter, die nicht die geringste Chance hatten, ihr Leben zu retten. Das gilt auch für zwei, drei weitere Schlachtschiffe, die in Pearl Harbour versenkt wurden. Alles in allem wurden damals zwischen 3000 und 6000 junge Leute getötet, ohne irgendeine Kriegserklärung. Es war schlicht und einfach Mord.

Ich wusste, was ich tat, als ich dem Krieg ein Ende setzte, der eine halbe Million junge Menschen auf beiden Seiten getötet hätte, wenn diese Bomben nicht gefallen wären. Ich bereue nichts und würde es unter den gleichen Umständen wieder tun – und dieser Brief ist nicht vertraulich.

Mit freundlichen Grüßen,

Harry Truman

KATASTROPHE

PLINIUS DER JÜNGERE AN TACITUS,
UM 106/107 N. CHR.

Am 24. August des Jahres 79 n. Chr. brach der Vesuv aus und machte die nahegelegenen Städte Pompeji und Herculaneum dem Erdboden gleich. Der Anwalt und Schriftsteller Plinius der Jüngere war zur Zeit des Ausbruchs, bei dem sein Onkel, Plinius der Ältere, ums Leben kam, achtzehn Jahre alt. Gemeinsam mit seiner Mutter konnte er sich retten. Etwa ein Vierteljahrhundert später bat Plinius' Freund, der Historiker Tacitus, ihn, das Ereignis im Detail zu schildern. Der darauf folgende Brief ist ein Meisterwerk der Reportage.

C. Plinius grüßt seinen Tacitus

Du bittest mich, Dir vom Lebensende meines Onkels zu berichten, damit Du es umso wahrheitsgetreuer der Nachwelt überliefern kannst. Ich danke Dir. Ich sehe nämlich, dass seinen Tod unsterblicher Ruhm erwartet, wenn er von Dir feierlich besprochen wird. Denn er ist zwar bei der Zerstörung der herrlichsten Völker und Städte, bei einem denkwürdigen Untergang ums Leben gekommen, um gleichsam ewig fortzuleben; zwar hat er selbst sehr viele unsterbliche Werke verfasst, dennoch werden Deine unvergänglichen Schriften viel zu seinem Fortleben beitragen. Ich freilich halte die für glücklich, die von den Göttern die Gabe erhalten haben, entweder beschreibenswerte Taten zu vollbringen oder lesenswerte zu beschreiben; für die Glücklichsten aber halte ich die, welche beides erhalten haben. Zu diesen wird mein Onkel durch seine und Deine Werke gehören. Umso bereitwilliger übernehme, ja verlange ich mit Nachdruck, was Du mir aufträgst.

Er befand sich in Misenum und befehligte persönlich die Flotte. Am 24. August, ungefähr um die siebente Stunde, meldete ihm meine Mutter, es zeigte sich eine Wolke von ungewöhnlicher Größe und Gestalt. Jener hatte ein Sonnenbad genommen, dann ein kaltes Bad, hatte im Liegen gespeist und widmete sich nun seinen Studien. Er forderte seine Sandalen und stieg zu einem Punkt empor, von dem aus man diese wunderbare Erscheinung am besten betrachten konnte. Eine Wolke erhob sich, für die, welche aus der Ferne schauten, war es unsicher, von welchem Berg – dass es der Vesuv war, erkannte man später –; ihre Gestalt dürfte wohl am ehesten einer Pinie ähnlich gewesen sein. Denn sie wuchs wie mit einem Riesenstamm empor und teilte sich dann in mehrere Äste, wohl deshalb, weil sie von einem frischen Luftstrom emporgehoben wurde, dann aber, wenn dieser nachließ, den Auftrieb verlor, oder auch weil sie sich wegen ihres Eigengewichtes in die Breite verflüchtigte. Bisweilen war sie weiß, bisweilen schmutzig und fleckig, je nachdem sie Erde oder Asche emporgehoben hatte.

Als Gelehrtem schien ihm die Sache wichtig und einer näheren Untersuchung wert zu sein. Er ließ einen Schnellsegler bereitmachen. Mir stelle er frei, ob ich mitkommen wolle. Ich erwiderte, ich wolle lieber bei meinen Studien bleiben, und zufällig hatte er selbst mir etwas zum Schreiben gegeben. Er wollte gerade das Haus verlassen; da erhielt er ein Schreiben der Rectina, der Frau des Cascus, die wegen der drohenden Gefahr sehr beunruhigt war – ihr Haus lag nämlich am Fuße des Vesuvs, und ein Entkommen war nur zu Schiff möglich –; sie bat ihn, er möge sie aus einer so großen Gefahr retten. Er änderte seinen Plan und was er im Wissensdrang begonnen hatte, verfolgte er nun mit Heldenmut. Er ließ Vierruderer in See stechen, bestieg selbst ein Schiff, um nicht nur Rectina, sondern vielen Menschen – die Küste war nämlich wegen ihrer anmutigen Lage dicht besiedelt – Hilfe zu bringen. Er eilte dorthin, von wo andere flohen, und steuerte gerade-wegs auf die Gefahr zu so ganz ohne jede Furcht, dass er tatsächlich alle Phasen und Erscheinungsformen dieses Un-glücks, wie er sie mit seinen Augen wahrnahm, diktierte und aufschreiben ließ.

Schon fiel Asche auf die Schiffe, desto heißer und dichter, je näher sie herankamen. Schon fielen auch Bimssteine und schwarzes, vom Feuer verbranntes und geborstenes Gestein; schon entstand eine plötzliche Untiefe, und das Gestade war durch Trümmerbrocken vom Vesuv unzugänglich geworden. Er zögerte einen Moment, ob er umkehren solle, sagte dann aber zum Steuermann, der dazu riet: »Dem Mutigen hilft das Glück, fahre zu Pomponianus!« Dieser befand sich in Stabiae, getrennt durch die dazwischenliegende Bucht – denn das Meer strömt in einem sanft gekrümmten Bogen zum Land hin –; zwar war hier die Gefahr noch etwas fern, doch schon sichtbar, und wenn sie zunahm, war sie ganz rasch da; daher hatte Pomponianus sein Gepäck auf die Schiffe bringen las-sen, fest entschlossen zur Flucht, wenn sich der Gegenwind gelegt hätte. Dorthin fuhr nun mein Onkel mit dem führ ihn äußerst günstigen Wind, umarmte den Verängstigten, trös-tete und ermunterte ihn, und um dessen Angst durch seine eigene Unbesorgtheit zu lindern, ließ er sich ins Bad tragen. Nach dem Bad setzte er sich zu Tisch und speiste gelassen oder, was ebenso großartig ist, anscheinend gelassen.

Inzwischen leuchteten aus dem Vesuv an mehreren Stellen gewaltige Flammenstreifen und hohe Brände auf, deren strahlende Helligkeit durch die Dunkelheit der Nacht noch gesteigert wurde. Um die Furcht zu beschwichtigen, erklärte mein Onkel immer wieder, die Bauern hätten in ihrer Bestürzung ihre Herdfeuer im Stich gelassen und die verlassenen Gehöfte stünden nun brennend in der Einsamkeit. Dann begab er sich zur Ruhe und schlief wirklich ganz fest. Denn seine Atemzüge, die bei ihm wegen seiner Körperfülle ziemlich schwer und laut waren, hörten diejenigen, die sich vor der Schwelle aufhielten. Aber der Hof, durch den man Zugang zu seinem Zimmer hatte, war schon mit einem Gemisch von Asche und Bimsstein so hoch angefüllt, dass bei einem längeren Aufenthalt im Schlafzimmer ein Entkommen nicht mehr möglich gewesen wäre. Er wurde also aufgeweckt, ging ins Freie und begab sich zu Pomponianus und den Übrigen, welche die Nacht durchwacht hatten. Gemeinsam überlegten sie, ob sie im Hause bleiben oder im Freien auf und ab gehen sollten. Denn durch häufige, starke Beben schwankten die Häuser und schienen, gleichsam aus ihren Fundamenten gehoben, sich bald hierhin, bald dorthin zu neigen. Andererseits fürchtete man unter freiem Himmel das Herabfallen von Bimssteinen, wenn diese auch leicht ausgeglüht waren. Doch zog man bei einem Vergleich der Gefahren das Letztere vor. Bei ihm besiegte eine vernünftige Überlegung, bei den anderen eine Befürchtung die andere. Sie legten Kopfkissen auf ihren Kopf und banden sie mit Leinentüchern fest; das diente als Schutz gegen herabfallende Steine.

Schon war es anderswo Tag, dort aber Nacht, schwärzer und dichter als alle Nächte, doch machten viele Fackeln und verschiedene Lichter sie erträglich. Man beschloss, zum Strand zu gehen und aus nächster Nähe zu schauen, ob das Meer schon die Ausfahrt zuließe; das aber blieb immer noch wild und stürmisch. Dort legte sich mein Onkel auf ein hingebreitetes Tuch, verlangte wiederholt kaltes Wasser und trank es. Dann trieben Flammen und der Vorbote der Flammen, der Schwefelgeruch, die anderen in die Flucht, ihn veranlassten sie aufzustehen. Gestützt auf zwei Sklaven erhob er sich, brach aber sofort zusammen, weil, wie ich vermute, der ziemlich dicke Qualm seinen Atem hemmte und seine Luftröhre verschloss, die bei ihm von Natur schwach, eng und häufig asthmatisch war. Nachdem es wieder Tag geworden war – es war der dritte nach dem, den er zuletzt erlebt hatte –, fand man seinen Körper unversehrt, ohne Verletzung, mit derselben Kleidung wie zuletzt. Er glich in seiner äußeren Erscheinung eher einem Schlafenden als einem Toten.

Inzwischen waren meine Mutter und ich in Misenum – aber das gehört nicht zur Geschichte, und Du hast ja nur etwas über sein Lebensende wissen wollen. Also will ich schließen. Das eine möchte ich noch hinzufügen: dass ich alles berichtet habe, was ich selbst erlebt und was ich gleich anfangs erfahren habe, wo man die wirklichen Ereignisse noch ganz wahrheitsgetreu erzählt. Du wirst das Wichtigste auswählen. Es ist nämlich etwas anderes, einen Brief, etwas anderes, Geschichte, etwas anderes, für einen Freund, und wieder etwas anderes, für die Allgemeinheit zu schreiben. Lebe wohl!

VOLTAIRE AN M. TRONCHIN,
24. NOVEMBER 1755

Voltaire war der berühmteste Europäer seiner Zeit und ein
Meister der Briefkunst in ihrer Blütezeit. Seine Briefe wurden
häufig zum Zweck einer größeren Verbreitung abgeschrieben und in ganz Europa gelesen. Der 1694 unter dem Namen
François-Marie Arouet geborene Franzose war der universal-
gebildete Autor des satirischen Romans *Candide* sowie von
Gedichten, Geschichtswerken und Essays. Er korrespondierte
mit Monarchen wie Friedrich dem Großen und Katharina der
Großen, während er nebenbei durch Finanzspekulationen
ein riesiges Vermögen anhäufte. »*Écrasez l'infâme!*«, war sein
Schlagwort – zermalmt das Infame, was sich insbesondere auf
die Religion bezog. Sein Witz war gestochen scharf: »Ich miss-
billige Ihre Meinung, aber ich gäbe mein Leben dafür, dass Sie
sie sagen dürfen.«

Anfangs genoss Voltaire die Gunst des Königs, geriet jedoch schnell mit der royalen Zensur in Konflikt und zog sich
in ein prunkvolles Leben auf seinem Château in der Schweiz
zurück. Seine erste große Liebe war die intelligente Schönheit
Marquise du Châtelet, eine dreifache Mutter, die sich auch
als Philosophin und Wissenschaftlerin einen Namen machte.
Nach ihrem Tod nahm dann Voltaires junge Nichte ihren
Platz ein. Am Allerheiligentag des Jahres 1755 wurde Lissabon
von einem Erdbeben mit über dreißigtausend Toten erschüttert, eine Naturkatastrophe, die ganz Europa schockierte. Als
Reaktion auf die Zerstörungen schrieb Voltaire sein *Gedicht
zur Katastrophe von Lissabon*. Hier philosophiert er in einem

Brief über den Sinn solcher Ereignisse – und trifft damit den Nerv auch noch der heutigen Zeit.

Das ist, mein Herr, eine ziemlich grausame Naturwissenschaft. Man wird nun wohl in die Verlegenheit kommen, darüber zu rätseln, wie die Gesetze der Bewegung so schreckliche Desaster bewirken in der *besten aller möglichen Welten*. Zehntausend Ameisen, darunter auch unser Nächster, die auf einen Schlag in unserem Ameisenhaufen zerquetscht werden, und die Hälfte geht wahrscheinlich in unbeschreiblichen Ängsten inmitten der Trümmer zugrunde, aus denen man sie nicht retten kann: ruinierte Familien an den Rändern Europas, das Vermögen von hundert Kaufleuten Ihres Vaterlandes in den Ruinen von Lissabon versunken. Was für ein trauriges Glücksspiel ist doch das Spiel des menschlichen Lebens! Was werden die Prediger sagen, besonders, falls der Palast der Inquisition standgehalten hat? Mir beliebt, dass zumindest die ehrwürdigen Väter Inquisitoren genauso wie alle anderen zerquetscht worden sein mögen. Das müsste den Menschen eigentlich eine Lehre sein, keine anderen Menschen zu verfolgen, denn während einige geistliche Bösewichte einige Fanatiker verbrennen, verschlingt die Erde die einen wie die anderen.
Ich habe schon unseren Freund Gauffrecourt gesehen. Nach Montrion werde ich so spät wie möglich gehen. Ich glaube, unsere Berge schützen uns vor Erdbeben. Ich grüße Sie, mein lieber Korrespondent, unterrichten Sie mich bitte über die Folgen dieses schrecklichen Geschehnisses.

FREUNDSCHAFT

CAPTAIN A. D. CHATER AN SEINE MUTTER, WEIHNACHTEN 1914

Captain A. D. »Dougan« Chater vom 2. Bataillon der Gordon Highlanders schreibt diesen Brief in der Hoffnung nach Hause, dass die Ritterlichkeit, der Anstand und die Freundschaft, die beide Seiten am ersten Kriegsweihnachten an den Tag legen, die Verpflichtung zum Kämpfen und Töten überwinden wird. Als im August 1914 der Erste Weltkrieg ausbrach, gingen die meisten Menschen davon aus, dass er bis Weihnachten vorüber sein würde. Das war er nicht – vielmehr artete er in das Gemetzel eines Stellungskrieges aus. Doch hier schildert Chater den »sensationellen Anblick« des »Weihnachtsfriedens« im ersten Jahr der Auseinandersetzungen. Was er nicht erwähnt, sind die Fußballspiele, die an anderen Frontabschnitten zwischen den Engländern und den Deutschen stattfanden. Chater wurde im März 1915 in der Schlacht von Neuve-Chapelle verwundet, überlebte aber, heiratete 1916 seine Freundin Joy und starb erst 1974.

Liebste Mutter,
ich schreibe dies in meinem »Bunker« im Schützengraben – mit einem Holzfeuer und jeder Menge Stroh. Es ist recht gemütlich, auch wenn wir starken Frost haben und echtes Weihnachtswetter.
Ich habe heute einen der sensationellsten Anblicke erlebt,

den wohl je ein Mensch gesehen hat. Gegen zehn Uhr heute Morgen spähte ich gerade über die Brüstung. Da sah ich einen Deutschen mit wedelnden Armen, und gleich darauf stiegen zwei von ihnen aus ihren Gräben und kamen auf uns zu. Wir waren schon im Begriff, auf sie zu schießen, als wir feststellten, dass sie gar keine Gewehre dabeihatten. Also ging einer von unseren Männern ihnen entgegen, und innerhalb von ungefähr zwei Minuten wimmelte die Fläche zwischen den beiden Grabenlinien von Männern und Offizieren aus beiden Lagern. Sie schüttelten sich die Hände und wünschten einander frohe Weihnachten. Das ging etwa eine halbe Stunde so weiter, bis die meisten von unseren Männern wieder in die Gräben beordert wurden.

Für den Rest des Tages hat niemand einen Schuss abgefeuert, und Männer laufen nach Belieben oben über die Brüstung und tragen Stroh und Feuerholz ins Freie.

Wir haben auch gemeinsame Begräbnisfeiern mit einem Gottesdienst für einige von den Toten abgehalten – manche Deutsche und manche von uns –, die offen zwischen den Fronten lagen. Einige von unseren Offizieren sind mit Gruppen aus britischen und deutschen Soldaten hingegangen. Diese denkwürdige Waffenruhe kam ganz spontan. Es gab keine vorherige Absprache, und selbstverständlich war entschieden, dass die Feindseligkeiten nicht eingestellt würden. Ich selbst bin auch rausgegangen und habe mehreren von ihren Offizieren und Männern die Hand geschüttelt. Nach dem, was ich so hörte, wären die meisten von ihnen genauso froh, wieder nach Hause zu kommen, wie wir. Wir hatten den ganzen Tag Dudelsackmusik, und alle liefen unbehelligt draußen herum, allerdings natürlich nicht bis an die feindlichen Linien. Die Waffenruhe wird vermutlich weitergehen, bis irgendwer so dumm ist, sein Gewehr abzufeuern. Heute

Nachmittag hätten wir es um ein Haar vermasselt, als einer unserer Leute versehentlich einen Schuss in den Himmel abfeuerte. Aber sie schienen es nicht zu bemerken, daher war es nicht so schlimm. Ich habe die Waffenruhe genutzt, um meinen »Bunker« ein bisschen zu verschönern, den ich mit D. M. Bain teile, dem schottischen Rugby-Nationalspieler – ein famoser Kerl.

Heute Morgen haben wir ein richtiges Dach draufgesetzt, und jetzt haben wir eine gekachelte Feuerstelle und Reisig und Stroh auf dem Boden. Morgen verlassen wir die Schützengräben, und das tut mir überhaupt nicht leid, da es viel zu kalt ist, um sich nachts noch wohlzufühlen.

27ter: Ich schreibe dies zurück im Quartier. Es läuft genauso wie gestern, und wir hatten noch mal ein Zusammentreffen mit den Deutschen in der Mitte. Wir tauschten Zigaretten und Autogramme aus, und noch ein paar machten Fotos.

Ich weiß nicht, wie lange es noch so weitergehen wird – ich glaube, es sollte eigentlich gestern enden, aber wir können heute kein Feuer von der Front her hören, außer ein bisschen entferntes Granatfeuer.

Auf jeden Fall werden wir eine weitere Waffenruhe am Neujahrstag haben, da die Deutschen sehen wollen, wie die Fotos geworden sind! Gestern war es morgens wunderschön, und ich habe mehrere ziemlich lange Spaziergänge zwischen den Frontlinien gemacht. Es ist schwer zu begreifen, was das bedeutet, aber im Normalfall gibt es über der Erde kein Lebenszeichen, und jeder, der seinen Kopf rausstreckt, wird beschossen.

Es ist wirklich ausgesprochen bemerkenswert, dass so etwas in einem Krieg passiert, in dem so viel Bitterkeit und böses Blut herrschen. Die Deutschen an vorderster Front sind trotz allem auf jeden Fall anständige Kerle. Ich nehme natürlich nicht an, dass es überall entlang der Front so gelaufen ist, obwohl ich glaube, dass wahlloses Schießen am Weihnachtstag an den meisten Stellen mehr oder weniger zum Erliegen kam ...

Dein Dich liebender Sohn

Dougan

MARCUS ANTONIUS AN OCTAVIAN (DEN SPÄTEREN KAISER AUGUSTUS), UM 33 V. CHR.

Wenn zwei Freunde die Welt regieren, dann schreiben sie sich solche Briefe, nachdem sie sich zerstritten haben, weil einer von ihnen sich in eine ägyptische Königin verliebt hat.

Erbe des römischen Diktators Julius Caesar war sein halbwüchsiger Großneffe Octavian. Im Jahr 44 v. Chr. fiel Caesar einem Attentat zum Opfer. Auf Rache sinnend, kam Octavian nach Rom und verbündete sich dort mit dem engsten Gefolgsmann seines Onkels, Marcus Antonius. Nachdem sie die Attentäter unter Führung von Brutus und Cassius ausgeschaltet haben, teilen Octavian und Antonius die römische Welt unter sich auf. Octavian herrscht von nun an über Rom und den Westen, während Antonius für den Osten von Antiochien an, einschließlich Syriens und des Vasallenkönigreichs Ägypten, verantwortlich ist. Antonius heiratet Octavians Schwester Octavia, um das Bündnis zu festigen.

Ägypten, der reichste noch verbliebene Staat in Antonius' Osten, wird von Kleopatra regiert, Erbin der imposantesten Königsdynastie der antiken Welt, der Ptolemäer, bei denen es sich um von einem General Alexanders des Großen abstammende Griechen handelt. Jetzt, wo der Mittelmeerraum von Rom beherrscht wird, braucht sie die Gunst des starken Mannes dort. Früher war sie bereits eine Liebesbeziehung mit Caesar selbst eingegangen und hatte ihm einen Sohn geboren. Im Alter von dreißig Jahren lernt sie nun den raubeinigen, männlichen Soldaten Antonius kennen. Sie verlieben sich ineinander und bekommen Kinder. Gemeinsam herrschen sie mit einer Mischung aus griechischer Eleganz und orientalischem Kult über den Osten. Sie stellen ihren Kindern Königreiche in Aussicht, als wären sie das Privateigentum des Antonius. In Rom spottet man über Antonius wegen seiner protzigen Dekadenz. Octavian heizt die Vorstellung an, ein römischer Imperator unter der Fuchtel einer orientalischen Königin sei verweichlicht, unmännlich und unrömisch. Wutentbrannt über Octavians Intrigenspiel zu Hause in Rom, verfasst Antonius diesen derben Brief an seinen ehemaligen Freund, in dem er sich über die Scheinheiligkeit des stadtbekannten Schürzenjägers lustig macht. Doch Octavians Geliebte waren immer Römerinnen, und Antonius, isoliert in seinem östlichen Prunk mit der betörenden Kleopatra, begreift nicht den Ernst seiner Lage – er hat den Rückhalt Roms verloren. Die beiden bewegen sich auf Krieg zu. 31 v. Chr. besiegt Octavian Antonius und Kleopatra zur See, und das Liebespaar begeht Selbstmord. Octavian wird daraufhin, unter dem Namen Augustus (»der Erhabene«), Roms erster Kaiser.

Was ist nur in Dich gefahren? Hast Du etwas dagegen, dass ich Kleopatra vögele? Wir sind doch verheiratet. Und es ist ja auch nicht unbedingt etwas Neues – unser Verhältnis begann vor neun Jahren. Und was ist mit Dir? Bist du etwa Livia Drusilla treu? Gratulation, wenn Du beim Eintreffen dieses

Briefes nicht mit Tertullia oder Terentilla oder Rufilla oder Salvia Titisenia im Bett warst – oder mit allen. Spielt es wirklich so eine Rolle, wo oder bei wem man einen hoch kriegt?

KARL MARX UND FRIEDRICH ENGELS, JULI 1862 BIS NOVEMBER 1864

Der Briefwechsel zwischen Karl Marx und Friedrich Engels klingt für unsere heutigen Ohren schockierend rassistisch, doch er offenbart auch einige Mängel, die der Marxismus in seinem Kern aufweist. Marx und sein Freund Engels waren die Schöpfer einer unter dem Namen Marxismus bekannten Ideologie, die die Welt veränderte. Beide wurden auf preußischem Gebiet geboren, Marx als Sohn jüdischer Intellektueller, Engels als Spross einer reichen Industriellenfamilie mit einem Baumwollfabrikanten als Vater. Doch waren beide gleichermaßen fasziniert, entsetzt und inspiriert von der grausamen Ungleichheit des kapitalistischen Systems und dem Elend der Arbeiterschaft. Als sie einander 1844 in Paris begegneten, überzeugte Engels, der da bereits *Die Lage der arbeitenden Klasse in England* verfasst hatte, Marx davon, dass die Arbeiterklasse selbst der Motor einer künftigen Revolution sein würde. Zwischen Brüssel und England pendelnd, wirkten sie gemeinsam darauf hin, dass sich der seit 1836 bestehende revolutionäre Bund der Gerechten in den Bund der Kommunisten umbenannte. Daneben schrieben sie ihr Grundsatzprogramm, das *Kommunistische Manifest*, mit seinem berühmten Satz »Die Geschichte aller bisherigen Gesellschaft ist die Geschichte von Klassenkämpfen«. Darin machten sie – wie Marx auch in seinem späteren Werk *Das Kapital* – geltend, dass die kapitalistische Ausbeutung der Arbeiterklasse zu einem Klassenkampf und am Ende dann zu einer Revolution des unterdrückten Proletariats sowie zu einem neuen Zeitalter der Gleichheit und des Kommunismus führen werde, in dem der nicht länger notwendige Staat dahinwelken werde.

Die spannendste Zeit waren für Marx und Engels die fieberhaften Monate der 1848er Revolutionen, doch als diese niedergeschlagen wurden, zogen sie sich nach England zurück. Engels half bei der Leitung der elterlichen Firmen mit und bestritt Marxens Ausgaben. In ihrer langjährigen Korrespondenz nannte sich Marx »Mohr« (wegen seiner dunklen Hautfarbe), Engels war »der General«. Während Engels mit zwei Schwestern zusammenlebte, die nacheinander seine Geliebten waren, war Marx mit einer langmütigen preußischen Baroness mit guten Verbindungen, Jenny von Westphalen, verheiratet. Sie lebte mit ihm in zunehmender Armut in den Londoner Stadtteilen Soho und Primrose Hill und schenkte ihm sieben Kinder, von denen vier früh starben. Währenddessen betrog Marx sie mit der Haushälterin Helene Demuth, mit der er einen Sohn hatte.

Engels war jovial, gesellig und genussfreudig, Marx grüblerisch, selbstsüchtig und intolerant, schwatzte und tanzte andererseits aber auch gern. Beide Männer waren indes ungeheuer eifersüchtig auf ihren Sozialistenkollegen Ferdinand Lassalle. Lassalle war in vielerlei Hinsicht all das, was sie auch gern gewesen wären: ein Politstar, Lebemann, Showman und unverhohlener Frauenheld, der seine eigene Organisation gründete und finanziell von seiner Geliebten, der Gräfin Hatzfeldt, unterstützt wurde. Er war so charismatisch und einflussreich, dass selbst der reaktionäre Bismarck ihn heimlich zurate zog.

Lassalle erkannte Marxens Talent und seine Originalität und half ihm bei der Veröffentlichung seiner Schriften, doch vergalten ihm sowohl Marx als auch Engels die Gefälligkeit boshaft mit einer endlosen Flut von rassistischen Schimpfnamen von »dämlicher Jud'« über »Judenjunge« bis hin zum noch rassistischeren »Nigger«. Der erste hier abgedruckte Brief offenbart ihre bizarr antisemitische und rassistische Analyse Lassalles. Zwei Jahren später ließ sich Lassalle dann allerdings auf eine Affäre mit einer jungen Frau ein, die bereits mit einem rumänischen Prinzen verlobt war. In Vertretung des von Lassalle herausgeforderten Vaters der Frau tötete besagter Prinz ihn in einem Duell. Marx und Engels staunten über Aufstieg und Fall dieses schillernden Meteors am Polithimmel – doch ist Engels' Kommentar zu Lassalles intellektueller und sexueller Potenz frappierend: »Sie wollte nicht seinen schönen Geist, sondern seinen jüdischen Riemen.«

London, 30. Juli 1862

Lieber Engels,

aus den einliegenden Wischen siehst Du teilweise, wie ich bin bothered. Der landlord hat sich bisher beschwichtigen lassen, hat 25 £ zu bekommen. Der Klaviermann, der Ratenzahlungen für das Clavier bekommt, sollte schon am letzten Juni 6 £ erhalten, u. ist ein sehr grober Lümmel. Steuerzettel für 6 £ liegen mir im Haus. Den Schuldreck von ungefähr 10 £ habe ich glücklicherweise bezahlt, da ich alles tue, um den Kindern direkte Demütigungen zu ersparen. Dem Metzger habe ich 6 £ abgezahlt (u. dies war meine Gesamteinnahme eines Vierteljahrs von der »Presse«!), aber der Kerl tritt mich wieder, nicht zu sprechen von Bäcker, teagrocer, greengrocer u. wie all das Teufelszeug heißt.

Der jüdische Nigger Lassalle, der glücklicherweise Ende

dieser Woche abreist, hat glücklich wieder 5000 T[aler] in einer falschen Spekulation verloren. Der Kerl würde eher das Geld in den Dreck werfen als es einem »Freunde« pumpen, selbst wenn ihm Zinsen und Kapital garantiert würden. Dabei geht er von der Ansicht aus, dass er als jüdischer Baron od. baronisierter (wahrscheinlich durch die Gräfin) Jude leben muss. Denk Dir, dass der Kerl, der die Geschichte mit Amerika u. s. w. weiß, also die Krise kennt, in der ich mich befinde, die Frechheit hatte, mich zu fragen, ob ich eine meiner Töchter als »Gesellschafterin« der Hatzfeldt übergeben wolle u. ob er mir selbst die Protektion Gerstenbergs (!) verschaffen solle! Der Kerl hat mir [sic] Zeit gekostet u., meinte das Vieh, da ich ja jetzt doch »kein Geschäft« habe, sondern nur eine »theoretische Arbeit« mache, könne ich ebenso gut meine Zeit mit ihm todschlagen! Um gewissen dehors dem Burschen gegenüber aufrecht zu erhalten, hatte meine Frau alles nicht Niet- u. Nagelfeste ins Pfandhaus zu bringen!

Wäre ich nicht in dieser scheußlichen Position u. ärgerte mich nicht das Klopfen des Parvenü auf den Geldsack, so hätte er mich königlich amüsiert. Seit dem Jahr, wo ich ihn sah, ist er ganz verrückt geworden. Der Aufenthalt in Zürich (mit Rüstow, Herwegh etc) u. die spätere Reise in Italien, dann sein »Herr Julian Schmidt« haben ihm den Kopf vollends verdreht. Er ist nun ausgemacht nicht nur der größte Gelehrte, tiefste Denker, genialste Forscher u. s. w., sondern außerdem Don Juan u. revolutionärer Kardinal Richelieu. Dabei das fortwährende Geschwatz mit der falschüberschnappenden Stimme, die unästhetisch demonstrativen Bewegungen, der belehrende Ton! ...

... Lassalle war sehr wütend über mich u. Frau, dass wir uns über seine Pläne lustig machten, ihn als »aufgeklärten Bonapartisten« hänselten u. s. w. Er schrie, tobte, sprang und hat sich endlich gründlich überzeugt, dass ich zu »abstract« bin, um Politik zu verstehn.

... Wie gesagt, unter andren Umständen (u. wenn er mich nicht im Arbeiten gestört) hätte der Kerl mich königlich amüsiert. Dabei das wüste Fressen u. die geile Brunst dieses »Idealisten«.

Es ist mir jetzt völlig klar, dass er, wie auch seine Kopfbildung u. sein Haarwuchs beweist, v. den Negern abstammt, die sich dem Zug des Moses aus Aejypten [sic] anschlossen (wenn nicht seine Mutter od. Großmutter v. väterlicher Seite sich mit einem nigger kreuzten). Nun diese Verbindung von Judentum u. Germanentum mit der negerhaften Grundsubstanz müssen ein sonderbares Produkt hervorbringen. Die Zudringlichkeit des Burschen ist auch niggerhaft. ...

Salut

D

KM

London, 2. September 1864

Lieber Frederick

Gestern Nachmittag erhielt ich nachstehend kopierten Brief v. Freiligrath, woraus Du siehst, dass Lassalle lebensgefährlich in einem Duell in Genf verwundet worden. Ich ging noch am selben Abend zu Freiligr. Er hatte jedoch keine neueren Telegramme erhalten ...

Salut

D

KM

Manchester, 4. Sept. 64

Lieber Mohr

Dein Telegramm kam gestern an, noch ehe ich Deinen Brief erbrochen hatte, da mich allerlei Geschäfte gleich in Anspruch genommen. Du kannst Dir denken, wie mich die Nachricht überraschte. Lassalle mag sonst gewesen sein, persönlich, literarisch, wissenschaftlich, was er war, aber politisch war er sicher einer der bedeutendsten Kerle in Deutschland. Er war für uns gegenwärtig ein sehr unsicrer Freund, zukünftig ein ziemlich sichrer Feind, aber einerlei, es trifft einen doch hart, wenn man sieht, wie Deutschland alle einigermaßen tüchtigen Leute der extremen Partei kaputt macht. Welcher Jubel wird unter den Fabrikanten & unter den Fortschrittsschweinhunden herrschen, L. war doch der einzige Kerl in Deutschland selbst, vor dem sie Angst hatten.

Aber was ist das für eine sonderbare Art ums Leben zu kommen. Sich in eine bayrische Gesandtentochter ernstlich zu verlieben – dieser would-be Don Juan – sie heiraten wollen, in Kollision kommen mit einem abgedankten Nebenbuhler, der noch dazu ein walachischer Schwindler ist & sich von ihm todschießen zu lassen. Das konnte nur dem L. passieren bei dem sonderbaren Gemisch von Frivolität & Sentimentalität Judentum und Chevaleresktuerei, das ihm ganz allein eigen war. Wie kann ein politischer Mann wie er sich mit einem walachischen Abenteurer schießen! ...

Dein

F. E.

London, 7. Sept. 1864

Dear Frederick,

Das Unglück des Lassalle ist mir dieser Tage verdammt durch den Kopf gegangen. Er war doch noch immer einer v. der vieille souche u. der Feind unserer Feinde. Dabei kam die Sache so überraschend, dass es schwierig ist zu glauben, dass ein so geräuschvoller, stirring, pushing Mensch nun mausetot ist u. altogether das Maul halten muss. Was seinen Todesvorwand angeht, so hast Du ganz recht. Es ist eine der vielen Taktlosigkeiten, die er in seinem Leben begangen hat. With all that tut's mir leid, dass in den letzten Jahren das Verhältnis getrübt war, allerdings durch seine Schuld. ...

Salut old boy

D

KM

Manchester, 7. Nov. 1864

Lieber Mohr

... Der L. ist offenbar daran kaputt gegangen, dass er das Mensch nicht sofort in die Pension aufs Bett geworfen & gehörig hergenommen hat, sie wollte nicht seinen schönen Geist, sondern seinen jüdischen Riemen. Es ist eben wieder eine Geschichte, die nur dem L. passieren konnte. Dass *er* den Walachen zum Duell zwang, ist doppelt verrückt ...

Dein F. E.

FRANKLIN D. ROOSEVELT AN
WINSTON CHURCHILL, 11. SEPTEMBER 1939

Der erste Brief aus der Freundschaft, die den Westen retten sollte.

Am 3. September 1939 erklärte Großbritannien Deutschland, nachdem es in Polen einmarschiert war, den Krieg. Der

Zweite Weltkrieg hatte begonnen. Churchill kehrte als Erster Lord der Admiralität ins Kabinett zurück, ein Amt, das er bereits zu Beginn des Ersten Weltkriegs 1914 innegehabt hatte. Ein paar Tage später erhält er einen Brief von US-Präsident Franklin D. Roosevelt, der als Staatssekretär im Marineministerium im selben Krieg einen ähnlichen Posten bekleidet hatte. Sie waren sich zwanzig Jahre zuvor kurz begegnet, und als Roosevelt 1933 die Präsidentschaftswahl gewann, hatte Churchill ihm ein Exemplar seiner Biografie des Herzogs von Marlborough geschickt, für das Roosevelt sich allerdings nicht bedankt hatte. Das holt er jetzt nach – und eröffnet damit einen geheimen Verbindungsweg zu Churchill. Zwar erwähnt Roosevelt in seinem Brief Premierminister Neville Chamberlain, doch ist dies eine reine Formsache, da beide Männer wissen, wie unfähig Chamberlain darin war, Hitler im Zaum zu halten. Roosevelt setzt darauf, dass Churchill der Mann der Stunde ist. Als dieser dann acht Monate später Premierminister wird, erweist sich das Bündnis der beiden als richtungsweisend.

Mein lieber Churchill,
da Sie und ich ähnliche Posten im [Ersten] Weltkrieg bekleideten, möchte ich Ihnen sagen, wie froh ich bin, dass Sie wieder bei der Admiralität sind. Ihre Probleme haben sich, das ist mir bewusst, durch neue Faktoren verkompliziert, aber das Wesentliche hat sich nicht groß verändert. Sie und der Premierminister sollen wissen, dass ich es begrüßen würde, wenn Sie mich jederzeit persönlich mit allem, was Sie mir mitteilen möchten, auf dem Laufenden hielten. Sie können immer über Ihren Postsack oder meinen versiegelte Briefe schicken.
Ich bin froh, dass Sie die Marlborough-Bände gemacht ha-

ben, bevor das hier losging – und ich habe sie mit Freuden gelesen.

Mit den besten Grüßen

Ihr ergebener

Franklin D. Roosevelt

ADOLF HITLER AN BENITO MUSSOLINI, 21. JUNI 1941

Ein Brief von Hitler auf dem Höhepunkt seiner Macht an seinen engsten Freund auf internationalem Parkett. Geschrieben wurde er am Vorabend seiner Invasion in die Sowjetunion, jenem vermessenen Akt, der am Ende zum Untergang des Dritten Reiches führte. Hitler war einmal voller Bewunderung für den italienischen Diktator Benito Mussolini gewesen und hatte sich viel vom italienischen Faschismus abgeschaut, sogar den Aufbau seiner eigenen Nazipartei. 1941 allerdings sah er in ihm nur noch einen grotesken Wichtigtuer, während der Duce Hitler als vulgären, gefährlichen Tyrannen betrachtete. Doch Hitler hatte inzwischen die Oberhand. Der Brief ist voller Halbwahrheiten. In Wirklichkeit hat er den Einmarsch in Russland schon seit Monaten geplant (und das vor Mussolini verborgen). Seine prahlerischen Wahnvorstellungen und groben Fehleinschätzungen entlarven sich schonungslos in der unglaublichen Art und Weise, in der er sich einer Entscheidung rühmt, die den barbarischsten Krieg in der Menschheitsgeschichte auslösen und über dreißig Millionen Menschen das Leben kosten sollte. So sieht seine Sicht der Welt aus – in dem Glauben, niemand könne ihn aufhalten.

Duce!

Ich schreibe Ihnen diesen Brief in einem Augenblick, da monatelange, sorgenvolle Erwägungen sowohl als ein ewiges nervenbelastendes Abwarten im härtesten Entschluss meines Lebens ihr Ende finden. Ich glaube, dass ich nach Vorlage der letzten russischen Lagekarte sowie unter Würdigung zahlreicher anderer Berichte ein längeres Zusehen nicht mehr verantworten kann, und ich glaube vor allem, dass es keinen Weg mehr gibt, der diese Gefahr beseitigt, es sei denn ein weiteres Abwarten, das aber spätestens in diesem oder im nächsten Jahr zum Verderben führen müsste.

Die Lage: England hat diesen Krieg verloren. Mit dem Recht des Ertrinkenden greift es nach jedem Strohhalm, der in seinen Augen als Rettungsanker dienen könnte. Trotzdem sind bestimmte Gedankengänge der Hoffnung dabei natürlich nicht frei von einer gewissen Logik. England hat seine Kriege bisher immer noch mit Festlandshilfen geführt. Die Vernichtung Frankreichs – überhaupt die Beseitigung aller westeuropäischen Positionen – lenken [sic] die Blicke der britischen Kriegstreiber immer wieder dorthin, von wo aus sie den Krieg einzuleiten versucht hatten: auf Sowjet-Russland. Beide Staaten, Sowjet-Russland und England, sind gleichmäßig interessiert an einem in sich zerfallenen, durch einen langen Krieg ohnmächtig werdenden Europa. Hinter diesen beiden Staaten steht aufputschend und lauernd die Nordamerikanische Union. Seit der Liquidierung Polens zeigt sich in Sowjet-Russland eine konsequente Richtung, die – wenn auch klug und vorsichtig – jedoch unentwegt zur alten bolschewistischen Tendenz der Ausbreitung des Sowjet-Staates zurückkehrt. Die zu dem Zweck notwendige Verlängerung des Krieges soll durch eine Fesselung deutscher Kräfte im Osten erreicht werden, sodass besonders luftmäßig die Verantwortung für einen Angriff großen Stils im Westen von der deutschen Führung nicht mehr übernommen werden kann. Ich habe Ihnen, Duce, schon neulich erklärt, dass gerade das gut gelungene Experiment von Kreta erwiesen hat, wie notwendig es ist, bei einer so viel größeren Aufgabe gegen England aber auch wirklich das letzte Flugzeug zum Einsatz zu bringen. Es kann in diesem Entscheidungskampf so kommen, dass man am Ende nur mit wenigen Geschwadern Überschuss siegt. Ich werde keinen Augenblick zögern, eine solche Verantwortung zu übernehmen, wenn ich, von allen anderen Vorbedingungen abgesehen, wenigstens die eine Sicherheit besitze, dann nicht plötzlich aus dem Osten angegriffen oder auch nur bedroht zu werden. Der Aufmarsch der russischen Kräfte – ich habe die letzte Karte durch General Jodl Ihrem hiesigen Attaché, dem General Marras, vorlegen lassen – ist ungeheuer. Es sind eigentlich alle verfügbaren russischen Kräfte an unseren Grenzen. Seit Anbruch der warmen Jahreszeit wird außerdem an zahlreichen Sicherungen gearbeitet. Wenn mich die Umstände veranlassen würden, die deutsche Luftwaffe gegen England einzusetzen, best[eht] die Gefahr, dass dann Russland seinerseits mit Erpressungen im [Süden] und im Norden beginnt, denen ich einfach aus dem Gefühl der [luft]mäßigen Unterlegenheit stillschweigend nachgeben müsste. Es wäre mir vor allem dann auch nicht möglich, mit den im Osten befindlichen Divisionen gegen russische Befestigungswerke ohne ausreichende Unterstützung einer Luftwaffe zum Angriff anzutreten. Will ich mich nun dieser Gefahr nicht aussetzen, dann wird vielleicht das ganze Jahr 1941 verstreichen, ohne dass sich an der allgemeinen Situation etwas ändert. Im Gegenteil, England wird erst recht nicht friedensbereit sein, denn es hat immer noch die Hoffnung auf den russischen Partner.

Ja, diese Hoffnung muss mit dem Fortschreiten des Fertig-werdens der russischen Wehrmacht naturgemäß eher noch zunehmen. Und dahinter steht die für das Jahr 1942 erhoffte amerikanische Massenlieferung an Kriegsmaterial.

Davon abgesehen, Duce, steht es noch nicht einmal fest, ob wir diese Zeit überhaupt bekommen, denn bei einer so gigan-tischen Anhäufung von Kräften auf beiden Seiten – ich war ja gezwungen, nun auch meinerseits immer mehr Panzerkräfte an die Ostgrenze zu werfen sowie Finnland und Rumänien auf die Gefahr aufmerksam zu machen – besteht die Möglich-keit, dass in irgendeinem Augenblick ganz von selber die Ge-wehre losgehen. Ein Zurückziehen meinerseits aber müsste einen schweren Prestigeverlust für uns nach sich ziehen. Dies wäre besonders unangenehm in seinen möglichen Rückwir-kungen auf Japan. Ich bin daher nach einem ewigen Grübeln doch zu dem Entschluss gekommen, diese Schlinge lieber vorzeitig zu durchhauen, ehe sie zugezogen werden kann. Ich glaube, Duce, dass ich damit unserer gemeinsamen Kriegs-führung in diesem Jahr den wahrscheinlich größten Dienst erweise, den es gibt. Denn mein Gesamturteil ist jetzt so:

1. Frankreich ist nach wie vor ein unsicherer Kantonist. Eine unbedingte Gewähr dafür, dass Nordafrika nicht plötzlich abtrünnig wird, besteht nicht.

2. Nordafrika selbst ist, soweit es sich um Ihre Kolonien, Duce, handelt, bis zum Herbst wohl jeder Gefahr entrückt. Ich nehme an, dass die Engländer mit ihrem letzten An-griff Tobruk entsetzen wollten. Ich glaube nicht, dass sie in absehbarer Zeit in der Lage sein werden, dies zu wieder-holen.

3. Spanien ist zaghaft und wird – leider, befürchte ich – erst dann Partei ergreifen, wenn der Krieg als solcher ent-schieden ist.

4. In Syrien wird auf die Dauer der französische Widerstand, ob mit oder ohne unsere Hilfe, kaum aufrecht zu erhalten sein.

5. Ein Angriff auf Ägypten kommt vor Herbst überhaupt nicht in Frage. Ich halte es aber in Anbetracht der ganzen Situation für notwendig, in Tripolis selbst an den Aufbau einer operationsfähigen Truppe zu denken, die, wenn notwendig, auch nach Westen angesetzt werden kann. Es ist selbstverständlich, Duce, dass über diese Gedanken das strengste Stillschweigen herrschen muss, denn wir können sonst nicht erwarten, dass Frankreich die Erlaubnis zum Transport von Waffen und Munition über seine Häfen aufrechterhält.

6. Ob Amerika in den Krieg eintritt oder nicht, ist insofern gleichgültig, als es unseren Gegner nach allen Kräften unterstützt, die es zu mobilisieren in der Lage ist.

7. Die Lage in England selbst ist schlecht, die Versorgung mit Lebensmitteln und Rohstoffen wird dauernd schwieriger. Der Kriegswille lebt im Grunde genommen nur auf [sic] Hoffnungen. Diese Hoffnungen basieren ausschließlich auf 2 Annahmen: Russland und Amerika. Amerika zu beseitigen besitzen wir keine Möglichkeit. Russland auszuschalten aber liegt in unserer Macht. Die Ausschaltung Russlands bedeutet gleichzeitig eine ungeheure Entlastung Japans in Ostasien und damit die Möglichkeit einer viel stärkeren Bedrohung des amerikanischen Vorgehens durch eine japanische Intervention.

Ich habe mich, wie schon erwähnt, unter diesen Umständen entschlossen, dem heuchlerischen Theater des Kreml ein Ende zu bereiten. Ich nehme an, d. h. ich bin überzeugt, dass sich an diesem Kampf, der ja letzten Endes Europa auch für die Zukunft von einer großen Gefahr befreien wird, Finnland ohne weiteres beteiligt und ebenso auch Rumänien. General Marras hat mitgeteilt, dass Sie, Duce, ebenfalls wenigstens ein Korps zur Verfügung stellen wollen. Wenn Sie diese Absicht haben, Duce – die ich selbstverständlich mit dankerfülltem Herzen annehme – wird die Zeit zur Realisierung noch genügend lang sein, denn auf diesem gewaltigen Kriegsschauplatz wird das Antreten ohnehin örtlich nicht überall zur gleichen Zeit stattfinden können. Die entscheidende Hilfe, Duce, können Sie aber immer dadurch bieten, dass Sie Ihre Kraft in Nordafrika verstärken, wenn möglich auch mit dem Blick von Tripolis nach dem Westen, dass Sie weiter zum Aufbau einer, wenn auch zunächst nur kleinen Gruppe kommen, die für den Fall eines französischen Vertragsbruchs sofort in Frankreich selbst mit einmarschieren kann, und endlich, indem Sie vor allem den Luftkrieg und, soweit es überhaupt möglich ist, den U-Bootkrieg verstärkt ins Mittelmeer tragen.

Was die Sicherung der Gebiete im Westen anlangt von Norwegen bis einschließlich Frankreich, so sind wir dort – soweit es sich um Heerestruppen handelt – stark genug, um jeder Eventualität blitzschnell zu begegnen. Was den Luftkrieg gegen England anbelangt, werden wir uns einige Zeit defensiv verhalten, d.h. aber nicht, dass wir etwa außerstande wären, britischen Angriffen auf Deutschland zu begegnen, im Gegenteil, wir werden – wenn notwendig – nach wie vor rücksichtslose Bombenangriffe auf das britische Heimatland zu starten in der Lage sein. Auch unsere Jagdabwehr wird genügen. Sie besteht aus den besten Geschwadern, die wir überhaupt besitzen.

Was den Kampf im Osten anlangt, Duce, so wird er sicherlich hart sein, aber ich zweifle keine Sekunde an einem großen Erfolg. Ich hoffe vor allem, dass es uns dann möglich ist, in der Ukraine auf längere Sicht hin eine gemeinsame Ernährungsbasis zu sichern, die uns jene Zuschüsse liefern wird, die wir vielleicht in der Zukunft benötigen. Ich darf aber hier einfügen, dass – soweit es bis jetzt zu übersehen ist – die diesmalige deutsche Ernte eine sehr gute zu werden verspricht. Es ist denkbar, dass Russland versucht, das rumänische Ölgebiet zu zerstören. Wir haben eine Abwehr aufgebaut, die, glaube ich wenigstens, das Äußerste verhindern wird. Im Übrigen ist es die Aufgabe unserer Armeen, diese Bedrohung so schnell als möglich zu beseitigen.

Wenn ich Ihnen, Duce, erst in diesem Augenblick diese Mitteilung zugehen lasse, dann geschieht es, weil die endgültige Entscheidung selbst erst heute um 7 Uhr abends fällt. Ich bitte Sie daher herzlich, vor allem auch jede Verständigung Ihres Botschafters in Moskau ausfallen zu lassen, da eine absolute Sicherheit über das Nichtentziffernkönnen unserer chiffrierten Berichte nicht besteht. Auch ich lasse erst in der letzten Minute meinem eigenen Botschafter die getroffenen Entschlüsse mitteilen.

Das Material, das ich jetzt allmählich zu veröffentlichen gedenke, ist so umfangreich, dass die Welt mehr Gelegenheit haben wird, sich über unsere Langmut zu wundern, als über unseren Entschluss, sofern sie nicht zu jenem Teil gehört, der aus Prinzip unser Gegner ist und bei dem Argumente deshalb von vornherein keinen Zweck haben.

Was immer nun auch kommen mag, Duce, unsere Situation kann durch diesen Schritt nicht schlechter, sie kann nur besser werden. Auch wenn ich am Ende dieses Jahres noch gezwungen sein sollte, 60 oder 70 Divisionen in Russland stehen zu lassen, so ist das nur ein Bruchteil der Kräfte, die ich jetzt an der östlichen Front dauernd verbrauche. Sollte England aus den sich bietenden harten Tatsachen trotzdem keine Konsequenzen ziehen, dann werden wir, hinter uns den Rücken frei, mit einer erhöhten Kraft uns der Erledigung dieses Gegners zuwenden können. Was in unserem deutschen Vermögen liegt, Duce, das kann ich Ihnen versprechen, wird dann geschehen.

Alle Ihre Wünsche, Anregungen und Hilfen, die Sie, Duce, für den vor uns stehenden Fall mir zukommen lassen wollen, bitte ich, entweder mir selbst mitzuteilen oder gleich durch Ihre militärischen Stellen mit meinem Oberkommando vereinbaren zu lassen.

Abschließend darf ich Ihnen nun noch eines sagen, Duce. Ich fühle mich, seit ich mich zu diesem Entschluss durchgerungen habe, innerlich wieder frei. Das Zusammengehen mit der Sowjet-Union hat mich bei aller Aufrichtigkeit des Bestrebens, eine endgültige Entscheidung herbeizuführen, doch oft schwer belastet, denn irgendwie schien es mir doch ein Bruch mit meiner ganzen Herkunft, meinen Auffassungen und meinen früheren Verpflichtungen zu sein. Ich bin glücklich, dass ich diese Seelenqualen nun los bin.

Mit herzlichen und kameradschaftlichen Grüßen
Ihr Adolf Hitler

FÜRST POTEMKIN UND KATHARINA DIE GROSSE, UM 1774

So legt man einen Streit bei – per Brief (oder E-Mail). Katharina die Große und Fürst Potemkin, ihr geistreicher Liebhaber und Minister, waren unsterblich ineinander verliebt, aber er war nicht damit zufrieden, nur nach ihrer Pfeife zu tanzen.

Er wollte erster Minister, Oberbefehlshaber, Architekt eines Weltreichs sein.

Nach einem Streit entschuldigt er sich in aller Ruhe für sein stürmisches Naturell, woraufhin sie auf demselben Blatt auf seine Klagen antwortet und einen Schlussstrich zieht mit der Bemerkung: »Ende der Auseinandersetzung«. Es gibt gewisse Parallelen zu einem E-Mail-Thread. Doch selbst dieses gesittete Ausbalancieren konnte das Problem nicht lösen. Das gelang erst, nachdem sie ihn heimlich heiratete und einverstanden war, fortan als Ehepaar zu regieren – nur dass beiden ihre jeweiligen, jüngeren, Liebhaber zugestanden wurden. Dieses unkonventionelle Arrangement funktionierte, und sie herrschten sehr erfolgreich fast zwanzig Jahre lang gemeinsam über Russland, bis zu Potemkins Tod im Jahr 1791. Sie überlebte ihn um fünf Jahre, verwand seinen Verlust aber nie. »Einen zweiten Potemkin wird es niemals mehr geben«, sagte sie wiederholte Male.

Potemkin: Lass mich, meine Liebste, dies sagen.

Katharina: Ich gestatte es.

Potemkin: Was, so hoffe ich, unseren Streit beenden wird.

Katharina: Je eher, desto besser.

Potemkin: Wundere Dich nicht darüber, dass mich Deine Liebe verstört.

Katharina: Sei nicht verstört.

Potemkin: Du hast mich nicht nur mit Wohltaten überschüttet, sondern mich auch in Dein Herz geschlossen. Dort möchte ich alleine walten und vor allen anderen.

Katharina: Du bist dort fest und unverbrüchlich verankert und wirst dort auch bleiben.

Potemkin: Denn niemand hat Dich je so sehr geliebt.

Katharina: Das sehe ich und glaube es auch.

Potemkin: Und ich wurde durch Deine Hand geformt.

Katharina: Gern geschehen.

Potemkin: Damit Du gerne gut zu mir sein kannst.

Katharina: Es wird mir die größte Freude sein.

Potemkin: Damit Du Dich von den großen Mühen erholen kannst, die Deine hohe Stellung mit sich bringt, indem Du über mein Wohlbefinden nachdenkst.

Katharina: Natürlich.

Potemkin: Amen.

Katharina: Lass uns aufhören zu denken und gib unseren Gefühlen freien Lauf. Sie sind äußerst zart und werden den besten Weg finden. Ende der Auseinandersetzung. Amen.

TORHEIT

GEORG VON HÜLSEN-HAESELER AN
EMIL VON GÖRTZ, 1892

Die Höflinge Kaiser Wilhelms II. unternahmen, Jahr um Jahr, gewaltige Anstrengungen, um die Art von derben Belustigungen auf die Beine zu stellen, auf die ihr Monarch so erpicht war. Während seiner langen Regierungszeit – 1888 bis 1918 – erfüllten Wilhelms politische und diplomatische Eskapaden nicht nur seine eigenen Beamten und Minister mit Entsetzen, sie beunruhigten auch die Staatskanzleien in Europa und verschärften dadurch die Spannungen, die schließlich in den Ersten Weltkrieg mündeten.

Hochtrabend, roh und prahlerisch, narzisstisch und eitel, nationalistisch, unbeständig und impulsiv, machtbesessen und darauf aus, sich alles und jedes als Verdienst anzurechnen – mit diesen Charaktereigenschaften würde Wilhelm, dessen gewaltiges Ego mit einem ausgeprägten Minderwertigkeitskomplex einherging, auch heute nicht unbedingt aus dem Rahmen fallen. Zu allem Überfluss besaß er auch noch einen äußerst kindischen Sinn für Humor. Mit Vorliebe schnitt er mit seinem Taschenmesser seinen Generälen die Hosenträger ab, jagte alten Obristen bis ins Bett nach oder schubste sie einen Hügel hinunter. Cross-dressing, Würste und nackte Hintern waren bei Seiner Majestät ebenfalls sehr beliebt. Wie wir diesem Auszug aus einem vor einer Jagd geschriebenen Brief entnehmen können, weiß Wilhelms guter Freund Graf »Em«

von Görtz genau, welche Possen dem Kaiser gefallen werden, und plant sie entsprechend mit dem Hofbeamten Georg von Hülsen-Haeseler. Derartige Späße konnten allerdings auch böse enden. 1908 tanzte Dietrich von Hülsen, Georgs Bruder, in vollständigem Ballerinakostüm samt Tutu, Federboa und Satinschuhen für den Kaiser – bis er einen Herzinfarkt bekam und tot umfiel. Solcher Art war das Unterhaltungsprogramm eines der mächtigsten Männer der Welt – »Ich sehe bereits S. M. [Seine Majestät] lachen …«

Sie müssen von mir als dressierter Pudel vorgeführt werden! – Das ist ein »Schlager« wie kein anderer. Bedenken Sie: hinten geschoren (Tricot), vorn langer Behang aus schwarzer oder weißer Wolle, hinten unter dem echten Pudelschwanz eine markierte Darm-Öffnung und, sobald Sie »schön machen«, vorne ein Feigenblatt. Denken Sie, wie herrlich, wenn Sie bellen, zur Musik heulen, eine Pistole abschießen oder andere Mätzchen machen. Das ist einfach großartig!! … ich sehe bereits im Geiste S. M. lachen wie wir … Mit wahrer Wut stürze ich mich in die »Arbeit« um zu vergessen, dass mir eben in Breslau meine geliebte Schwester – mein Liebstes auf Erden – stirbt … Ich komme mir dabei vor wie der Clown auf dem Knaus'schen Bild »Hinter den Kulissen«. Gleichviel! – S. M. soll zufrieden sein!!

DER MARQUIS DE SADE »AN DIE INFAMEN SCHURKEN, DIE MICH QUÄLEN«, 1783

Ein sadistischer Brief. Der Philosoph, Freidenker und sexuelle Abweichler Donatien Marquis de Sade verbrachte nahezu die Hälfte seines Lebens in Gefängnissen oder Irrenanstalten unter Anklage der Unzucht und der Perversion. Als Junge entfachte eine Tracht Prügel von einem Lehrer bei ihm eine lebenslange Faszination von Schmerz und Lust – sowie der Verbindung zwischen beiden. Nachdem seine Familie ihn verstoßen hatte, mussten Diener seine ausgelassenen und grausamen Launen ertragen. Während er noch in der Armee diente, stürzte er sich in einen schieren Rausch von Verführungen, Auspeitschungen, Folter und Sodomie mit Männern und Frauen aller Altersstufen, manche davon abstoßend jung. Im Siebenjährigen Krieg zum Oberst befördert, heiratete er die Tochter eines Gerichtspräsidenten, Renée-Pélagie de Montreuil, mit der er drei Kinder hatte. Die Ehe ging schnell in die Brüche, und als er sich einer Flut von Anklagen wegen Perversion gegenübersah, die ihn beinahe auf die Guillotine gebracht hätten, erwirkte seine Schwiegermutter, Madame de Montreuil, einen *lettre de cachet*, ein königliches Schreiben, mittels dessen de Sade auf unbestimmte Zeit ohne Gerichtsverfahren eingesperrt werden konnte.

Im Gefängnis schrieb de Sade seine ebenso geistreichen wie irrsinnigen und obszönen Romane, darunter *Justine*, die so manisch schamlos und brutal freimütig waren wie seine Orgien. Während seiner Haft im Château de Vincennes zwischen 1777 und 1784 vertreibt sich de Sade die Zeit unter anderem mit dem Verfassen dieses boshaften Briefes an seine Peiniger, vor allem an »die Dirne«, seine Schwiegermutter, für die er sich sadistische Strafen ausdenkt. Bei Ausbruch der Revolution saß de Sade in der Bastille und schrieb seine *120 Tage von Sodom*. Er ermunterte die Menge, die Festung zu stürmen, wurde allerdings in eine Irrenanstalt verlegt, bevor sie den Revolutionären in die Hände fiel. Er kam dann aber doch noch frei und schloss sich der Revolution an. Als hoher Beamter genoss er seine Freiheiten, bis er mit Robespierres Terrorherrschaft in Konflikt geriet, was zu seiner erneuten Verhaftung führte. Er hatte Glück und kam nicht auf die Guillotine. Napoleon Bonaparte schickte ihn wieder in die Irrenanstalt, wo er dann die vierzehnjährige Tochter eines Angestellten verführte. Er starb 1814.

Vincennes

Schnöde Lakaien der Tunfischhändler von Aix, gemeine und infame Folterknechte, ersinnt nun denn zu meiner Peinigung Foltern, aus denen sich tunlichst etwas Gutes ergeben mag. Was soll die Tatenlosigkeit, in der Eure geistige Kurzsichtigkeit mich gefangen hält, bewirken, außer die unwürdige Kupplerin zu verfluchen und zu zerfleischen, die so niederträchtig ersonnen hat, mich an Euch zu verschachern? Seit ich nicht mehr lesen noch schreiben kann, ist dies die hundertundelfte Folter, die ich für sie ersinne. Heute Morgen, als ich mich quälte, da sah ich sie, die Vettel, ich sah, wie sie bei lebendigem Leibe ausgepeitscht, über Disteln geschleift und sodann in ein Fass mit Essig geworfen wurde. Und ich sagte zu ihr:

Abscheuliche Kreatur, das ist dafür, dass Ihr Euren Schwiegersohn an die Peiniger verkauft habt!

Nehmt dies, Ihr Kupplerin, dafür, dass Ihr Eure beiden Töchter feilgeboten habt!

Nehmt dies dafür, dass Ihr Euren Schwiegersohn zu Grunde gerichtet und der Ehre beraubt habt!

Nehmt dies dafür, dass er nun die Kinder hasst, um derentwillen Ihr ihn vorgeblich opfert!

Nehmt dies dafür, dass Ihr ihm die besten Jahre seines Lebens zuschanden gemacht habt, da es Euch allein oblag, ihm nach seiner Verurteilung zu helfen!

Nehmt dies dafür, dass Ihr die schnöde, verabscheuungswürdige Brut Eurer Tochter ihm vorgezogen habt!

Nehmt dies für all die Niedertracht, mit der Ihr ihn dreizehn Jahre lang überschüttet habt, damit er für Eure Torheiten bezahlt!

Und ich verstärkte noch ihre Foltern und verunglimpfte sie in ihren Schmerzen und vergaß darüber die meinen.

Die Feder fällt mir aus der Hand. Ich muss leiden.

Adieu, meine Peiniger, ich muss Euch verfluchen.

ZARIN ALEXANDRA UND ZAR NIKOLAUS II., 1916

Eine Frau schreibt an ihren geliebten Mann an der Front im Ersten Weltkrieg, in verschrobenem Upperclass-Englisch voller Kosenamen wie Agooweeone (er) und Weibchen beziehungsweise Sunny (sie). Aber es handelt sich hier ja auch um kein gewöhnliches Paar, und es ist ein Brief, der deutlich macht, warum Russland nur noch Wochen von der Revolution entfernt ist. Zarin Alexandra befindet sich in der Hauptstadt des Landes, Petrograd, und schreibt ihrem Mann, Nikolaus II., ins militärische Hauptquartier. Sie drängt Nikolaus,

»der Herr« zu sein, wie es vor ihm Peter der Große und Iwan der Schreckliche waren. Ihr Rat findet Rückhalt in der göttlichen Autorität »unseres Freundes« Rasputin, den sie als Nachfolger des früheren Heilers des Paares, eines Quacksalbers namens Monsieur Philippe, betrachtet. Da sie allerdings besessen ist vom Prinzip der Autokratie, nichts von Demokratie hält und jede politische beziehungsweise militärische Entscheidung danach beurteilt, ob sie sich gut oder schlecht für Rasputin auswirkt, ist Alexandras Einfluss verhängnisvoll. So setzt sie sich vehement für fragwürdige politische Ernennungen ein wie auch die von Alexander Protopopow, einem halb wahnsinnigen syphiliskranken Heroinsüchtigen, zum Innenminister. Sie rühmt sich damit, die mächtigste Frau Russlands seit Katharina der Großen zu sein. Das einzig Gewinnende an ihr ist ihre hingebungsvolle Liebe zu ihrer Familie und zu »Nicky« selbst, nach dessen Zärtlichkeiten sie sich sehnt – ebenso wie er sich nach ihren.

ALEXANDRA AN NIKOLAUS, 14. DEZEMBER 1916

Minus 7 Grad Frost und eine dicke Schneedecke. Heute Nacht wieder kaum geschlafen und bis zum Mittagessen im Bett geblieben, da alles noch wehtut, und habe auch eine leichte Erkältung. Ganz herzlichen Dank für Deinen lieben Brief.

Sei Peter der Große, Iwan der Schreckliche, Kaiser Paul – zermalme sie alle unter Deinen Füßen – und jetzt lache gefälligst nicht, Du böser Junge.

Ich verstehe es wirklich nicht. Ich bin zwar nur eine Frau, aber mein Herz und mein Verstand sagen mir, dass es die Rettung für Russland wäre – sie sündigen viel schlimmer, als die Suchomlinows es je getan haben. Gebiete Brussilow etc. Einhalt, wenn sie irgendwelche politischen Themen ansprechen; ein Narr, wer einen verantwortlichen Ministerrat will.

Erinnere Dich, selbst M. Philippe hat gesagt, man dürfe keine Verfassung riskieren, da es Deinen und Russlands Untergang bedeuten würde, und alle wahren Russen sagen dasselbe.

Vor Monaten schon sprach ich mit [Ministerpräsident] Stürmer über Schwedow als Mitglied des Staatsrats; wenn er und der gute Maklakow mit dabei sind, werden sie sich mutig für uns einsetzen. Ich weiß, dass ich Dir lästig falle – ach, würde ich nicht viel, viel lieber nur Liebesbriefe und Zärtlichkeiten schreiben, von denen mein Herz so erfüllt ist – aber meine Pflicht als Ehefrau und Mutter und auch als Russlands Mutter zwingt mich, Dir alles zu sagen, beseelt durch unseren Freund.

Liebling, Sonnenschein meines Lebens, wenn Du im Kampf dem Feind entgegentreten müsstest, würdest Du keine Sekunde lang wanken, sondern vorwärtsstürmen wie ein Löwe – tu es auch jetzt im Kampf gegen die kleine Handvoll Bestien und Republikaner.

Sei der Herr, und alle werden sich vor Dir verneigen. Glaubst Du, ich hätte Angst? Oh nein – heute ließ ich einen Offizier aus Marias und Anastasias [ihre Töchter] Hospital entfernen, weil er sich erdreistet hatte, über unsere Reise zu spotten, und vorgab, Protopopow hätte die Leute bestochen, uns so freundlich zu empfangen. Die Ärzte, die es hörten, tobten. Du siehst, Sunny ist in den kleinen Dingen energisch und in den großen so, wie Du es wünschst. Wir wurden von Gott auf einen Thron gesetzt, und wir müssen ihn sicher halten und unversehrt an unseren Sohn übergeben. Wenn Du daran immer denkst, wirst Du auch nicht vergessen, dass Du der Souverän bist – und wie viel leichter ist das für einen auto-

kratischen Souverän als für einen, der auf die Verfassung ein-
geschworen ist.

Geliebter, höre auf mich, ja, Du kennst Dein altes treues Mädchen. »Hab keine Furcht«, sagte die alte Frau, und deshalb
schreibe ich auch ohne Furcht an meinen Agooweeone. Jetzt
wollen die Mädchen ihren Tee; sie kamen ganz durchgefro-
ren von ihrer Ausfahrt zurück. Ich küsse Dich und drücke
Dich fest an meine Brust, liebkose Dich, liebe Dich, sehne
mich nach Dir, kann ohne Dich nicht schlafen – behüt' Dich
Gott.

Auf ewig ganz Dein kleines
Weibchen

Nikolaus' Antwortbriefe an Alexandra bieten eine ähnliche
Mischung aus unangebrachter Arroganz und intimer Rühr-
seligkeit. In diesem früheren Brief träumt er davon, wieder
mit ihr zu schlafen – wobei er sein Geschlechtsteil euphemis-
tisch »Boysy« nannte und sie ihres in ihren Briefen »Lady«.
Sein Hass auf Miechen, die Frau seines Cousins Wladimir,
offenbart die wachsende Feindschaft zur übrigen Romanow-
Familie.

NIKOLAUS AN ALEXANDRA, 16. JUNI 1916

Mein einzig geliebtes Weibchen,
heute ist der Kurier etwas spät dran, vermutlich bedingt
durch neue Truppenbewegungen von Nord nach Süd. Ich
schicke Dir ein Telegramm, das [beider Sohn, der Zarewitsch]
Alexei von seinem Regiment erhielt. Gott sei Dank wieder
gute Neuigkeiten von Lechitsky! Gestern hat seine Armee
221 Offiziere & 10 200 Männer gefangen genommen! So

viele neue Kräfte in unseren Feldern & Fabriken. Miechen [Großherzogin Maria Pawlowna] hat mir einen frostigen Brief geschrieben und gefragt, warum ich die polozhenie [Verordnung] nicht gebilligt habe. Ich habe sie über Alexejew an den Verkh. Soviet geschickt. Vielleicht kannst Du Iljin [Präsident des Russischen Roten Kreuzes] Bescheid geben, sie sollen sie durchsehen & mir dann ihre Meinung übermitteln. Sie ist wirklich unerträglich – wenn ich Zeit habe, werde ich ihr in scharfem Ton antworten. Wir sind gerade mit dem Mittagessen fertig & als ich hinauf in mein Zimmer kam, fand ich Deinen lieben Brief Nr. 520 vor ... Wie ich Deine süßen Küsse vermisse! Ja, Geliebte, Du weißt, wie man küsst! Oh, wie unartig! Boysy hüpft schon bei der Erinnerung. Es ist sehr heiß & jetzt sind ein paar Regentropfen aus einer einzelnen Wolke gefallen. Ich hoffe, weiter oben im Fluss baden zu können, während Alexei mit nackten Beinen herumläuft. Hat er Dir geschildert, wie die kleinen Bauernjungen alle möglichen Spiele vor uns aufführen? Nun, mein teurer Liebling, muss ich Schluss machen. Gott segne Dich und die Mädchen.

Mit vielen zärtlichen Küssen, für immer Dein Nicky.

ANSTAND

MARIA THERESIA AN MARIE-ANTOINETTE, 30. JULI 1775

Kein Kind freut sich über eine harsche Standpauke von seiner Mutter, vor allem wenn es um die Themen Manieren und Moral geht. Hier rügt Kaiserin Maria Theresia ihre Tochter Marie-Antoinette, Königin von Frankreich, wegen ihrer arroganten Unhöflichkeit gegenüber Diplomaten und Ministern und weil sie sich mit schöntuenden Schmeichlern umgibt und dabei ihren langweiligen, schwachen Ehemann, König Ludwig XVI., vernachlässigt. Die Mutter ist achtundfünfzig, die Tochter neunzehn. Maria Theresia hat sich in endlosen Kriegen abgemüht, ihr riesiges Reich zusammenzuhalten, seit sie es mit dreiundzwanzig Jahren erbte. Dreißig Jahre später landete sie dann 1756 einen diplomatischen Coup, indem sie ihre hübsche Tochter mit dem König von Frankreich verheiratete. Es ist offensichtlich, dass die Mutter etwas so Halsbrecherisches in ihrer Tochter erkennt, dass sie eine Katastrophe kommen sieht. Maria Theresia starb 1780. Sie erlebte das »Ungemach« nicht mehr, das sie befürchtet hatte – die Französische Revolution und die Hinrichtung ihrer Tochter.

Madame, meine liebe Tochter,
ich kann Dir nicht verhehlen, dass ein Brief, den Du an [Minister] Rosenberg geschrieben hast, mich ganz entsetzlich bestürzt hat. Dieser Stil! Diese Frivolität! Wo ist das gute,

weite Herz der Erzherzogin Antoinette geblieben? Ich sehe nur Intrige, gewöhnliche Bosheit, Vergnügen an Spott und Schikane. Eine Intrige, die einer Pompadour oder einer Dubarry wohl anstehen mag, aber niemals einer Königin, einer hohen Prinzessin, und erst recht keiner gütigen und freundlichen Prinzessin aus dem Hause Österreich-Lothringen. Den ganzen Winter über ließ mich der Gedanke an Deinen allzu schnellen Erfolg und an die Dich umgebenden Schmeichler erschaudern, während Du Dich einem Leben der Vergnügungen und der grotesken Zurschaustellung hingegeben hast. Diese Vergnügungssucht ohne den König, von dem Du weißt, dass er daran keinen Gefallen findet und Dich nur aus reiner Gutmütigkeit begleitet oder Dich tun lässt, was Dir beliebt, hat mich schon zuvor veranlasst, Dir von meinen Befürchtungen zu schreiben. An diesem Brief ersehe ich nun, dass diese Befürchtungen nur allzu berechtigt waren …

Dein Glück kann sich nur allzu schnell wandeln, und durch eigenes Verschulden könntest Du leicht in tiefstes Elend stürzen. Das ist die Folge Deiner entsetzlichen Zügellosigkeit, die verhindert, dass Du in jeglichen ernsthafteren Dingen Ausdauer beweist. Was hast Du denn schon gelesen? Und dann maßt Du Dir ein Urteil an über die höchsten Staatsangelegenheiten, über die Auswahl von Ministern? Was tut der Abbé denn? Und Mercy? Du missbilligst sie, weil sie sich wie gemeine Schmeichler benehmen und nur Dein Glück im Auge haben, ohne aus Deinen Schwächen Vorteil zu ziehen. Eines Tages wirst Du die Wahrheit all dessen erkennen, doch dann wird es zu spät sein. Ich hoffe, ich werde nicht mehr miterleben, wie das Unheil Dich einholt, und ich bete zu Gott, dass er mein irdisches Dasein rasch beenden möge, da ich Dir nicht länger von Nutzen bin, und ich könnte es nicht ertragen, mein geliebtes Kind zu verlieren oder es unglücklich zu wissen, sie, die ich von ganzem Herzen lieben werde, bis ich sterbe.

MAHATMA GANDHI AN ADOLF HITLER, 24. DEZEMBER 1940

In diesem Brief prallen zwei Welten aufeinander: engelsgleiche Anständigkeit und das abgrundtief Böse. Zum Ende des Jahres 1940, als das Naziregime auf seinem Höhepunkt angekommen ist, Europa bezwungen, Deutschland allem Anschein nach unbesiegbar, erhält Hitler einen Brief von seinem diametralen Gegenpol, Mahatma Gandhi, der sich aktiv darum bemüht, Indien von den Briten zu befreien. Gandhi setzt sich dafür ein, Indien vollständig aus dem Krieg herauszuhalten, mit dem Argument, sein Land könne sich nicht in einem Konflikt um Freiheitsrechte engagieren, wenn ihm selbst ein solches Recht verweigert werde. (Gleichwohl traten zweieinhalb Millionen seiner Landsleute den alliierten Truppen bei.)

Der 71-jährige indische Aktivist hatte bereits 1939 Hitler von einem Krieg abgeraten. Jetzt appelliert er an den Anstand des Führers, indem er ihm seinen eigenen Kampf gegen den britischen Imperialismus vor Augen führt. Er schreibt aus seinem Aschram in Sevagram im indischen Bundesstaat Maharashtra, wo er mit seiner Frau und den vier Kindern lebt. Der Brief ist ebenso bewundernswert wie aussichtslos. Hitler schickt nie eine Antwort. Stattdessen zettelt er den Holocaust an, marschiert in Russland ein und begeht schließlich in den

Ruinen von Berlin Selbstmord. Gandhis persönlicher Kampf war dagegen erfolgreich. Er führte dazu, dass die Briten Indien (und Pakistan) die Unabhängigkeit gewährten. Bald darauf wurde Gandhi von einem fanatischen Hindu erschossen.

24. Dezember 1940

Lieber Freund,

dass ich Sie als Freund anspreche, ist keine reine Formsache. Ich besitze keine Feinde. Mein Lebensinhalt während der vergangenen 33 Jahre ist es gewesen, mich mit der gesamten Menschheit anzufreunden, indem ich mit allen Umgang pflege, unabhängig von Rasse, Hautfarbe oder religiösem Bekenntnis.

Ich hoffe, Sie haben die Zeit und den Wunsch zu erfahren, wie ein Gutteil der Menschheit, der unter dem Einfluss dieser Lehre einer weltumspannenden Freundschaft lebt, Ihr Handeln bewertet. Wir zweifeln nicht an Ihrem Mut und Ihrer Ergebenheit gegenüber Ihrem Vaterland, und wir halten Sie auch nicht für den Unmenschen, als den Ihre Gegner Sie darstellen. Aber Ihre eigenen Schriften und Äußerungen wie auch die Ihrer Freunde und Bewunderer lassen keinen Zweifel zu, dass viele Ihrer Taten ungeheuerlich und unvereinbar mit menschlicher Würde sind, insbesondere in der Einschätzung von Menschen wie mir, die an ein weltumfassendes Wohlwollen glauben. Dergestalt sind Ihre Demütigung der Tschechoslowakei, die Schändung Polens und die Einverleibung Dänemarks. Mir ist bewusst, dass derartige Beraubungen Ihrem Weltbild nach tugendhafte Taten sind. Doch uns hat man von Kindesbeinen an gelehrt, sie als die Menschheit herabwürdigende Taten anzusehen. Folglich können wir Ihnen unmöglich einen Waffensieg wünschen.

Doch befinden wir uns auch in einer einzigartigen Lage. Wir

sträuben uns nicht weniger gegen den britischen Imperialismus als gegen den Nazismus. Falls es da einen Unterschied gibt, dann nur im Ausmaß. Ein Fünftel der Menschheit wurde durch Mittel unter die britische Knute gebracht, die einer genaueren Überprüfung kaum standhalten. Unser Widerstand will dem britischen Volk keinen Schaden zufügen. Wir trachten danach, es zu überzeugen, nicht, es auf dem Schlachtfeld zu besiegen. Wir führen eine unbewaffnete Revolte gegen die britische Herrschaft. Aber ob wir sie nun überzeugen können oder nicht, wir sind entschlossen, ihre Herrschaft durch gewaltlose Nicht-Kooperation unmöglich zu machen. Diese Methode ist ihrer Natur nach unschlagbar. Sie beruht auf dem Wissen, dass kein Plünderer seine Ziele ohne ein gewisses Maß an Kooperation, sei sie nun freiwillig oder erzwungen, vonseiten seines Opfers erreichen kann. Unsere Machthaber mögen zwar unser Land und unsere Körper besitzen, aber nicht unsere Seelen ...

Wir wissen, was die britische Knute für uns und für die nicht-europäischen Völker in der Welt bedeutet. Doch wir würden niemals die britische Herrschaft mit deutscher Hilfe beenden wollen. Wir haben in der Gewaltlosigkeit eine Kraft gefunden, die sich in organisierter Form zweifelsohne mit einem Zusammenschluss aller gewalttätigsten Kräfte in der Welt messen kann. In der Methode der Gewaltlosigkeit gibt es, wie ich schon sagte, keine Niederlage. Es geht »hart auf hart«, ohne dass getötet oder verletzt wird. Man kann sie praktisch ohne Geld anwenden und selbstverständlich auch ohne die Hilfe von Wissenschaft und Zerstörung, die Sie zu solcher Vollendung geführt haben. Es ist mir unbegreiflich, dass Sie nicht erkennen, dass kein Einzelner darauf ein Monopol hat. Wenn nicht die Briten, dann wird ganz sicher irgendeine andere Macht Ihre Methode noch weiter verbessern und Sie mit Ihren eigenen Waffen schlagen. Sie hinterlassen Ihrem Volk kein Erbe, das es mit Stolz erfüllen wird. Es kann nicht stolz sein auf die Ausführung von Gräueltaten, wie kunstvoll sie auch immer geplant sein mögen. Ich appelliere daher im Namen der Menschlichkeit an Sie, den Krieg zu beenden ...

Wie Sie wissen, habe ich unlängst einen Appell an jeden einzelnen Briten gerichtet, meine Methode des gewaltlosen Widerstands zu akzeptieren. Das tat ich, weil die Briten mich zwar als Rebellen, aber auch als Freund kennen. Für Sie und Ihr Volk bin ich ein Fremder. Ich habe nicht den Mut, an Sie den gleichen Appell zu richten, den ich an alle Briten gerichtet habe. Nicht, dass es auf Sie nicht genauso stark zuträfe wie auf die Briten. Doch mein gegenwärtiger Vorschlag ist viel simpler, da weitaus praktischer und vertrauter.

In dieser Jahreszeit, in der die Herzen der europäischen Völker sich nach Frieden sehnen, haben wir selbst unseren friedlichen Kampf ausgesetzt. Ist es zu viel von Ihnen verlangt, sich um Frieden zu bemühen in einer Zeit, die Ihnen persönlich vielleicht nichts bedeutet, dafür aber sehr viel für die Millionen Europäer, deren stumme Schreie nach Frieden ich vernehme, da meine Ohren darauf geschult sind, die stummen Millionen zu hören?

Ich verbleibe als

Ihr aufrichtiger Freund

M. K. Gandhi

ABRAHAM LINCOLN AN
ULYSSES S. GRANT, 13. JULI 1863

Hier gratuliert Präsident Abraham Lincoln von ganzem Herzen General Grant zu einem entscheidenden Sieg im Amerikanischen Bürgerkrieg, der Einnahme von Vicksburg, Mississippi. Bemerkenswert ist auch seine Entschuldigung dafür, dass er selbst die Lage völlig falsch eingeschätzt hatte. Lincoln, ein meisterhafter Briefeschreiber, war berühmt für seine klare Sprache, ob nun im politischen oder im privaten Bereich. In einem Brief vom 22. August 1862 nennt er seine wahren Prioritäten in dem Konflikt: »Ich würde die Union retten. Und zwar auf dem kürzesten Wege ... Was ich in Bezug auf die Sklaverei und auf die farbige Rasse unternehme, unternehme ich, weil ich glaube, dass es hilft, die Union zu retten ...«

Doch er hatte auch Sinn für Humor. Als ein elfjähriges Mädchen namens Grace Bedell ihm schrieb, er solle sich doch einen präsidialen Schnauzbart wachsen lassen, antwortete Lincoln ihr am 19. Oktober 1860 mit den Worten: »Mein liebes kleines Fräulein ... Was einen Schnauzbart angeht, da ich noch nie einen hatte, meinst Du nicht, die Leute würden es für eine alberne Affektiertheit halten, wenn ich jetzt damit anfinge? Dein aufrichtig wohlwollender Freund A. Lincoln.«

Der vorliegende Brief ist vor allem strategisch von Bedeutung und in Bezug auf das, was er über Lincolns Charakter verrät. Er zeigt, dass er endlich einen siegreichen General gefunden hat – er beförderte Grant zum Oberbefehlshaber, der in der Folge sogar zum Präsidenten gewählt wurde. Auch Lincolns Großherzigkeit und sein Vertrauen auf die eigenen

Talente treten hier deutlich zutage. Eine derartige Bescheidenheit kommt unter Vorgesetzten jeglicher Art eher selten vor, und noch seltener unter Politikern.

Mein lieber General,
ich kann mich nicht entsinnen, dass Sie und ich uns jemals persönlich begegnet wären. Ich schreibe Ihnen heute in dankbarer Anerkennung des nahezu unschätzbaren Dienstes, den Sie dem Land erwiesen haben. Und noch etwas. Als Sie anfangs in die Gegend von Vicksburg kamen, fand ich, dass Sie das tun sollten, was Sie am Ende auch taten – mit den Truppen über die Landenge marschieren, die Batterien mit den Transportschiffen übersetzen und so nach unten fortschreiten. Ich habe nie daran geglaubt, abgesehen von einer allgemeinen Hoffnung, dass Sie es besser wüssten als ich, dass die Yazoo-Pass-Expedition und dergleichen Erfolg haben könnte. Als Sie weiter hinunterkamen und Port Gibson, Grand Gulf und das Umland einnahmen, dachte ich, Sie sollten flussabwärts ziehen und sich General Banks anschließen. Und als Sie sich nordwärts östlich des Big Black wandten, fürchtete ich, das wäre ein Fehler. Jetzt möchte ich das persönliche Eingeständnis ablegen, dass Sie recht hatten und ich unrecht.
Ihr sehr ergebener
A. Lincoln

JOHN PROFUMO AN HAROLD MACMILLAN,
5. JUNI 1963

Es gibt die Verfehlung und es gibt die Vertuschung. Nicht selten ist die Vertuschung das Schlimmere von beiden. Mit diesem Geständnisbrief endete eine Ära. Im Jahr 1961 fiel der bewundernde Blick John Profumos, des Kriegsministers im Kabinett Harold Macmillans, auf die schöne Christine Keeler, Modell und Halbweltdame, als sie im Pool des Landhauses von Viscount Astor badete. Er begann eine Affäre mit ihr. Zur gleichen Zeit unterhielt sie allerdings eine Beziehung zu einem KGB-Agenten, dem sowjetischen Marineattaché Jewgeni Iwanow. Der verheiratete Profumo bestritt gegenüber Premierminister und Parlament jegliches »ungebührliche Verhalten«. Doch als die Wahrheit an den Tag kam, war er gezwungen, Macmillan diesen Brief zu schreiben. Die »Profumo-Affäre« versetzt nicht nur der konservativen Regierung den Todesstoß, sondern auch dem altehrwürdigen englischen Public-School-Establishment. Macmillan tritt zurück, Labour gewinnt die nächste Wahl, und Profumo widmet den Rest seines Lebens gemeinnütziger Arbeit.

Sehr geehrter Herr Premierminister,
Sie werden sich erinnern, dass ich am 22. März nach gewissen im Parlament vorgebrachten Anschuldigungen eine persönliche Erklärung abgegeben habe. Zu der Zeit war ich gerüchteweise der Beihilfe zum Verschwinden einer Zeugin beschuldigt worden sowie der Verwicklung in einen möglichen Verstoß gegen die Sicherheitsbestimmungen.

Diese Anschuldigungen waren so gravierend, dass ich mich zu der Annahme verleiten ließ, meine persönliche Beziehung zu besagter Zeugin, die ebenfalls Gegenstand von Gerüchten war, sei vergleichsweise von nur geringer Bedeutung. In meiner Erklärung sagte ich, an dieser Beziehung sei nichts Ungebührliches gewesen. Zu meinem tiefsten Bedauern muss ich gestehen, dass dies nicht der Wahrheit entsprach und dass ich Sie, meine Kollegen und das Hohe Haus getäuscht habe.

Ich bitte Sie, mir zu glauben, dass ich dies tat, um, wie ich annahm, meine Frau und meine Familie zu schützen, die, wie auch meine politischen Berater, ebenfalls irregeführt wurden.

Inzwischen habe ich eingesehen, dass ich mich durch diese Täuschung eines groben Fehlverhaltens schuldig gemacht habe, und obwohl die übrigen Anschuldigungen jeglicher Grundlage entbehren, kann ich kein Mitglied Ihrer Regierung bleiben und auch nicht des Unterhauses.

Ich kann Ihnen gar nicht sagen, wie leid mir die Verlegenheit tut, in die ich Sie, meine Kollegen in der Regierung, meine Wähler sowie die Partei, der ich seit fünfundzwanzig Jahren diene, gebracht habe.

Hochachtungsvoll

Ihr Jack Profumo

JACQUELINE KENNEDY AN
NIKITA CHRUSCHTSCHOW, 1. DEZEMBER 1963

Würde und Anstand auch noch im Zustand der Verzweiflung – dieser Geist atmet aus dem Brief, den Jackie Kennedy
an einem ihrer letzten Abende im Weißen Haus schrieb, eine
Woche nach der Ermordung ihres Mannes John F. Kennedy.
Der Präsident und sein Gegenspieler, der sowjetische Regierungschef Nikita Chruschtschow, hätten unterschiedlicher
nicht sein können: Kennedy ein attraktiver, kultivierter Don
Juan, Chruschtschow ein warziger, grober kommunistischer
Bauer. Sie hatten aufreibende Verhandlungen geführt und nur
um Haaresbreite die Welt vor einem Atomkrieg bewahrt. Bei
der CIA gab es nicht wenige, die fürchteten, die Russen könnten eine Rolle beim Attentat gespielt haben. Chruschtschow
seinerseits hatte eine Heidenangst davor, eine Mitschuld ange-
lastet zu bekommen. Möglicherweise wurde der nun folgende
Brief ja geschrieben, um die Russen zu beschwichtigen – auf
jeden Fall ist er in höchstem Maße elegant und bewegend
sowohl in seiner literarischen Schlichtheit und präsidialen
Würde als auch in seiner Theorie von den großen Männern
und den kleinen Männern.

Sehr geehrter Herr Vorsitzender des Präsidiums!
Ich möchte Ihnen dafür danken, dass Sie Mr. Mikojan als Ihren
Vertreter zur Beisetzung meines Mannes geschickt haben. Er
schaute so bestürzt drein, als er durch die Reihen kam, das
hat mich sehr berührt.
Ich habe an jenem Tag versucht, ihm eine Nachricht für Sie

mitzugeben, doch da es ein so schlimmer Tag für mich war, weiß ich nicht, ob meine Worte so herüberkamen, wie ich es beabsichtigt hatte.

Deshalb möchte ich Ihnen an einem der letzten Abende, die ich im Weißen Haus verbringe, in einem der letzten Briefe, die ich auf dem Briefpapier des Weißen Hauses schreibe, meine Nachricht übermitteln.

Ich tue das nur deshalb, weil ich weiß, wie sehr mein Mann sich um Frieden gesorgt hat und welche zentrale Rolle die Beziehung zwischen Ihnen und ihm für ihn in dieser Sorge spielte. In mehreren seiner Reden hat er Ihre Worte zitiert: »Im nächsten Krieg werden die Überlebenden die Toten beneiden.«

Sie und er waren Gegner, doch Sie waren auch Verbündete in der Entschlossenheit, dass die Welt nicht in die Luft gesprengt werden darf. Sie respektierten einander und konnten miteinander umgehen. Ich weiß, dass Präsident Johnson alle Anstrengungen unternehmen wird, das gleiche Verhältnis zu Ihnen herzustellen.

Die Gefahr, die meinem Mann Sorgen bereitete, war, dass ein Krieg weniger von den großen Männern ausgelöst werden könnte als von den kleinen.

Während große Männer wissen, wie wichtig Selbstbeherrschung und Zurückhaltung sind, lassen sich kleine Männer zuweilen von Furcht und Stolz leiten. Wenn doch nur in Zukunft die großen Männer auch weiterhin die kleinen dazu bringen könnten, sich zusammenzusetzen und zu reden, bevor sie mit dem Kämpfen anfangen.

Ich weiß, dass Präsident Johnson die Politik weiterverfolgen wird, an die mein Mann so fest geglaubt hat, eine Politik der Kontrolle und der Zurückhaltung, und dafür wird er Ihre Hilfe benötigen.

Ich schreibe Ihnen diesen Brief, weil mir die Bedeutung der Beziehung zwischen Ihnen und meinem Mann so deutlich bewusst ist, aber auch im Gedenken an Ihre und Frau Chruschtschowas Freundlichkeit in Wien.

Ich habe gelesen, dass sie Tränen in den Augen hatte, als sie die amerikanische Botschaft in Moskau verließ, nachdem sie sich ins Kondolenzbuch eingetragen hatte. Bitte richten Sie ihr dafür meinen Dank aus.

Mit herzlichen Grüßen

Jacqueline Kennedy

BABUR AN SEINEN SOHN HUMAYUN, 11. JANUAR 1529

Dieser Brief mahnt zur Toleranz. Fürst Babur wurde 1483 in eine bedeutende Familie hineingeboren, die auf den großen Eroberer Timur (Tamerlan) zurückging, auch wenn der Ruhm des Hauses inzwischen verblasst war. Es gelang ihm jedoch beinahe im Alleingang, die ehemalige Größe wiederherzustellen, indem er die Weite Indiens eroberte und seine eigene Dynastie, das Mogulreich, begründete. In seinen berühmten Memoiren, *Baburnama*, schreibt Babur von Schlachten ebenso wie von Polospielen, von Festmahlen und Dichtkunst, doch wusste er auch die komplexe multireligiöse Gesellschaft Indiens erfolgreich zu regieren. Hier erteilt er im Alter von fünfundvierzig Jahren, kurz vor seinem Tod, seinem Sohn einen Rat, der noch heute Gültigkeit besitzt, nicht nur für Indien, sondern auch für die islamische Welt im Allgemeinen.

Ach, mein Sohn! Das Gebiet Hindustans ist voller unterschiedlicher religiöser Bekenntnisse. Gelobt sei Gott, der Gerechte, der Ruhmreiche, der Höchste, dass Er Dir die Herrschaft darüber gewährt hat. Es ist nur recht und billig, dass Du mit von aller religiösen Engstirnigkeit gereinigtem Herzen Recht sprichst entsprechend der Lehren einer jeden Gemeinschaft. Enthalte Dich insbesondere der Opferung von Kühen, denn damit kannst Du die Herzen der Menschen in Hindustan erobern, und Deine Untertanen werden Dir durch herrschaftliche Gunst treu ergeben sein. Auch die Tempel und Gebetshäuser einer jeden Gemeinschaft solltest du unversehrt lassen. Spreche auf eine Weise Recht, dass der Herrscher mit den Untertanen zufrieden sein kann und gleichermaßen die Untertanen mit ihrem Herrscher. Der Islam schreitet leichter mit dem Schwert der Güte voran als mit dem Schwert der Unterdrückung.

Die Dispute der Schiiten und der Sunniten lass unbeachtet, denn darin liegt die Schwäche des Islam. Und führe die Untertanen mit unterschiedlichen Glaubensbekenntnissen zusammen nach Art der vier Elemente, damit das Gemeinwesen immun sei gegen die zahlreichen Krankheiten. Und sei eingedenk der Taten Hazrat Taimur Sahib Qirans, auf dass Du in Regierungsangelegenheiten Reife erlangst. Uns obliegt nur mehr die Pflicht zur Unterweisung.

ÉMILE ZOLA AN FÉLIX FAURE,
13. JANUAR 1898

Dieser Brief ist ein Musterbeispiel für Zivilcourage. Zolas Brief an den französischen Präsidenten entlarvt das rechtswidrige Verhalten und den Antisemitismus des französischen Militärs, die in Frankreich bereits für eine tiefe Spaltung gesorgt haben: katholischer Nationalismus contra säkularer Liberalismus. Zola stellt die »zwielichtigen Gestalten«, schändlichen Heuchler und verabscheuungswürdigen Antisemiten bloß, die einen vollkommen unschuldigen Mann wegen Geheimnisverrats lebenslänglich auf die berüchtigte Teufelsinsel in Französisch Guayana verbannen – selbst noch, als sie zwei Jahre später die Identität des wahren deutschen Spions aufdecken, der sich in Wirklichkeit des Landesverrats schuldig gemacht hat.

Im Dezember 1894 wurde Alfred Dreyfus, ein junger Elsässer Hauptmann jüdischen Glaubens, für schuldig befunden, französische Militärgeheimnisse an den deutschen Geheimdienst verkauft zu haben. Der Schuldspruch war von Anfang an äußerst fragwürdig, und 1896 ermittelte der französische militärische Nachrichtendienst denn auch den wahren Täter als Major Ferdinand Esterházy. Nichtsdestotrotz erwirkten französische Generäle und Politiker Esterházys Freispruch und vertuschten seine Schuld. Als die dreiste Rechtsverdrehung und der ausufernde Antisemitismus Frankreich immer mehr spalten, kann der Schriftsteller Émile Zola, Autor der Romane *Nana* und *Germinal*, nicht länger schweigen. Er veröffentlicht diesen Brief, in dem er die

Männer entlarvt, die Dreyfus die Sache untergeschoben, Antisemitismus geschürt und den wahren Sachverhalt vertuscht haben.

Zola wurde wegen Verleumdung vor Gericht gestellt und musste nach London fliehen, doch der Brief zeitigte Wirkung: Der Protest zwang die Regierung, den Fall wieder aufzurollen. 1899 kam Dreyfus, nach fünf Jahren Haft ein gebrochener Mann, für ein zweites Gerichtsverfahren zurück. Erstaunlicherweise wurde er erneut für schuldig befunden und zu zehn Jahren Haft verurteilt, dann aber begnadigt und schließlich rehabilitiert und wieder in die Armee aufgenommen. Er starb 1935 im Rang eines Oberstleutnants. 1902 starb Zola an einer Kohlenmonoxidvergiftung infolge eines verstopften Kamins. Es ist durchaus denkbar, dass er ermordet wurde, weil er diesen Brief schrieb. Seine Entlarvung des Antisemitismus hat leider nichts von seiner Aktualität verloren.

Herr Präsident,

gestatten Sie mir in meiner Dankbarkeit für den wohlwollenden Empfang, den Sie mir einst bereitet haben, für Ihren berechtigten Ruhm Sorge zu tragen und Ihnen zu sagen, dass Ihr Stern, der bisher so glücklich leuchtete, von dem schmählichsten und unausrottbarsten Makel bedroht ist?

Sie sind aus niederträchtigen Verleumdungen heil und gesund hervorgegangen, Sie haben die Herzen erobert. Sie erscheinen strahlend in der Apotheose dieses patriotischen Festes, das die russische Allianz für Frankreich war, und Sie bereiten sich darauf vor, beim feierlichen Triumph unserer Weltausstellung zu präsidieren, die unser großes Jahrhundert der Arbeit, der Wahrheit und der Freiheit krönen wird. Aber welch Schmutzfleck auf Ihrem Namen – ich sagte fast auf Ihrer Regierung – ist diese abscheuliche Dreyfus-Affäre!

Ein Kriegsrat hat soeben gewagt, auf Befehl einen Esterházy freizusprechen, ein gewaltiger Schlag ins Gesicht jeglicher Wahrheit, jeglicher Gerechtigkeit. Und es ist erledigt, Frankreich trägt nun auf seiner Wange diesen Schandfleck, die Geschichte wird schreiben, dass unter Ihrer Präsidentschaft ein solches gesellschaftliches Verbrechen begangen werden konnte.

Da es gewagt wurde, so werde ich es auch wagen. Die Wahrheit, ich werde sie verkünden, denn ich habe versprochen, sie zu verkünden, wenn die Gerechtigkeit sie nicht von Rechts wegen voll und ganz herbeiführt. Meine Pflicht ist es zu sprechen, ich will nicht Komplize sein. Meine Nächte würden durch das Gespenst des Unschuldigen heimgesucht, der dort unter den schrecklichsten aller Folterqualen ein Verbrechen büßt, das er nicht begangen hat ...

Aber hier erscheint Dreyfus nun vor dem Kriegsgericht. Der absoluteste Ausschluss der Öffentlichkeit wird verlangt. Wenn ein Verräter dem Feind die Grenze geöffnet hätte, um den deutschen Kaiser bis nach Notre-Dame zu führen, hätte man keine strengeren Maßnahmen zur Wahrung der Verschwiegenheit und des Geheimnisses ergriffen. Die Nation ist wie vor den Kopf geschlagen, man munkelt über furchtbare Fakten, über diesen monströsen Verrat, die die Geschichte empören, und natürlich beugt sich die Nation. Keine Strafe ist ihr hart genug, sie zollt der öffentlichen Degradierung Beifall, sie will, dass der Schuldige auf seinem Schandfelsen verharrt, verzehrt von Gewissensbissen. Sind sie also wahr, die unsagbaren Dinge, die gefährlichen Dinge, die Europa in Flammen zu setzen vermögen, dass man sie sorgfältig hinter verschlossenen Türen vergraben musste? Nein! Dahinter steckten nur die romanhaften und wahnwitzigen Phantasien des Kommandeurs Paty de Clam. All das wurde nur gemacht, um den verschrobensten aller Feuilleton-Romane zu verheimlichen. Und um sich dessen zu vergewissern, reicht es, die vor dem Kriegsrat verlesene Anklageschrift aufmerksam zu studieren.

Ah! Die Nichtigkeit dieser Anklageschrift! Dass ein Mensch aufgrund einer solchen Akte verurteilt werden konnte, ist ein Wunder an Unrecht. Ich fordere die ehrenwerten Leute heraus, es zu lesen, ohne dass ihr Herz vor Empörung aufwallt und ihre Auflehnung herausschreit, beim Gedanken an die maßlose Buße, dort, auf der Teufelsinsel. Dreyfus beherrscht mehrere Sprachen: Verbrechen; man hat kein einziges kompromittierendes Papier bei ihm gefunden: Verbrechen; er besucht manchmal sein Heimatland: Verbrechen; er ist arbeitsam und wissbegierig: Verbrechen; er lässt sich nicht erschüttern: Verbrechen; er lässt sich erschüttern: Verbrechen. Und wie naiv die Redaktion ist, die leeren formellen Behauptungen! ...

Da sind also, Herr Präsident, die Fakten, die erklären, wie ein Justizirrtum begangen werden konnte; und die moralischen Beweise, die Vermögensverhältnisse von Dreyfus, die Abwesenheit von Motiven, sein unablässiger Unschuldsschrei, führen dazu, ihn als ein Opfer der absonderlichen Phantasien des Kommandeurs Paty du Clam zu erweisen, des klerikalen Umfelds, in dem er sich befand, der Jagd auf die »dreckigen Juden«, die unsere Epoche entehrt.

Und nun kommen wir zum Fall Esterhazy. Drei Jahre sind vorüber, viele Gewissen bleiben tief verstört, beunruhigt, suchen und gelangen schließlich zur Einsicht, dass Dreyfus unschuldig war ...

Ich habe es an anderer Stelle demonstriert: Die Affäre Dreyfus war die Affäre von Kriegsämtern: ein Offizier des Generalstabs, denunziert von seinen Generalstabskameraden, verurteilt unter dem Druck der Generalstabschefs.

Erneut kann er aus der Sache nicht unschuldig hervorgehen, ohne dass der gesamte Generalstab schuldig ist. Daher haben die Ämter mit allen erdenklichen Mitteln, mit Pressekampagnen, mit Verlautbarungen, mit Beeinflussungen, Esterhazy nur gedeckt, um Dreyfus ein zweites Mal zugrunde zu richten ... Man ist entgeistert angesichts des schrecklichen Tageslichts, das nun die Affäre Dreyfus darauf wirft, dieses Menschenopfer eines Unglücklichen, eines »dreckigen Juden«!

Ah! alles, was sich da geregt hat an Wahnsinn und Dummheit, an abwegigen Vorstellungen, an niedrigen Ermittlungspraktiken, an Inquisitionsgebräuchen und Tyranneien, das Gutdünken einiger Offiziere, die die Nation mit ihren Offiziersstiefeln treten, ihr den Schrei nach Wahrheit und Gerechtigkeit im Hals ersticken, unter dem lügnerischen Vorwand und Sakrileg der Staatsräson! ...

Es ist ein Verbrechen, die öffentliche Meinung in die Irre zu führen, diese Meinung, die man bis zum Delirium pervertiert hat, für ein Geschäft mit dem Tod auszunutzen. Es ist ein Verbrechen, die kleinen und einfachen Leute zu vergiften, reaktionäre und intolerante Gefühlswallungen anzustacheln, indem man sich hinter dem verabscheuungswürdigen Antisemitismus verbirgt, an dem das große liberale Frankreich der Menschenrechte zugrunde gehen wird, wenn es davon nicht geheilt wird. Es ist ein Verbrechen, die Vaterlandsliebe für Werke des Hasses auszubeuten, und es ist schließlich ein Verbrechen, den Säbel zum modernen Gott zu machen, während das ganze Wissen der Menschheit am künftigen Werk der Wahrheit und Gerechtigkeit arbeitet.

Diese Wahrheit, diese Gerechtigkeit, die wir mit solcher Inbrunst wollten, welch ein Jammer, ihr Gesicht so mit Füßen getreten zu sehen, so verkannt und so verdunkelt! ... Das also ist, Herr Präsident, die einfache Wahrheit, und sie ist entsetzlich, sie wird auf Ihrer Präsidentschaft als Schandfleck haften. Ich vermute wohl, dass Sie keinerlei Macht in dieser Affäre haben, dass Sie der Gefangene der Verfassung und Ihres Umfeldes sind. Sie haben aber nichtsdestoweniger eine Pflicht als Mensch, über die Sie nachdenken und die Sie erfüllen werden. Nicht, dass ich im Geringsten die Hoffnung auf den Triumph aufgeben würde! Ich wiederhole es mit vehementer Gewissheit: Die Wahrheit ist auf dem Vormarsch, und nichts wird sie aufhalten ...

Ich klage den Oberstleutnant Paty de Clam an, da er der teuflische Bewerkstelliger des Justizirrtums gewesen ist, ... seit drei Jahren, durch die absonderlichsten und verwerflichsten Machenschaften.

Ich klage den General Mercier an, da er sich, zumindest durch geistige Beschränktheit, zum Komplizen einer der größten Ungerechtigkeiten des Jahrhunderts gemacht hat.

Ich klage den General Billot an, in seinen Händen die sicheren Beweise für die Unschuld von Dreyfus gehalten und unterschlagen zu haben und sich damit der Verbrechen des Verstoßes gegen die Menschlichkeit und des Verstoßes gegen die Gerechtigkeit schuldig gemacht zu haben, mit einem politischen Ziel, und um den kompromittierten Generalstab zu retten ...

Ich habe nur eine Leidenschaft, jene des Lichts, im Namen der Menschheit, die so sehr gelitten hat und die ein Recht auf Glück hat. Mein flammender Protest ist nur der Schrei meiner Seele. Man wage es also, mich dem Schwurgericht zu

überstellen und die Untersuchung im hellen Tageslicht stattfinden zu lassen! Ich warte.

Seien Sie, Herr Präsident, meines tiefen Respekts versichert.
Émile Zola.

LORENZO DER PRÄCHTIGE AN
GIOVANNI DE' MEDICI, 23. MÄRZ 1492

Jeder junge Mann von sechzehn Jahren sollte einen solchen
Brief von seinem Vater bekommen, der ihn mahnt, ein zü-
gelloses Leben zu meiden und sich auf seine Arbeit zu konzentrieren. Dieser Brief ist allerdings etwas Besonderes, denn
der Sohn, Giovanni, ist soeben zum jüngsten Kardinal in der
Geschichte der katholischen Kirche ernannt worden. Er hat
auch bereits hinreichend Neigung gezeigt, seinen sinnlichen
Gelüsten allzu freien Lauf zu lassen – was sowohl für das Essen
als auch für die Frauen gilt. Und sein Vater ist kein Geringerer
als Lorenzo der Prächtige, Oberhaupt des Hauses Medici, ein
enorm reicher Bankier, skrupelloser politischer Akteur und
fulminanter Förderer der Renaissancekunst, der seit 1469 erfolgreich über den Stadtstaat Florenz herrscht. Inzwischen ist
Lorenzo älter geworden und im Niedergang begriffen, doch
konnte er noch seinen Traum verwirklichen und für seinen
Sohn Giovanni den Kardinalspurpur erwerben. Das bedeutet, die Medici weiten ihre Machtstellung bis nach Rom und
in den Bereich der Kirche aus. Und so macht sich denn der
Junge auf nach Rom, in eine Stadt, der nicht ohne Grund das
Etikett »Sündenbabel« anhaftet. Wie es heißt, kommen dort
7000 Prostituierte auf nur 50 000 Einwohner. Lorenzo ist ein

liebevoller Vater, wie man an diesem wundervollen Brief sehen kann, der reich ist an vernünftigen Ratschlägen wie »Iss gesunde Mahlzeiten und bewege Dich viel« oder »widersetze Dich der Versuchung«. Doch Rom ist im Begriff, noch lüsterner zu werden – die Borgias drängen an die Macht …

Kurz nach Giovannis Abreise starb sein prächtiger Vater, und die Medicis verloren vorübergehend die Herrschaft über Florenz. Der muntere, genusssüchtige und fette Kardinal de' Medici hatte viel Freude an seinem Leben in Rom. Er brachte es am Ende sogar fertig, 1513 als Leo X. zum Papst gewählt zu werden – der Inbegriff des dekadenten, korrupten Pontifex, der Martin Luther zu seiner Revolte gegen die verdorbene Kirche bewegte. Bei seiner Wahl soll Leo X. verkündet haben: »Da Gott uns die Papstwürde geschenkt hat, wollen wir sie auch genießen.« Er starb 1521, nachdem er jede Minute in vollen Zügen ausgekostet hatte.

Als Erstes möchte ich Dir einschärfen, dass Du Gott dankbar sein und immer daran denken solltest, dass Du diese Würde nicht durch *Deine* Verdienste oder *Deine* Weisheit erworben hast, sondern durch *Seine* Gunst. Erweise Deine Dankbarkeit mit einem gottgefälligen, beispielhaften, keuschen Leben … Während des vergangenen Jahres habe ich mit großer Freude bemerkt, dass Du, ohne dazu aufgefordert worden zu sein, häufig aus eigenem Antrieb zur Beichte und zum Empfang der heiligen Kommunion gegangen bist. Ich kann mir keinen besseren Weg vorstellen, sich Gottes Wohlwollen zu erhalten, als dies zu einer Gewohnheit werden zu lassen. Ich weiß nur zu gut, dass es Dir, sobald Du in dem Sündenbabel Rom leben wirst, nicht leichtfallen wird, diesem Rat zu folgen, weil dort viele versuchen werden, Dich zu verderben und zu Lastern zu verführen, und weil Deine Erhebung in den Kardinalsrang in so jungen Jahren viel Neid weckt ... Du musst Dich daher umso entschiedener allen Versuchungen widersetzen ... Gleichzeitig solltest Du auf keinen Fall in den Ruf kommen, ein Heuchler zu sein, und in Gesprächen weder Askese noch ungebührliche Ernsthaftigkeit vortäuschen. Du wirst das alles besser verstehen, wenn Du älter bist ... Du weißt sehr gut, wie wichtig das Beispiel ist, das Du anderen als Kardinal geben solltest, und dass die Welt ein besserer Ort wäre, wenn alle Kardinäle wären, wie sie sein sollten, denn dann gäbe es immer einen guten Papst und folglich eine friedlichere Welt ...

Du bist der jüngste Kardinal, nicht nur im derzeitigen Kardinalskollegium, sondern von alters her. Daher musst Du, wenn Du mit anderen Kardinälen zusammenkommst, der Bescheidenste und Demütigste von allen sein ... Versuche ein stetiges Leben zu führen ... Seide und Juwelen eignen sich kaum für jemanden von Deinem Rang. Sehr viel besser ist es, Antiken zu sammeln und schöne Bücher und eher einen gelehrten, geordneten Haushalt zu führen als einen feudalen. Lade Dir öfter andere in Dein Haus ein, als dass Du Einladungen annimmst, aber nicht zu oft. Iss gesunde Mahlzeiten und bewege Dich viel ... Vertraue Dich anderen eher zu wenig an als zu viel. Eine Regel rate ich Dir dringend vor allen anderen streng zu befolgen: *Stehe früh am Morgen auf.* Dies nicht nur Deiner Gesundheit zuliebe, sondern auch damit Du das ganze Tagesgeschäft ordnen und zügig vorantreiben kannst ...

Was Deinen Auftritt in der Kardinalsversammlung angeht, so denke ich, es wäre erst einmal besser, wo Du noch so jung bist, alles, was an Dich herangetragen wird, an Seine Heiligkeit weiterzuverweisen und als Grund Deine Jugend und Unerfahrenheit zu nennen. Man wird Dich bitten, Dich für viele kleine Dinge beim Papst zu verwenden. Bemühe Dich anfangs, dies so selten wie möglich zu tun und ihn nicht dergestalt über Gebühr zu beanspruchen. Denn es ist dem Papst eigen, denen die meiste Aufmerksamkeit zu schenken, die ihn am wenigsten belästigen ...

Lebe wohl.

BEFREIUNG

EMMELINE PANKHURST AN DIE WOMEN'S SOCIAL AND POLITICAL UNION, 10. JANUAR 1913

Emmeline Pankhurst fordert einen militanten Feldzug zur Erwirkung des Frauenwahlrechts, der das Einschlagen von Fensterscheiben ebenso einschließt wie Brandstiftung. Pankhursts Methoden riefen bei vielen Empörung hervor, auch bei ihren Töchtern Adela und Sylvia, die aus Protest aus der Women's Social and Political Union (WSPU) austraten. Viele weitere prominente Aktivistinnen behaupteten, die Extremistinnen der WSPU seien »das Haupthindernis auf dem Weg zum Erfolg der Frauenwahlrechtsbewegung im Unterhaus«. Nichtsdestotrotz zeitigten Pankhursts Methoden Erfolg. Sie machte das Frauenwahlrecht zum Thema Nummer eins im Land.

Emmeline Pankhurst wurde in Manchester geboren. Ihrer Ehe mit einem sehr viel älteren Rechtsanwalt, einem Befürworter der Frauenwahlrechtsbewegung, entstammten fünf Kinder. Als Aktivistin war Pankhurst überaus effizient. Gemeinsam mit ihren Töchtern und ihren als Suffragetten bekannten Unterstützerinnen organisierte sie gewaltsame Proteste und Angriffe auf Polizisten, wurde verhaftet, ging in den Hungerstreik, wurde zwangsernährt und mehrfach geschlagen. Erst der Erste Weltkrieg setzte den Protesten ein Ende, doch ironischerweise war es gerade der Krieg, der ein Frauenwahlrecht unvermeidbar machte. 1918 wurde Frauen über dreißig, die einem Haushalt vorstanden, das Wählen erlaubt. Dies wurde dann 1928 – kurz vor Pankhursts Tod – auf Frauen über einundzwanzig ausgedehnt.

Lincoln's Inn, Kingsway, W. C.

Streng vertraulich

Liebe Freundin,

der Premierminister hat angekündigt, dass in der mit dem 20. Januar beginnenden Woche über die Frauen-Zusätze zum Männerwahlrechtsgesetz beraten und abgestimmt wird. Das bedeutet, dass in nur wenigen Tagen das Schicksal dieser Zusatzartikel ein für alle Mal besiegelt sein wird.

Die W. S. P. U. hat es von Anfang an abgelehnt, auf der Grundlage der sogenannten Zusicherung des Premierministers jegliche Form von Waffenstillstand zu erklären, und hat sich geweigert, sich auf die besagten Zusatzartikel zu verlassen, da die Regierung keine Verantwortung dafür übernommen hat, dass sie auch angenommen werden. Es gibt allerdings einige Suffragetten – und es mag davon sogar welche in den Reihen der W. S. P. U. geben – die wider besseres Wissen hoffen, dass trotz der Machenschaften der Regierung ein inoffizieller Zusatzartikel angenommen werden könnte. Aus diesem Gefühl heraus sind diese Suffragetten versucht, sich in puncto Kampfbereitschaft zurückzuhalten, bis Gewissheit über das Schicksal der Zusatzartikel herrscht.

Doch erkennen alle Mitglieder der W. S. P. U. an, dass eine Ablehnung der Zusatzartikel Kampfbereitschaft zu einer größeren moralischen Pflicht und politischen Notwendigkeit macht als jemals zuvor. Wir müssen uns vorab darauf einstellen, mit dieser Situation umzugehen!

Es gibt verschiedene Grade der Kampfbereitschaft. Manche Frauen sind imstande, bei militanten Aktionen weiter zu gehen als andere, und was das betrifft, muss jede selbst über ihr eigenes Pflichtgefühl entscheiden. Auf die eine oder andere Art kämpferisch zu sein, ist allerdings eine moralische Schuldigkeit. Es ist eine Pflicht, die jede Frau ihrem Gewissen und ihrer Selbstachtung schuldig ist sowie anderen Frauen, die weniger vom Glück begünstigt sind als sie selbst, und all denen, die nach ihr kommen werden.

Jede Frau, die von militantem Protest gegen die Kränkung Abstand nimmt, die Frauen und der Menschheit von der Regierung und vom Unterhaus zugefügt wird, macht sich mitschuldig an dem Verbrechen. Unterwerfung unter derartigen Umständen ist selbst schon ein Verbrechen.

Ich weiß, dass die Ablehnung der Zusatzartikel für Tausende von Frauen der Beweis sein wird, dass man, wenn man sich allein auf friedliche, ausdauernde Methoden verlässt, nur ein Scheitern heraufbeschwört, und dass Kampfbereitschaft unvermeidlich ist.

Wir müssen uns, wie ich schon sagte, auf die Krise einstellen, bevor sie eintritt. Teilen Sie mir daher mit (per Brief, falls es mündlich nicht möglich sein sollte), ob Sie bereit sind, auf praktische Weise Ihren Beitrag zur Manifestation Ihrer Empörung über den Verrat an unserer Sache zu leisten.

Mit freundlichen Grüßen

E. Pankhurst

NELSON MANDELA AN
WINNIE MANDELA, 2. APRIL 1969

Mandelas Briefe aus dem Gefängnis an Winnie sind Lehr-
stunden in der rechten Art zu leben. Der dem Königshaus der
Thembu entstammende Mandela wurde 1918 geboren und
schloss sich in den 1950er Jahren als Anwalt in Johannesburg
dem Afrikanischen Nationalkongress und dem bewaffneten
Kampf gegen die Apartheid an. Sieben Jahre später fiel ihm
an einer Bushaltestelle die 22-jährige Winnie Madikizela auf.
Nachdem er sich von seiner Frau hatte scheiden lassen, heiratete Mandela Winnie. Im Rivonia-Prozess wurde er 1964 wegen Terrorismus zu lebenslanger Haft verurteilt.

Mandelas bewegende Briefe aus dem Gefängnis offenbaren
sein Talent zur Selbstvervollkommnung, seine erstaunliche
Bedürfnislosigkeit und seine angeborene Anständigkeit. Während der 27-jährigen Haft betrachtet Mandela, wie er Winnie
deutlich macht, seine Zelle als »idealen Ort, um sich selber
kennenzulernen, realistisch und regelmäßig dem Verlauf der
eigenen Gedanken und Gefühle nachzuspüren. Wenn wir
über unsere Fortschritte als Individuen urteilen, neigen wir
dazu, uns auf äußere Faktoren zu konzentrieren wie die gesell-
schaftliche Stellung, Einfluss und Beliebtheit, Reichtum und
Bildungsstand. Das hat natürlich alles seine Bedeutung ... und
es ist vollkommen verständlich, wenn viele Menschen sich an-
strengen, um vor allem diese Dinge zu erlangen. Doch innere
Faktoren sind möglicherweise noch entscheidender bei der
Bewertung der eigenen Entwicklung als Mensch. Ehrlichkeit,
Aufrichtigkeit, Einfachheit, Bescheidenheit, uneigennützige

Großherzigkeit, das Fehlen von Eitelkeit, die Bereitschaft, anderen zu dienen – Eigenschaften, die für jeden leicht verfügbar sind – bilden die Grundlage unseres spirituellen Lebens. Eine Weiterentwicklung in diesen Dingen ist undenkbar ohne ernsthafte Selbstprüfung, ohne die Kenntnis des eigenen Ich, der eigenen Schwächen und Fehler. Die Gefängniszelle bietet Dir nicht zuletzt die Gelegenheit, tagtäglich Dein Verhalten zu prüfen, das Schlechte zu überwinden und das Gute in Dir weiterzuentwickeln. Regelmäßige Meditation, sagen wir, etwa 15 Minuten am Tag vor dem Schlafengehen, kann in dieser Hinsicht sehr gewinnbringend sein. Es mag Dir am Anfang schwerfallen, die negativen Dinge in Deinem Leben zu bestimmen, doch der zehnte Versuch könnte durchaus reiche Frucht tragen. Vergiss nie, dass ein Heiliger ein Sünder ist, der es immer wieder neu versucht«.

Während seines langen Martyriums musste sich Winnie ohne seinen Beistand durchkämpfen. Sie verschaffte sich in Soweto Geltung mithilfe eines Sicherheitsteams aus mordlüsternen Schlägertypen mit dem Namen Mandela United Football Team. Nach seiner Entlassung im Jahr 1990 und der Wahl zum Präsidenten beaufsichtigte Mandela den Übergang der Macht von der weißen Herrschaft zur gemischtrassigen Demokratie ohne Blutvergießen – eine der herausragenden Leistungen des zwanzigsten Jahrhunderts.

1992 ließ sich Mandela von Winnie scheiden und heiratete Graça, die Witwe Präsident Machels von Mosambik. Mandela starb 2013, Winnie fünf Jahre später. Dieser Brief, unterzeichnet mit »Dalibunga«, seinem Xhosa-Stammesnamen, ist einer seiner besten.

Mein Liebling,

ich war vollkommen überrascht, als ich erfuhr, dass Du sehr krank warst, da ich nicht die leiseste Ahnung hatte, dass Du an Ohnmachtsanfällen littest. Von Deinen Problemen mit dem Herzen und den wiederholten Rippenfellentzündungen wusste ich ja.

Die Kraft positiven Denkens und *Die Wirksamkeit positiven Denkens*, beide verfasst von dem amerikanischen Psychologen Dr. Norman Vincent Peale, wären vielleicht lesenswert für Dich.

Sein Hauptargument ist, dass es nicht so sehr auf das Gebrechen ankommt, an dem man leidet, sondern auf die Einstellung dazu. Wer sagt: Ich werde diese Krankheit besiegen & ein glückliches Leben führen, hat schon halb gewonnen.

Von all den Talenten, die Du besitzt, faszinieren mich am meisten Dein Mut und Deine Entschlossenheit. Damit bist Du dem normalen Durchschnittsmenschen haushoch überlegen und wirst es noch weit bringen. Halte Dir das nur immer bewusst vor Augen.

Du siehst [auf einem Familienfoto] ein wenig traurig, geistesabwesend & krank aus, aber dennoch entzückend. [Das Foto] bringt alles zum Ausdruck, was ich an Dir kenne, die umwerfende Schönheit & den Charme, die auch zehn stürmische Ehejahre nicht abgekühlt haben. Ich vermute, Du wolltest mir mit dem Bild eine besondere Botschaft übermitteln, die sich niemals in Worte fassen ließe. Sei versichert, ich habe sie verstanden. Ich möchte jetzt nur sagen, dass das Bild alle zärtlichen Gefühle in mir geweckt & die Trostlosigkeit, die mich umgibt, erheblich gelindert hat. Es hat meine Sehnsucht nach Dir & unserem lieben, friedlichen Heim noch einmal geschärft.

Eins, Mhlope, sollst Du noch wissen: Falls meine Briefe in

der Vergangenheit keine Leidenschaft gezeigt haben, so lag es daran, dass ich meine Dankesschuld an eine Frau nicht verringern muss, die es trotz enormer Schwierigkeiten & Mangel an Erfahrung vermag, das Familienleben aufrechtzuerhalten & sich auch noch um die kleinsten Wünsche & Bedürfnisse ihres inhaftierten Lebenspartners zu kümmern. Diese Dinge erfüllen mich mit demütiger Dankbarkeit dafür, Gegenstand Deiner Liebe & Zuneigung zu sein. Vergiss nie, dass die Hoffnung eine mächtige Waffe ist, selbst wenn alles andere schon verloren ist. Du bist in jedem Augenblick meines Lebens in meinen Gedanken. Es wird Dir nichts geschehen, mein Liebling. Du wirst ganz sicher wieder gesund werden und erstarken.

Tausend Küsse & tonnenweise Liebe

Dalibunga

ABRAHAM HANNIBAL AN PETER DEN GROSSEN, 5. MÄRZ 1722

Der erste schwarze General und Ingenieur der Moderne war ein afrikanischstämmiger Russe namens Abraham Hannibal. Als Junge war er von Sklavenhändlern, vermutlich in Westafrika, gefangen genommen worden. In Istanbul wurde er von Beauftragten des Zaren Peter des Großen gekauft und nach Russland gebracht, wo »ich vom Zaren-Kaiser getauft wurde und es Seiner Majestät gefiel, für mich die Patenschaft zu übernehmen«. Fortan trug er den Namen Abraham Petrowitsch (»Sohn Peters«) Hannibal, da viele schwarze Männer nach dem karthagischen General benannt wurden (auch wenn der genau genommen Phönizier war). Hannibal fungierte häufig als Peters Kammerdiener. Der Zar erkannte das Talent des Jungen und ließ ihn in Paris in Ingenieurwesen, der Kunst der Artillerie sowie in Mathematik ausbilden. Doch ging dem jungen Mann dort bald das Geld aus. Hier wendet sich Hannibal in dieser Sache an Peter, der ihm aus der Klemme hilft, indem er seinen Kanzler anweist: »Der Mohr Abraham hat aus Paris geschrieben, dass er bereit ist, nach Russland zurückzukehren, nur muss er noch Schulden im Wert von 200 Gold-Ecu begleichen … Bitte schicken Sie Geld und kommen Sie für die Reisekosten auf, und schreiben Sie Abraham, er soll nach Petersburg aufbrechen.« Unter der Herrschaft Katharinas der Großen war Hannibal bereits General. Er war der Urgroßvater des Dichters Puschkin.

Erinnert Ihr Euch, Eure Majestät, wie Ihr mich vor fünf Jahren ermahnt habt, nicht in schlechte Gewohnheiten zu verfallen oder im Gefängnis zu landen? Ihr sagtet mir damals auch, wenn ich zum Ruhme Russlands fleißig studierte, würdet Ihr mich niemals im Stich lassen. Nun, ich habe Euch nicht enttäuscht, aber wir sind hier alle verschuldet, nicht etwa aufgrund einer Gesetzesübertretung, sondern wir wurden schlicht und einfach Opfer von Papiergeld, und das mit schlimmen Folgen, wie Graf Musin-Puschkin Euch gewiss schon mitgeteilt hat. Ohne seine Güte wäre ich ganz sicher hungers gestorben.

SIMÓN BOLÍVAR, MANUELA SÁENZ UND JAMES THORNE, 1822 BIS 1823

Zwei Abschiedsbriefe aus dem Dreiecksverhältnis, in das der Befreier Südamerikas verstrickt war. »Ich bin das Genie des Sturms«, sagte Simón Bolívar, bekannt als El Libertador, von sich. In nur wenigen Jahren des fieberhaften Kampfes gegen die Spanier befreite er die heutigen Staaten Kolumbien, Venezuela, Panama, Ecuador, Peru und Bolivien – die Hälfte eines riesigen Kontinents. Nur Napoleon Bonaparte hatte bis dahin etwas erreicht, das den Eroberungen Bolívars gleichkam. Doch er war auch ein leidenschaftlicher Tänzer und Liebhaber und wurde häufig von ihm ergebenen jungen Mädchen willkommen geheißen, wenn er ihre Städte befreite. Entsprechend behauptete er, dass Erotik und Flirts sein Talent beflügelten: »Ich konnte am besten nachdenken, wenn ich während der Freuden eines Balls der Mittelpunkt ausgelassenen Feierns war.« In Manuela Sáenz fand das Genie des Sturms seine Meisterin.

Nachdem er 1819 Präsident von Großkolumbien geworden war, überquerte Bolívar die Anden, um Ecuador zu erobern. Dort begegnete er der zweiundzwanzigjährigen Manuela. Sie war die illegitime Tochter eines spanischen Adligen und einer Mestizin. Als Klosterschülerin war sie von einem Offizier verführt und daraufhin mit James Thorne verheiratet worden, einem sehr viel älteren englischen Kaufmann. Die extravagante, furchtlose, intelligente und sinnliche Manuela wurde Bolívars Unterstützerin und Geliebte. Doch Bolívar hat Angst vor einer festen Bindung und klingt wie so viele andere auch, die in einer Beziehung zu ersticken drohen, wenn er schreibt: »Gib mir Zeit.« Er versucht, Manuelas Eifer zu dämpfen, und schickt sie zurück zu ihrem Ehemann.

SIMÓN BOLÍVAR AN MANUELA SÁENZ, 3. JULI 1822

Ich möchte, meine wunderschöne Manuela, auf Dein Verlangen nach Liebe, das ganz und gar verständlich ist, antworten. Doch will ich ganz offen mit Dir sein, die Du mir so viel von Dir geschenkt hast ... Du sollst nun endlich erfahren, dass ich vor langer Zeit eine Frau geliebt habe, wie nur die Jugend lieben kann. Aus Rücksichtnahme spreche ich nie darüber. Ich sinne gründlich über diese Dinge nach und möchte Dir Zeit geben, es ebenso zu machen, denn Deine Worte betören mich; denn ich weiß, dass dies womöglich der Moment sein könnte, da ich mich in Dich verliebe, da wir beide uns ineinander verlieben. Ich brauche Zeit, um mich daran zu gewöhnen, denn ein Soldatenleben ist weder leicht zu ertragen, noch leicht hinter sich zu lassen. Ich habe den Tod inzwischen so oft ausgetrickst, dass er mich nun auf Schritt und Tritt verfolgt ... Gestatte mir, mir meiner selbst sicher zu sein – Deiner sicher zu sein ... Ich kann nicht lügen. Ich lüge niemals! Meine Leidenschaft für Dich ist unbändig, und das weißt Du auch. Gib mir Zeit.

Und hier nun Manuelas Antwort. Sie richtet diesen erstaunlichen Brief an ihren Mann und schickt Bolívar eine Kopie, um sicherzugehen, dass es kein Zurück gibt in ihre fade Ehe. Ihr Schicksal ist mit dem Bolívars verknüpft, dem sie hiernach nach Bogotá folgt.

Nein, nein, nein, hombre! Tausendmal nein! Mein Herr, Ihr seid ein vortrefflicher Mensch, ja, wahrhaftig einzigartig – das werde ich niemals leugnen. Ich bedauere nur, dass Ihr kein besserer Mann seid, sodass ich, wenn ich Euch verlasse, Bolívar eine größere Ehre erwiese. Ich weiß sehr gut, dass ich niemals auf eine Weise mit ihm verbunden sein kann, die Ihr als ehrenwert bezeichnen würdet. Glaubt Ihr vielleicht, ich wäre weniger ehrbar, weil er mein Geliebter ist und nicht mein Ehemann? Ah! Ich lebe nicht nach gesellschaftlichen Konventionen, die von Männern ersonnen werden, um uns zu quälen. Drum lasst mich in Ruhe, mein lieber Engländer. Wir werden im Jenseits noch einmal ein Paar, doch nicht auf dieser Erde ... Auf Erden seid Ihr ein langweiliger Mann. Dort oben in himmlischen Höhen wird alles so englisch sein, denn ein Leben in Monotonie wurde eigens für Euren Menschenschlag ersonnen, Ihr liebt ohne Freude, plaudert ohne Anmut – schreitet langsam einher, grüßt feierlich, bewegt euch schwerfällig und scherzt, ohne zu lachen ... Doch Schluss mit meiner Keckheit. Mit aller Nüchternheit, Wahrhaftigkeit und Klarheit einer Engländerin sage ich jetzt: Ich werde niemals zu Euch zurückkehren. Ihr seid ein Protestant und ich eine Heidin – das dürfte Hindernis genug sein. Aber ich liebe auch noch einen anderen Mann, und das ist der schwerwiegendere Grund. Seht Ihr, wie präzise mein Verstand sein kann? Auf immer Eure Freundin, Manuela

Manuela kämpfte Seite an Seite mit Bolívar, half ihm bei seinem Schriftverkehr, pflegte die Verwundeten und verdiente sich ihre Beförderung in den Rang eines Hauptmanns. Man kann Manuela mit Fug und Recht als emanzipiert bezeichnen:

Stolz trug sie schneidige Männeruniformen, hatte Affären mit schwarzen Dienern und mit Frauen, widersetzte sich sämtlichen Konventionen.

Im Jahr 1828 drangen Attentäter in den Präsidentenpalast von Bogotá ein und gelangten bis in Bolívars Schlafzimmer. Manuela wehrte sie ab und wäre beinahe zu Tode geprügelt worden. Damit ermöglichte sie dem Befreier die Flucht. Fortan nannte er sie »Libertadora de Libertador«, Befreierin des Befreiers. Bolívar nahm Abschied von der Macht und starb 1830 mit siebenundvierzig Jahren an Tuberkulose. Manuela starb verfolgt und in Armut im Jahre 1856. 2007 wurde sie posthum zur Generalin von Ecuador befördert und erhielt 2010 ein Staatsbegräbnis in Venezuela.

SCHICKSAL

OSCAR WILDE AN ROBERT ROSS,
28. FEBRUAR 1895

Auch wenn er es selbst noch nicht wusste, markiert dieser Brief den Anfang vom Ende Oscar Wildes. Der Autor von *Ernst sein ist alles, Das Bildnis des Dorian Gray* sowie von Geschichten für Kinder und Erwachsene wie »Der glückliche Prinz« wurde gefeiert für seinen Esprit und seinen Erfolg. Bei seiner Ankunft in Amerika sagte er den Zollbeamten: »Ich habe nichts zu verzollen außer meinem Genie« und machte dann ein Vermögen mit einer ausverkauften Lesereise. Wilde, der Sohn eines Dubliner Chirurgen, hatte zwar Ehefrau und Kinder, war aber auch demonstrativ schwul zu einer Zeit, in der Homosexualität gesetzwidrig war. Er liebte das Abenteuer der zufälligen stürmischen Begegnung, die er »Gelage mit Panthern« nannte, verliebt aber war er in einen verwöhnten Aristokraten namens Alfred Lord Douglas (genannt »Bosie«). Dessen widerwärtiger Vater, der Marquess von Queensberry, war ein bigotter Raufbold. An jenem Tag hinterließ Queensberry eine provozierende Karte (in falscher Rechtschreibung) in Wildes Club, auf der er ihn einen »Somdomiten« nannte. Im hier abgedruckten Brief berichtet Wilde seinem besten Freund, späteren Nachlassverwalter und ehemaligen Liebhaber Robbie Ross von Queensberrys Beleidigung. Wie alle anderen auch fleht Ross ihn an, den Köder nicht zu schlucken. Doch Wilde besteht darauf, Queensberry wegen übler

Nachrede zu verklagen, eine Torheit, die unausweichlich zu seiner Bloßstellung als Homosexueller führt, daraufhin zur Gerichtsverhandlung und einer Haftstrafe mit Zwangsarbeit – es war sein Untergang.

Hotel Avondale, Piccadilly

Liebster Bobbie,

seit ich Dich das letzte Mal sah, ist etwas passiert. Bosies Vater hat in meinem Club eine Karte hinterlassen mit abscheulichen Worten darauf. Ich sehe keinen anderen Ausweg, als ihn anzuzeigen.

Mein ganzes Leben scheint mir von diesem Mann zerstört worden zu sein. Der Elfenbeinturm wurde besudelt. Ausgegossen auf dem Sand ist mein Leben. Ich weiß nicht, was ich machen soll. Wenn Du heute Nacht um 23.30 Uhr herkommen kannst, dann tu es bitte. Ich verderbe Dir Dein Leben, indem ich ständig Deine Liebe und Güte überstrapaziere. Ich habe Bosie gebeten, morgen zu kommen.

Für immer Dein Oscar

ALEXANDER HAMILTON UND AARON BURR, JUNI 1804

Die folgenden Briefe zeichnen die Vernichtung des brillantesten Kopfes unter den amerikanischen Gründervätern durch den verachtungswürdigsten nach. Das Musical *Hamilton* hat die Geschichte mittels Hip-Hop-Musik erzählt, doch hier finden sich die echten Briefe. Alexander Hamilton war das auf einer karibischen Insel unehelich geborene Wunderkind, das es nach Amerika schaffte, dort enger Mitarbeiter von George Washington wurde, die amerikanische Verfassung maßgeblich prägte und sowohl als Armeegeneral als auch als erster Finanzminister diente. Er besaß die ganze Aufgewühltheit eines Genies, aber auch – und das in einer Zeit, die von einem komplizierten Ehrenkodex besessen war – die Empfindsamkeit des Selfmademans.

Aaron Burr, ebenfalls ein Veteran des Unabhängigkeitskrieges, war nicht weniger ehrgeizig als Hamilton, doch bei weitem nicht so brillant wie dieser. Er brannte vor Eifersucht, was sich noch verstärkte, als Hamilton an der Schwächung seiner Karriere mitwirkte, indem er im Präsidentschaftswahlkampf 1800 seinen Erzfeind Thomas Jefferson gegen seinen angeblichen Freund Burr unterstützte. Burr wurde dann unter Jefferson Vizepräsident, doch der Präsident verachtete ihn und grenzte ihn aus. Hamilton selbst war nach dem Zusammenbruch seiner Föderalistischen Partei machtpolitisch außen vor. In der geschwollenen Sprache der Ehre und des Rechts (beide waren Anwälte) beschuldigt Burr Hamilton, ihn im Kampf um das Amt des Gouverneurs von New York verleumdet zu haben. Zwischen den übertrieben höflichen Zeilen lässt sich die drohende Gewaltanwendung – in Form eines Duells – bereits erahnen. Und dann lesen wir von den Vorkehrungen ihrer beiden Sekundanten William P. van Ness und Nathaniel Pendleton.

Das Duell wird am 11. Juli 1804 in New Jersey ausgetragen. Hamilton verkündet, er wolle in die Luft schießen. Burr feuert auf Hamilton und tötet ihn. Er wurde des Mordes beschuldigt, aber niemals vor Gericht gestellt. Bis zu seinem Tod 1836 blieb er der wohl meistverachtete Mann in der frühen amerikanischen Geschichte.

BURR AN HAMILTON

N York, 18. Juni 1804

Sir,

ich schicke Ihnen zur Durchsicht einen mit Ch. D. Cooper unterzeichneten Brief, der, obschon offenkundig bereits vor einiger Zeit veröffentlicht, erst kürzlich zu meiner Kenntnis gelangte. Mr. van Ness, der so freundlich ist, diese Zeilen zu übermitteln, wird Sie auf den Absatz in dem Brief hinweisen, für den ich Ihr besonderes Augenmerk erbitte.

Sie werden, Sir, die Notwendigkeit einer unverzüglichen und uneingeschränkten Bestätigung oder Leugnung der Verwendung jeglicher Bekundungen erkennen, die die Behauptungen des Dr. Cooper bestätigen könnten.

Mit den besten Empfehlungen

Ihr A. Burr

HAMILTON AN BURR

N York, 20. Juni 1804

Sir,

ich habe reiflich über den Inhalt Ihres Briefes vom 18ten des Monats nachgedacht, und je mehr ich nachgedacht habe, desto mehr kam ich zu der Überzeugung, dass ich ohne eine eindeutige Falschaussage nicht die Ableugnung oder das Eingeständnis abgeben kann, das Sie für notwendig zu erachten scheinen. Der Satz, auf den Mr. van Ness hinwies, lautet wie folgt: »Ich könnte Ihnen eine noch niederträchtigere Meinung nennen, die General Hamilton bezüglich Mr. Burr geäußert hat.« In dem Bemühen, den Sinn dieser Erklärung zu erfassen, war ich genötigt, im vorhergehenden

Teil des Briefes nach der besagten dortselbst bereits enthüllten Meinung zu suchen. Ich fand sie in diesen Worten: »Gen. Hamilton und Richter Kent haben sinngemäß erklärt, dass sie Mr. Burr für einen gefährlichen Mann halten, dem man nicht die Regierungsverantwortung anvertrauen sollte.« Die Sprache Dr. Coopers gibt eindeutig zu verstehen, dass er diese Meinung über Sie, die er mir zuschreibt, für niederträchtig hält. Doch er versichert auch, ich hätte noch eine weitere, noch niederträchtigere geäußert, ohne jedoch hinzuzufügen, wem gegenüber, wann oder wo. Ohne Frage lässt der Ausdruck »noch niederträchtiger« unendlich viele Schattierungen zu von ganz hell bis ganz dunkel. Wie soll ich den beabsichtigten Grad einschätzen? Oder wie soll ich einer so vagen Sprache irgendeine präzise Bedeutung entnehmen?

Unter Gentlemen ist eine Unterscheidung zwischen niederträchtig und noch niederträchtiger der Mühe nicht wert. Wenn Sie mich daher nicht nach der Meinung befragen, die mir ausdrücklich zugeschrieben wird, muss ich daraus folgern, dass Sie sie für im Rahmen der noch statthaften kritischen Äußerungen von politischen Gegnern übereinander halten, und infolgedessen die Ansicht für nicht gerechtfertigt, die Dr. Cooper darüber zu hegen scheint. Wenn dem so ist, welche genaue Schlussfolgerung könnten Sie als Richtschnur für Ihr künftiges Verhalten ziehen, würde ich einräumen, eine Meinung über Sie kundgetan zu haben, die noch niederträchtiger ist als die, von der ausführlicher die Rede war? Wie könnten Sie sicher sein, dass selbst diese Meinung die Grenzen überschritten hätte, die Sie selbst für statthaft zwischen politischen Gegnern erachten?

Doch will ich auf einen weiteren Kommentar zu der Verlegenheit verzichten, zu der Ihr Ersuchen naturgemäß führt.

Der Anlass verbietet eine umfassendere Veranschaulichung, obwohl nichts leichter wäre, als dem nachzugehen.

Ich wiederhole noch einmal, dass ich es für unkorrekt halte, das Zugeständnis oder die Leugnung kundzutun, die Sie wünschen, und füge hinzu, dass ich es grundsätzlich für unstatthaft halte, über die Berechtigung von Schlussfolgerungen befragt zu werden, die über irgendetwas, das ich im Laufe eines fünfzehn Jahre währenden Wettstreits über einen politischen Gegner gesagt haben mag, von anderen gezogen werden könnten. Gäbe es keine anderen Einwände dagegen, so wäre dieser eine schon ausreichend, dass es meine Aufrichtigkeit und mein Zartgefühl beleidigenden Unterstellungen von jedermann aussetzen könnte, der irgendwann einmal den Sinn meiner Äußerungen anders aufgefasst haben mag, als ich es beabsichtigte oder im Nachhinein erinnere.

Ich bin bereit, unverzüglich und unverhohlen jegliche präzise und eindeutige Meinung zu bekennen oder abzustreiten, die ich gegenüber einem jeglichen Gentleman geäußert haben soll. Mehr als dies kann man berechtigterweise nicht von mir verlangen. Und insbesondere kann nicht ernsthaft von mir erwartet werden, dass ich mich auf einer so vagen Grundlage auf Erklärungen einlasse, wie Sie sie sich zu eigen gemacht haben. Ich bin sicher, dass Sie die Sache nach reiflicherem Nachdenken im selben Licht sehen werden wie ich. Falls nicht, kann ich nur die Umstände bedauern und muss die Folgen tragen.

Das Schreiben Dr. Coopers hatte ich vor dem Erhalt Ihres Briefes niemals zu Gesicht bekommen.

Sir, ich verbleibe

mit den besten Empfehlungen als Ihr

A. Hamilton

N York 21. Juni 1804

Sir,

Ihr Brief vom 20ten des Monats ist heute eingetroffen. Nach aufmerksamer Durchsicht finde ich bedauerlicherweise nichts von der Aufrichtigkeit und dem Zartgefühl darin, derer Sie sich rühmen.

Politische Gegnerschaft kann einen Gentleman nicht von der Notwendigkeit einer strikten Einhaltung des Ehrenkodexes und der Anstandsregeln entbinden. Weder nehme ich ein solches Vorrecht in Anspruch noch dulde ich es bei anderen.

Der gesunde Menschenverstand verbindet mit dem von Dr. Cooper gebrauchten Attribut die Vorstellung von Schmach. Es wurde öffentlich in Verbindung mit Ihrem Namen auf mich bezogen. Die Frage ist nicht, ob er die Bedeutung des Wortes richtig verstanden hat oder es syntaktisch oder grammatisch korrekt verwendet hat, sondern ob Sie den Bezug autorisiert haben, entweder unmittelbar oder mittels einer meine Ehre herabwürdigenden Äußerung oder Ansicht. Das »Wann« obliegt Ihrer eigenen Kenntnis, ist aber in keinster Weise für mich relevant, da die Verleumdung gerade erst offengelegt wurde und mir zur Kenntnis kam und da die Auswirkungen gegenwärtig und greifbar sind.

Ihr Brief hat mir nur noch mehr Grund geliefert, eine eindeutige Antwort zu verlangen.

Mit den besten Empfehlungen

Ihr A. Burr

N York 22. Juni 1804

Sir,

in Ihrem ersten Brief erhoben Sie, in einem zu gebieterischen Stil, eine meiner Ansicht nach beispiellose und nicht vertretbare Forderung. Meine Erwiderung, in der ich auf die Verlegenheit hinwies, gab Ihnen die Möglichkeit zu einem weniger anstößigen Vorgehen. Sie haben sich nicht dafür entschieden, sondern mit Ihrem letzten Brief, der heute eintraf und unziemliche sowie ungebührliche Ausdrücke enthielt, eine wesenhaft mit Ihrem Ansinnen verbundene Erklärung noch mehr erschwert.

Falls Sie mit »eindeutige Antwort« die in Ihrem ersten Brief verlangte direkte Bestätigung oder Leugnung meinen, so vermag ich keine andere Antwort zu geben als die bereits erteilte. Falls Sie hingegen etwas anderes meinen, das eine größere Ausführlichkeit erlaubt, so ist es erforderlich, dass Sie sich hierzu erklären.

Mit den besten Empfehlungen

Ihr A. Hamilton

W. P. VAN NESS AN PENDLETON, 26. JUNI 1804

Sir,

der Brief, den Sie mir gestern überbrachten, sowie Ihre nachfolgende Mitteilung lassen nach Ansicht von Col. Burr keine Bereitschaft seitens Gen. Hamiltons erkennen, zu einer zufriedenstellenden Übereinkunft zu gelangen. Die beanstandete Kränkung und die erwartete Wiedergutmachung sind in seinem (Col. B.s) Brief vom 21ten des Monats so eindeutig dargelegt, dass keine Notwendigkeit für eine weitere Erklärung seinerseits gegeben scheint. Die Schwierigkeit, die sich daraus ergäbe, das Ansinnen auf eine bestimmte Zeit und Gelegenheit einzugrenzen, ist ja wohl offenkundig. Das Abstreiten lediglich einer bestimmten Unterhaltung würde den starken Verdacht befördern, dass zu anderen Gelegenheiten ungehörige Worte gefallen sind. Wann und wo verletzende Äußerungen von Gen. Hamilton getätigt wurden, muss ihm am besten bekannt sein, und bei ihm allein dünkt es Col. Burr angemessen, nachzufragen.

Keine Leugnung oder Erklärung wird genügen, sofern sie nicht so allgemein gehalten ist, dass sie gänzlich die Vorstellung ausschließt, Col. Burr herabwürdigende Gerüchte könnten von Gen. Hamilton ausgegangen oder berechtigterweise aus etwas, das er gesagt hat, abgeleitet worden sein. Eine eindeutige Antwort auf ein derartiges Ersuchen wird in Col. Burrs Brief von 21ten des Monats verlangt. Dass dies verweigert wurde, legt die in Gen. Hamiltons Brief vom 20ten des Monats angedeutete Alternative nahe. Sie wurde zwingend durch die Position, in die die umstrittene Angelegenheit am 22ten des Monats von Gen. H. gebracht wurde, und ich wurde sogleich mit einem Ersuchen nach einem persönlichen Gespräch beauftragt.

Die Notwendigkeit dieser Maßnahme wurde nach Ansicht Col. Burrs weder durch den letzten Brief des Generals noch durch sonstige, nachfolgende Mitteilungen geschmälert, und ich bin erneut beauftragt, Ihnen eine Botschaft zukommen zu lassen, sobald es Ihnen genehm ist, sie zu empfangen. Ich bitte deshalb darum, dass Sie die Güte haben mögen, mir mitzuteilen, zu welcher Stunde ich bei Ihnen vorstellig werden soll.

Ihr ergebener Diener

W. P. van Ness

ANONYMUS AN WILLIAM PARKER, LORD MONTEAGLE, OKTOBER 1605

Der Plan war, den Fortgang der englischen Geschichte auf die nihilistischste und teuflischste Weise zu verändern, die man sich vorstellen kann. Nachdem sie schon während der langen protestantischen Regierungszeit Elisabeths I. schwer zu kämpfen hatte, verlor eine terroristische Zelle von englischen Katholiken unter Robert Catesby mit dem neuen König James I. dann doch die Geduld und schmiedete ein Komplott. Unter dem Parlamentsgebäude sollte Schießpulver deponiert werden, um damit die gesamte Elite des Königreichs auf einen Schlag auszulöschen: König, Königin, Prinzen, Lords und Gentlemen – ein Verbrechen, das um ein Vielfaches verheerender und wirksamer ausgefallen wäre als der 11. September 2001. Die Zelle war klein genug, um gute Erfolgsaussichten zu haben, und hätte auch ihr Ziel erreicht, wenn nicht eines ihrer Mitglieder in einem anonymen Brief Lord Monteagle gewarnt hätte. Nachdem dieser nicht allzu lange zuvor wegen seiner Teilnahme an Lord Essex' Aufstand gegen Königin Elisabeth um ein Haar seinen Kopf verloren hätte, beeilt er sich, den erhaltenen Brief dem obersten Minister Robert Cecil, Earl of Salisbury, zu überbringen, der ihn an den König weiterleitet. Cecil überlässt dem wichtigtuerischen König die Ehre, die

Schlüsselworte »gewaltiger Schlag« richtig zu deuten und eine Durchsuchung der Kellergewölbe anzuordnen. Dabei werden die riesigen Mengen an Schießpulver entdeckt, die von dem Verschwörer und Sprengstoffexperten Guy Fawkes bewacht werden. Die Verschwörung wird vereitelt, die Terroristen werden hingerichtet. Ihr Scheitern wird immer noch jedes Jahr am 5. November, dem Guy Fawkes Day, mit Feuerwerken begangen.

Mylord, aufgrund der Zuneigung, die ich für einige Eurer Freunde hege, sorge ich mich um Euer Wohlbefinden. Deshalb rate ich Euch, wenn Euch Euer Leben lieb ist, Euch unter einem Vorwand der Teilnahme an diesem Parlament zu enthalten. Denn Gott und Menschensinnen haben sich zusammengetan, um die Schlechtigkeit dieser unserer Zeit zu bestrafen. Und unterschätzt diese Warnung nicht, sondern zieht Euch auf Euer Landgut zurück, wo Ihr das Geschehen in sicherer Entfernung abwarten könnt. Denn wenn es auch keinen Anschein von irgendwelcher Unruhe gibt, so sage ich dennoch, dass dieses Parlament einen gewaltigen Schlag erleiden wird. Freilich werden sie nicht sehen, wer ihnen das antut. Dieser Rat sollte nicht verachtet werden, denn er könnte Euch von Vorteil sein und kann Euch nicht schaden. Denn die Gefahr ist gebannt, sobald Ihr den Brief verbrannt habt. Und ich hoffe, Gott, dessen heiligem Schutz ich Euch anempfehle, wird Euch die Gnade erweisen, guten Gebrauch davon zu machen.

BABUR AN HUMAYUN,
25. DEZEMBER 1526

Die Zielpersonen von Mordanschlägen sterben häufig. Manchmal überleben sie auch – doch selten schreiben sie einen ausführlichen Brief über das Erlebte und ihre Vergeltungsmaßnahmen. Aber es gibt ja auch nur sehr wenige so außergewöhnliche Gestalten wie Babur, den ersten Herrscher über das Mogulreich, Eroberer, Dichter, Autobiograf und Liebhaber. Im Jahr 1526 marschiert er in Indien ein. Er erobert Delhi und tötet den regierenden Sultan der Lodi-Dynastie, Ibrahim, im Kampf. Ibrahims Mutter Buwa hingegen verschont er und lässt sie weiter im Palast wohnen. Seinem Naturell entsprechend beschließt Babur, indisches Essen zu probieren, und hält sich dafür vier indische Köche. Als Buwa davon erfährt, überredet sie die kaiserlichen Küchenchefs, den neuen Herrscher zu vergiften. Wie durch ein Wunder überlebt Babur. Seine Feinde hatten sich zu seinem Untergang verschworen. Stattdessen läuten sie nur ihren eigenen ein. Babur denkt sich für seine vier Attentäter grausige Tode aus. Der ganze Vorfall wird in Baburs charakteristischem extravaganten und anschaulichen Stil in einem einzigartigen Brief an seinen Sohn Humayun geschildert, der zu der Zeit von Kabul aus über Baburs afghanische Gebiete herrscht.

Am Freitag, dem sechzehnten Rabi' [21. Dezember] ereignete sich ein eigenartiger Vorfall ... Die elende Buwa, Mutter Ibrahims, erfuhr, dass ich von hindustanischen Köchen zubereitetes Essen zu mir nahm. Das geschah, weil ich, da ich noch nie hindustanisches Essen gesehen hatte, drei oder vier Monate zuvor sagte, man solle Ibrahims Köche zu mir bringen. Von fünfzig oder sechzig Köchen behielt ich vier. Als sie nun davon hörte, schickte Buwa einen Mann nach Etawah, um ein in ein Stück Papier eingewickeltes Tola Gift zu erwerben und es sodann einer alten Dienerin zu übergeben, die es daraufhin an Ahmad Chashnigir weiterreichen sollte. (In Hindustan nennt man den Vorkoster *Chashnigir*, und ein Tola ist eine Maßeinheit, die etwas mehr als zwei Mithcals beträgt.) Ahmad gab es dem hindustanischen Koch in unserer Küche und versprach ihm vier Parganas, wenn er es irgendwie meinem Essen beimischte. Nach der ersten alten Frau, die Ahmad Chashnigir das Gift gegeben hatte, schickte sie eine zweite, damit sie nachsah, ob er mir das Gift verabreicht hatte oder nicht. Es ist gut, dass er es auf den Teller getan hatte und nicht in den Topf, was geschah, da ich den Köchen strikte Anweisung gegeben hatte, die Hindustanis zu überwachen und sie von dem Topf kosten zu lassen, während unser Essen zubereitet wurde. Doch als das Essen serviert wurde, waren unsere elenden Köche unachtsam. Der Koch legte ein Stück dünnes Brot auf den Porzellanteller und streute dann weniger als die Hälfte des Giftes aus dem Papier oben auf das Brot. Auf das Gift legte er in Öl eingelegtes Fleisch. Hätte er das Gift auf das Fleisch gestreut oder es in den Topf gekippt, wäre das schlecht gewesen. In heller Aufregung warf er den Rest in den Ofen.

Am späten Freitagabend trugen sie das Essen auf. Ich aß eine Menge Haseneintopf und hatte ziemlich viel in Safran eingelegtes Fleisch. Dazu nahm ich mir noch ein, zwei Häppchen oben von dem vergifteten hindustanischen Gericht. Ich nahm das eingelegte Fleisch und aß es. Es schmeckte nicht merkbar schlecht. Dann nahm ich ein, zwei Bissen getrocknetes Fleisch. Mir wurde schlecht. Als ich am Tag zuvor Trockenfleisch gegessen hatte, hatte es einen Beigeschmack gehabt, also dachte ich, das wäre der Grund. Wieder drehte sich mir der Magen um. Während ich noch beim Mahl saß, wurde mir zwei- oder dreimal schlecht und ich erbrach beinahe. Schließlich sagte ich mir: »Jetzt reicht es.« Ich erhob mich, und auf dem Weg zur Toilette hätte ich mich einmal fast übergeben. Als ich zur Toilette kam, erbrach ich sehr viel. Ich übergebe mich nie nach Mahlzeiten, nicht einmal, wenn ich trinke. Eine Wolke des Argwohns überkam mich. Ich befahl, dass der Koch gefangen gehalten wurde, während das Erbrochene einem Hund gegeben wurde, der unter Beobachtung blieb. Bis ungefähr zum Ende der ersten Wache am folgenden Morgen war der Hund ziemlich schlapp, und sein Bauch war geschwollen. Egal, wie viele Steine sie nach ihm warfen, um ihn von der Stelle zu bewegen, er wollte partout nicht aufstehen. So blieb er bis zum Mittag, doch dann erhob er sich und starb nicht. Ein oder zwei Pagen hatten vom selben Essen genommen, und am folgenden Morgen erbrachen auch sie eine Menge. Einem ging es sehr schlecht, doch am Ende erholten sich alle vollständig. »Das Unheil schlug zu, doch Ende gut, alles gut.« Gott schenkte mir das Leben neu, ich war vom Abgrund des Todes zurückgekehrt, ich war wiedergeboren. »Verwundet starb ich und erwachte wieder zum Leben. Jetzt habe ich den Wert des Lebens erkannt.« Ich befahl Sultan Muhammad Bakhshi, den Koch scharf zu bewachen. Als man ihn folterte, gestand er die oben genannten Einzelheiten.

Am Montag befahl ich den Edelmännern, Granden, Emiren und Ministern, bei Hof zu erscheinen. Die beiden Männer und zwei Frauen wurden zum Verhör hereingeführt. Sie bekannten sich zu allen Einzelheiten der Angelegenheit. Ich befahl, den Vorkoster in Stücke zu hacken und dem Koch bei lebendigem Leibe die Haut abzuziehen. Eine der beiden Frauen ließ ich unter die Füße der Elefanten werfen, die andere erschießen. Ich ließ Buwa gefangen nehmen. Sie wird noch bezahlen für das, was sie getan hat.

Am Samstag trank ich eine Tasse Milch. Am Sonntag trank ich eine Tasse Milch. Ich habe auch etwas Erde aus Limnos und Opiat in Milch gegeben und es getrunken. Die Milch hat meine Eingeweide gehörig aufgerüttelt. Am Samstag, dem ersten Tag dieser Medikation, schied ich einige pechschwarze Dinge aus wie verbrannte Galle. Zum Glück ist jetzt alles wieder gut. Ich wusste gar nicht, wie kostbar das Leben ist. Es gibt eine Gedichtzeile, die lautet: »Wer an den Punkt des Todes gelangt, weiß das Leben zu schätzen.« Immer, wenn ich an diesen entsetzlichen Vorfall denke, werde ich wütend. Durch Gottes Gnade wurde ich zu neuem Leben erweckt. Wie kann ich meiner Dankbarkeit Ausdruck verleihen? In der Hoffnung, dass dies keine Besorgnis auslöst, habe ich in allen Einzelheiten beschrieben, was sich ereignet hat. Auch wenn es ein furchtbares Geschehnis war, das sich nicht angemessen in Worte fassen lässt, habe ich ja, Gott sei Dank, überlebt, und Ende gut, alles gut. Mach Dir keine Sorgen.

NIKITA CHRUSCHTSCHOW AN JOHN F. KENNEDY, 24. UND 26. OKTOBER 1962

Zwei Briefe – einer führt die Welt an den Rand einer atomaren Vernichtung, der andere holt sie wieder zurück. Als US-Aufklärungsflugzeuge auf der kommunistisch regierten Insel

Kuba sowjetische Mittelstreckenraketen entdecken, sieht sich Präsident Kennedy der wohl größten Krise gegenüber, der sich je ein Oberbefehlshaber der Streitkräfte stellen musste. Amerika kann nicht zulassen, dass die Raketen dort bleiben und amerikanische Städte bedrohen, doch könnte jeder Versuch, sie zu entfernen, einen apokalyptischen Krieg entfachen. Der junge Präsident verhängt eine Blockade über die Insel, die weitere sowjetische Schiffe zurückweist. Der Sowjetführer Nikita Chruschtschow schreibt einen aggressiven Brief, in dem er mit Krieg droht. Die Krise verschärft sich. Zwei Tage später trifft ein zweiter Brief in versöhnlicherem Ton ein. Kennedy zermartert sich den Kopf über die Bedeutung der Briefe. Am Ende entschließt er sich, über den aggressiven Brief hinwegzusehen und nur auf den versöhnlicheren zu antworten. Man erzielt eine Übereinkunft: Chruschtschow will seine Raketen abziehen, Kennedy niemals in Kuba einmarschieren – und im Geheimen US-Raketen aus der Türkei entfernen. Nicht zuletzt für sein Verhalten in dieser Sache ist Kennedys hohes Ansehen mehr als gerechtfertigt. Was Kuba angeht, so war sein marxistischer Regierungschef Fidel Castro willens gewesen, es auf eine atomare Katastrophe ankommen zu lassen. Er hat Chruschtschow seinen Verrat niemals verziehen. Chruschtschow selber hatte das Pech, dass seine Genossen seine unberechenbare Leichtfertigkeit allmählich leid wurden und ihn knapp zwei Jahre später stürzten.

Moskau, 24. Oktober 1962

Sehr geehrter Herr Präsident!

Ich habe Ihren Brief vom 23. Oktober erhalten, ihn genau analysiert und antworte jetzt darauf.

Stellen Sie sich einmal vor, Herr Präsident, wir hätten Sie mit den Bedingungen eines Ultimatums konfrontiert, wie Sie es mit Ihrem Handeln getan haben. Wie hätten Sie darauf reagiert? Ich nehme an, Sie wären empört gewesen über einen solchen Schritt unsererseits. Und das hätte uns auch eingeleuchtet. Indem Sie uns mit diesen Bedingungen konfrontiert haben, haben Sie, Herr Präsident, uns den Fehdehandschuh zugeworfen. Wer hat Sie dazu aufgefordert? Mit welchem Recht haben Sie das getan? ... Sie, Herr Präsident, verhängen keine Quarantäne, Sie stellen vielmehr ein Ultimatum und drohen damit, falls wir Ihren Forderungen nicht nachgeben, Gewalt anzuwenden. Bedenken Sie, was Sie da sagen! Und Sie wollen mich dazu überreden, dem zuzustimmen! ... Nein, Herr Präsident, dem kann ich nicht zustimmen, und ich glaube, dass Sie in Ihrem Herzen erkennen, dass ich recht habe. Ich bin überzeugt, dass Sie an meiner Stelle genauso handeln würden ... Und wir sagen ebenfalls – nein ... Die sowjetische Regierung betrachtet die Verletzung des Rechts auf ungehinderte Nutzung internationaler Gewässer und internationalen Luftraums als aggressiven Akt, der die Menschheit auf den Abgrund eines atomaren Weltkrieges zu bewegt. Deshalb kann die Sowjetregierung die Kapitäne sowjetischer Schiffe mit Kurs auf Kuba nicht anweisen, die Befehle amerikanischer Seestreitkräfte zu befolgen, die diese Insel abriegeln. Unsere Anweisungen an sowjetische Seeleute lauten, sich streng an die weltweit akzeptierten Normen der Schifffahrt in internationalen Gewässern zu halten und keinen Fußbreit von ihnen abzuweichen. Und wenn die amerikanische Seite diese Regeln verletzt, muss ihr bewusst sein, welche Verantwortung sie in diesem Fall auf sich lädt. Selbstverständlich werden wir Akten der Piraterie seitens amerikanischer Schiffe auf hoher See nicht einfach tatenlos zusehen. Wir werden dann unsererseits gezwungen sein, die von uns für notwendig und angemessen erachteten Maßnahmen zu ergreifen, um unsere Rechte zu schützen. Dafür haben wir alle notwendigen Mittel.

Hochachtungsvoll

N. Chruschtschow

Moskau, 26. Oktober 1962, 19 Uhr

Sehr geehrter Herr Präsident!

Ich habe Ihren Brief vom 25. Oktober erhalten. Ihr Brief gab mir das Gefühl, dass Sie die Lage, wie sie sich entwickelt hat, doch einigermaßen erfassen und sich auch einer gewissen Verantwortung bewusst sind. Das weiß ich zu schätzen ... Ich denke, wenn Sie sich ernsthaft um das Wohlergehen der Welt sorgen, werden Sie mich schon richtig verstehen. Alle brauchen Frieden ... Krieg ist unser Feind und eine Katastrophe für alle Völker ... Wie ich sehe, Herr Präsident, ermangelt es auch Ihnen nicht an Besorgnis um das Los der Welt und am Verständnis dafür, was ein Krieg alles mit sich bringt. Was würde ein Krieg Ihnen bringen? Sie drohen uns mit Krieg ... im Namen der sowjetischen Regierung und des sowjetischen Volkes versichere ich Ihnen, dass Ihre Schlussfolgerungen hinsichtlich Angriffswaffen auf Kuba jeder Grundlage entbehren ... Sie irren, wenn Sie glauben, dass irgendwelche unserer Gerätschaften auf Kuba auf Angriff ausgerichtet sind. Aber lassen Sie uns jetzt nicht streiten. Es ist offensichtlich, dass ich Sie davon nicht werde überzeugen können ... Aber, Herr Präsident, glauben Sie tatsächlich ernsthaft, dass Kuba die Vereinigten Staaten angreifen kann oder dass selbst wir gemeinsam mit Kuba Sie von kubanischem Boden aus angreifen können? Können Sie das wirklich denken? Wie ist das möglich? Wir verstehen das nicht ... Wenn Sie wirklich um den Frieden und um das Wohlergehen Ihres Volkes besorgt sind, und das ist Ihre Pflicht als Präsident, dann bin ich, als Vorsitzender des Ministerrates, besorgt um mein Volk. Zudem sollte die Erhaltung des Weltfriedens unser gemeinsames Anliegen sein, denn falls unter derzeitigen Bedingungen ein Krieg ausbrechen sollte, wäre es ein Krieg nicht nur zwischen den wechselseitigen Ansprüchen, sondern auch ein weltweiter brutaler und zerstörerischer Krieg ... Wenn seitens des Präsidenten und der Regierung der Vereinigten Staaten Zusicherungen abgegeben würden, dass die USA selbst sich nicht an einem Angriff auf Kuba beteiligten und auch andere von derartigem Handeln abhielten, wenn Sie Ihre Flotte zurückbeorderten, dann würde das schlagartig alles ändern ... Dann würde sich auch die Frage nach der Zerstörung nicht nur der Waffen, die Sie als Angriffswaffen bezeichnen, sondern auch aller anderen Waffen, anders darstellen ...

Wir wollen daher staatsmännische Klugheit walten lassen. Ich schlage vor: Wir werden unsererseits erklären, dass unsere Schiffe mit Kurs auf Kuba keinerlei Waffen an Bord haben. Sie würden erklären, dass die Vereinigten Staaten nicht mit ihren Truppen in Kuba einmarschieren und auch keinerlei Truppen unterstützen werden, die möglicherweise eine Invasion in Kuba beabsichtigen. Dann würde die Notwendigkeit für die Anwesenheit unserer Militärexperten auf Kuba entfallen ... Wenn Sie dies als ersten Schritt zur Auslösung eines Krieges getan haben, nun ja, dann liegt es auf der Hand, dass wir keine andere Wahl haben, als Ihre Herausforderung anzunehmen. Wenn Sie hingegen nicht Ihre Selbstbeherrschung verloren haben und vernünftigerweise erkennen, wozu dies führen könnte, dann, Herr Präsident, sollten wir und Sie jetzt nicht an den Enden des Seiles ziehen, in das Sie den Knoten des Krieges geschnürt haben, denn je mehr wir beiden ziehen, desto fester wird dieser Knoten werden. Und es könnte der Moment kommen, an dem der Knoten so fest geschnürt

Nikita Chruschtschow an John F. Kennedy   **293**

ist, dass selbst der, der ihn geknotet hat, nicht mehr die Kraft haben wird, ihn aufzulösen, und dann wird es nötig werden, diesen Knoten zu durchschneiden. Und was das dann bedeutet, muss ich Ihnen wohl nicht noch erklären, denn Sie wissen selbst sehr gut, über welche furchtbaren Kräfte unsere Länder verfügen. Somit, wenn keine Absicht besteht, jenen Knoten anzuziehen und damit die Welt zur Katastrophe eines Atomkriegs zu verdammen, lassen Sie uns also nicht nur die Kräfte, die an den Enden des Seiles ziehen, lockern, lassen Sie uns Maßnahmen ergreifen, um den Knoten aufzuschnüren … Das, Herr Präsident, sind nun meine Gedanken, die, falls Sie mit ihnen übereinstimmen, dieser angespannten Lage ein Ende bereiten könnten, die alle Völker beunruhigt. Diese Gedanken werden getrieben von dem aufrichtigen Wunsch, die Situation zu verbessern, die Gefahr eines Krieges auszuräumen.

Hochachtungsvoll

N. Chruschtschow

ALEXANDER PUSCHKIN AN
JACOB VAN HEECKEREN, 25. JANUAR 1837

Der Brief, der zum tragischen Tod von Russlands grandiosem Dichter Alexander Puschkin führte. Puschkin, Urenkel Abraham Hannibals, des Kammerdieners Peters des Großen, geriet in Konflikt mit den Zaren, sobald er anfing, seine skandalösen, leidenschaftlichen und wunderschönen Verse zu schreiben. Alexander I. bestrafte ihn, indem er ihn von St. Petersburg ins Exil nach Südrussland schickte. Allerdings pflegte Puschkin selbst dort Umgang mit Liberalen, verführte die Frau des Vizekönigs des Zaren und unterhielt noch viele weitere Liebesaffären, bis ihm schließlich der neue Zar, der großspurige Nikolaus I., die Rückkehr nach Hause gestattete und sich gleichzeitig als sein persönlicher Zensor anbot.

Zu dieser Zeit schrieb Puschkin gerade sein Meisterwerk, den Versroman *Eugen Onegin*, und war mit Natalia verheiratet, einer Schönheit aus der besten Gesellschaft. Natalia wurde sofort zum Objekt der Begierde des Zaren (was Puschkin hinnehmen musste) und eines geistlosen französischen Schönlings mit Namen Charles d'Anthès, der in der russischen Garde diente. Er war der Adoptivsohn und mutmaßliche Liebhaber des niederländischen Botschafters Baron van Heeckeren, der alle seine Ausgaben bestritt. Der ohnehin schon von Eifersucht gequälte Puschkin erhält einen bösartigen anonymen Brief vom »Großmeister des durchlauchtigsten Ordens der gehörnten Ehemänner«. Der stolze Puschkin verdächtigt sofort – und vermutlich fälschlich – d'Anthès, ihm Hörner aufzusetzen. Der Zar bemüht sich, ein Duell abzuwenden, doch Puschkin ist entschlossen, Satisfaktion zu fordern, und steuert geradewegs auf eine unvermeidliche Konfrontation zu, indem er Heeckeren diesen ungeheuer beleidigenden Brief schreibt. Er beschuldigt ihn darin, als »Kuppler Ihres Sohnes« zu fungieren »wie ein obszönes altes Weib«. Der Sohn musste die Ehre seines Adoptivvaters verteidigen. Im nachfolgenden Duell tötete d'Anthès Russlands beliebtesten Dichter. Er musste Russland verlassen, stieg aber später in Frankreich zum Senator auf.

Baron!
Erlauben Sie mir eine Zusammenfassung dessen, was sich neuerdings zugetragen hat. Das Betragen Ihres Sohnes war

mir schon seit Langem bekannt gewesen und konnte mir nicht gleichgültig sein. Ich begnügte mich mit der Rolle des Beobachters, berechtigt einzugreifen, wenn ich es für angemessen hielte. Ein Vorfall, der zu jeder anderen Zeit sehr unliebsam gewesen wäre, ist glücklicherweise unvermutet eingetreten und hat mir aus der Verlegenheit geholfen: Ich erhielt anonyme Briefe. Der Rest ist Ihnen bekannt. Ich ließ Ihren Sohn eine so erbärmliche Rolle spielen, dass meine Frau, erstaunt über so viel Feigheit und Unterwürfigkeit, sich des Lachens nicht enthalten konnte, und jegliche Gefühle, die sie möglicherweise für diese große und erhabene Leidenschaft gehegt haben mochte, zur leisesten und verdientesten Abscheu verpufften.

Ich fühle mich bemüßigt einzuräumen, Baron, dass Ihre Rolle bei all dem nicht ganz schicklich war. Sie, der Repräsentant eines gekrönten Hauptes, waren väterlicherseits der Kuppler Ihres Sohnes. Wie es scheint, wurde sein gesamtes Verhalten (das im Übrigen recht plump war) von Ihnen gelenkt. Sie waren es vermutlich auch, der ihm die jämmerlichen Bonmots eingetrichtert hat, die er brabbelte, und das Gewäsch, das er meinte schreiben zu müssen. Wie ein obszönes altes Weib haben Sie an jeder Ecke meiner Frau aufgelauert, um ihr von der Liebe Ihres Bastards (oder vielmehr der sogenannten) zu berichten. Und als er, an Pocken erkrankt, ans Haus gefesselt war, sagten Sie, er liege aus Liebe zu ihr im Sterben. Sie murmelten dann: Gebt mir meinen Sohn zurück.

Sie sind sich ja wohl darüber im Klaren, Baron, dass ich nach all dem meiner Familie nicht mehr den geringsten Umgang mit Ihnen erlauben kann. Nur unter dieser Bedingung habe ich mich bereiterklärt, diese schmutzige Angelegenheit nicht weiterzuverfolgen und Sie nicht in den Augen unseres Hofes und des Ihren der Ehre zu berauben, wie es in meiner

Macht und in meiner Absicht gestanden hatte. Ich möchte nicht, dass meine Frau sich noch einmal Ihre väterlichen Ermahnungen anhören muss. Ich kann nicht zulassen, dass Ihr Sohn, nach dem verabscheuungswürdigen Verhalten, das er an den Tag gelegt hat, es noch einmal wagt, mit meiner Frau zu sprechen, und noch weniger, jene Kasernen-Wortspiele von sich zu geben und ihr Hingabe und unglückliche Leidenschaft vorzuspielen, während er doch nichts weiter ist als ein Feigling und ein Schuft. Ich sehe mich gezwungen, mich dergestalt an Sie zu wenden, Sie dringend zu bitten, diesem Treiben ein Ende zu setzen, sofern Sie einen neuen Skandal vermeiden wollen, vor dem ich ganz gewiss nicht zurückschrecken werde.

Ich verbleibe, Baron,

Ihr ergebener Diener

Alexander Puschkin

MACHT

JOSEF STALIN AN WALERI MESCHLAUK, APRIL 1930

Galgenhumor ist bei Stalin sehr beliebt. Hier lässt er bei einem Treffen des Politbüros einen Zettel herumgehen, auf dem er Vorschläge für eine angemessene Strafe für die Vergehen des Volkskommissars für Finanzen, Nikolai Brjuchanow, macht, der als politisch unzuverlässig gilt. Sein Genosse Waleri Meschlauk, dem die Wirtschaftsplanung obliegt und der nebenbei noch ein ausgezeichneter Karikaturist ist, stellt die Bestrafung zeichnerisch dar – vermutlich zur allgemeinen Erheiterung. Der Kommissar flog raus, und sowohl Brjuchanow als auch Meschlauk wurden später von Stalin exekutiert.

Für alle neuen und zukünftigen Vergehen [ist er] an den Eiern aufzuhängen, und falls die Eier stark sind und nicht entzweigehen, [ist ihm] zu vergeben und [er] für einwandfrei zu erachten, aber falls sie entzweigehen, dann [ist er] in den Fluss zu werfen.

WINSTON CHURCHILL AN
FRANKLIN D. ROOSEVELT, 20. MAI 1940

Ein Hilferuf in der größten Krise des Zweiten Weltkriegs. Churchill ist erst seit zehn Tagen Premierminister. Frankreich ist besiegt. Großbritannien steht gegen Nazi-Europa alleine da und sieht einer Invasion Hitlers entgegen – und Amerika ist immer noch neutral. Churchill bittet den amerikanischen Präsidenten Roosevelt, ihm fünfzig Kriegsschiffe zu verkaufen, damit er sein Land verteidigen kann. Doch dann erfährt er, dass der US-Botschafter in London, Joseph Kennedy, ein allgemein bekannter Abwiegler, davon abgeraten hat, da Großbritannien kurz vor dem Zusammenbruch stehe. Das gibt den Anlass für eine von Churchills trotzigsten Bekundungen britischer Entschlossenheit.

Es ist unsere feste Absicht, was immer auch geschieht, auf dieser Insel bis zum Ende zu kämpfen, und vorausgesetzt, wir bekommen die erbetene Hilfe, hoffen wir, sie, was persönliche Überlegenheit angeht, in den Luftschlachten ganz nah fliegen zu lassen. In der gegenwärtigen Regierung würden vermutlich Köpfe rollen, sollte es nachteilig für uns ausgehen, doch unter keinen erdenklichen Umständen werden wir in eine Kapitulation einwilligen. Falls Mitglieder der gegenwärtigen Regierung den Hut nehmen müssten und andere inmitten der Ruinen daraus Kapital schlügen, dann muss Ihnen klar sein, dass die einzige verbliebene Schachfigur die Flotte wäre, und wenn dieses Land von den Vereinigten Staaten seinem Schicksal überlassen würde, hätte niemand das Recht, es den Verantwortlichen zu verübeln, wenn sie für die überlebenden Einwohner die bestmöglichen Bedingungen aushandelten. Verzeihen Sie, Herr Präsident, wenn ich diesen Albtraum so unverblümt schildere. Ich kann mich nicht für meine Nachfolger verbürgen. Es ist sehr gut möglich, dass sie sich in tiefster Verzweiflung und Ausweglosigkeit dem deutschen Willen beugen müssten. Allerdings besteht derzeit noch keine Notwendigkeit, sich mit derartigen Vorstellungen auseinanderzusetzen. Noch einmal Dank für Ihren guten Willen.

RICHARD I. UND SALADIN, OKTOBER BIS NOVEMBER 1191

Hier haben wir bereits im späten 12. Jahrhundert einen Anlauf zur Aushandlung eines Friedensprozesses durch eine Teilung des Heiligen Landes. Zu diesem Zeitpunkt hat Saladin, der kurdischstämmige islamische Sultan von Syrien und Ägypten, das Königreich Jerusalem der Kreuzritter besiegt und die Heilige Stadt zurückerobert. Doch eine Rückeroberung der Stadt Akkon ist ihm versagt geblieben. Dort ist gerade ein neuer Kreuzzug gelandet, angeführt vom legendären Richard I. von England, genannt Löwenherz. Nachdem sie sich in eine Pattsituation gekämpft haben, beabsichtigen die beiden jetzt, sich das Gebiet des heutigen Staates Israel zu teilen.

Und die Krönung ihrer Verhandlungen? Richard schlägt vor, dass seine Schwester Johanna Saladins Bruder Saphadin heiratet und die beiden dann gemeinsam in Jerusalem über ein islamisch-christliches Königreich unter Saladins Krone herrschen. Erstaunlicherweise ist Saladin im Prinzip damit einverstanden und zwingt so Richard, Farbe zu bekennen. Wie nicht anders zu erwarten, weigert sich Johanna, einen Muslimen zu heiraten, selbst wenn er König von Jerusalem ist. Die Briefe kommen sehr modern daher. Auch im heutigen Friedensprozess, diesmal zwischen Israel und den Palästinensern, ist Jerusalem immer noch das heißeste Eisen. Wenig überraschend scheiterte der Plan – wie so viele andere Pläne, im Nahen Osten Frieden zu schaffen.

RICHARD AN SALADIN

Auf unserer wie auf Eurer Seite sind Männer gestorben, das Land liegt in Trümmern, und niemand hat die Geschehnisse mehr unter Kontrolle. Meint Ihr nicht, dass es reicht? Unsererseits gibt es nur drei strittige Punkte: Jerusalem, das Heilige Kreuz und Gebietsansprüche. Was Jerusalem angeht, das ist unsere heilige Stätte, und wir werden niemals einwilligen, darauf zu verzichten, selbst wenn wir bis zum letzten Mann darum kämpfen müssen. Hinsichtlich Gebietsansprüchen, da wollen wir nur, dass man uns das Land westlich des Jordans abtritt. Was das Kreuz betrifft, für Euch ist es doch nur ein Stück Holz, während für uns sein Wert unschätzbar ist. Lasst den Sultan es uns überlassen, und lasst uns diesem ermüdenden Kampf ein Ende bereiten.

SALADIN AN RICHARD

Jerusalem ist uns nicht minder heilig als Euch, sogar mehr noch, da es der Schauplatz der Reise unseres Propheten ist und der Ort, an dem unser Volk sich am Jüngsten Tag zusammenfinden muss. Glaubt nicht, dass wir davon abweichen oder dass wir in dieser Sache nachgeben können. Und was das Land betrifft, es gehörte ja zunächst einmal uns und Ihr seid eingedrungen; und Ihr hättet es gar nicht erobern können, wären die Muslime, die es damals unter sich hatten, nicht so kraftlos gewesen. Und so lange dieser Krieg andauert, wird Gott es Euch nicht gestatten, auch nur einen Stein darin auf den anderen zu setzen. Und was das Kreuz angeht, dass wir es besitzen, ist vorteilhaft für uns, und wir werden es auch nicht aufgeben, außer zum Nutzen des Islam.

ARTHUR JAMES BALFOUR AN BARON WALTER ROTHSCHILD, 2. NOVEMBER 1917

Der Brief, der den Nahen Osten umgestaltete. Schon seit der Zerstörung des jüdischen Tempels durch den römischen Oberbefehlshaber Titus im Jahr 70 n. Chr. war den Juden Zion (der Tempelberg in Jerusalem) heilig und sie träumten von einer Rückkehr. Im späten 19. Jahrhundert riefen grausame Verfolgungen in Russland – wo sechs Millionen Juden lebten – sowie antisemitische Ausschreitungen von Frankreich bis nach Österreich eine moderne zionistische Bewegung ins Leben. Schon vor dem Ersten Weltkrieg hatten viele führende britische Staatsmänner ein offenes Ohr für die Geschichte und die Notlage der Juden, doch erst die Umstände des Krieges schufen die geeigneten Bedingungen. 1917 standen britische Truppen bereit, um in Palästina einzumarschieren, das seit vier Jahrhunderten unter der Herrschaft der osmanischen Sultane stand. Doch wollten die Briten, nach Jahren einer verlustreichen Pattsituation an der Westfront, gleichzeitig auch unbedingt sowohl Russland als auch die USA im Krieg behalten. Beide Länder verfügten über große jüdische Bevölkerungsanteile.

In dieser Situation schreibt Außenminister Balfour einen Brief – »die Balfour Declaration« – in dem er die Schaffung einer nationalen Heimstätte für die Juden im Heiligen Land verspricht, ohne dass die Rechte der dort bereits ansässigen arabischen Bevölkerung beeinträchtigt werden. Er wählt die Form eines offenen Briefes an eine der Leitfiguren der jüdischen Gemeinschaft, Baron Walter Rothschild, den Vorsitzenden der Zionistischen Föderation. Im Jahr 1948 wurde der Staat Israel gegründet.

Sehr geehrter Baron Rothschild,

mit großer Freude übermittle ich Ihnen, im Namen der Regierung Seiner Majestät, die folgende Sympathieerklärung mit den jüdischen zionistischen Bestrebungen, die dem Kabinett vorgelegt und von diesem gebilligt wurde.

Die Regierung Seiner Majestät betrachtet mit Wohlwollen die Errichtung einer nationalen Heimstätte für das jüdische Volk in Palästina und wird sich nach Kräften bemühen, die Erreichung dieses Zieles zu erleichtern, wobei klar sein muss, dass nichts geschehen darf, was die bürgerlichen und religiösen Rechte bestehender nicht-jüdischer Gemeinschaften in Palästina oder die Rechte und den politischen Status der Juden in anderen Ländern beeinträchtigen könnte.

Ich wäre Ihnen dankbar, wenn Sie diese Erklärung der Zionistischen Föderation zur Kenntnis bringen könnten.

Hochachtungsvoll

James Balfour

GEORGE BUSH AN BILL CLINTON,
20. JANUAR 1993

Dieser Brief setzt in unseren engherzigen Zeiten ein Zeichen von wahrhaft staatsmännischer Größe. George H. W. Bush war einer der am besten qualifizierten US-Präsidenten der Moderne und der Inbegriff eines großbürgerlichen Gentlemans. Der im Zweiten Weltkrieg abgeschossene Kriegsheld machte ein Vermögen in Öl, wurde dann ins Repräsentantenhaus gewählt, bevor er als UN-Botschafter, diplomatischer Vertreter der USA in China sowie als Direktor des CIA diente und schließlich Ronald Reagans Vizepräsident wurde. Als 41. Präsident wurde er dann auch Reagans Nachfolger. Er war weder ein brillanter Staatsmann noch ein charismatischer Visionär, eher ein etwas spröder, wenn auch zuverlässiger Diener der Nation. Der Zusammenbruch der Sowjetunion verwirrte und beunruhigte ihn, und er stellte sich ein wenig spät auf die Realität neuer unabhängiger Staaten wie Russland und die Ukraine ein. Dagegen reagierte er beherzt auf die Invasion des irakischen Diktators Saddam Hussein in Kuwait, indem er eine Koalition zusammenstellte, die das Land befreite und dem Tyrannen Fußfesseln anlegte, ohne ihn aus dem Amt zu fegen. Angesichts der ungestümen Energie des jungen Gouverneurs von Arkansas, Bill Clinton, wirkte Bush in einem mit harten Bandagen geführten Wahlkampf altbacken und wirklichkeitsfern.

Dennoch setzt er sich, nach dem Verlust seines geliebten Präsidentenamtes, hin und schreibt diesen charmanten, großherzigen Brief, den er auf dem Schreibtisch im Oval Office für seinen Rivalen Clinton hinterlässt. Hier gibt uns der letzte Politiker alter Schule aus der Kriegsgeneration eine Lehrstunde in Pflichtbewusstsein, persönlichem Anstand und Respekt vor dem Gegner. So sollte in einer liberalen Demokratie ein Machtwechsel im Idealfall vonstattengehen.

Lieber Bill,

als ich eben dieses Büro betrat, hatte ich das gleiche Gefühl von Staunen und Ehrfurcht, das mich schon vor vier Jahren erfüllte. Ich weiß, dass es Ihnen auch so gehen wird.

Ich wünsche Ihnen viele glückliche Stunden hier. Ich habe nie die Einsamkeit empfunden, von der manche Präsidenten sprachen.

Es wird sehr stürmische Zeiten geben, die noch schwerer wiegen werden durch die Kritik, die Ihnen womöglich nicht fair erscheint. Ich bin nicht sehr gut darin, Ratschläge zu erteilen, aber lassen Sie sich nur nicht von den Kritikern entmutigen oder von Ihrem Kurs abbringen.

Wenn Sie diesen Brief lesen, werden Sie unser Präsident sein. Ich wünsche Ihnen alles Gute. Ich wünsche Ihrer Familie alles Gute.

Ihr Erfolg ist von jetzt an der Erfolg unseres Landes. Ich halte Ihnen ganz fest die Daumen.

Viel Glück,

George

NICCOLÒ MACHIAVELLI AN
FRANCESCO VETTORI, 3. AUGUST 1514

Der italienische Politiker Niccolò Machiavelli war auch ein scharfer Beobachter der menschlichen Natur. Den Höhepunkt seiner Macht erlebte er zwischen 1498 und 1512 im Amt eines Staatssekretärs der zweiten Kanzlei der Republik Florenz. Nach einem Staatsstreich im Jahr 1512 fiel er in Ungnade, wurde verhaftet und gefoltert, am Ende dann aber auf sein Landgut entlassen. Dort erholte er sich, unternahm Spaziergänge, las Gedichte und schrieb sein berühmtestes Werk, *Der Fürst*. Anhand von Aufstieg und Fall seines Zeitgenossen Cesare Borgia analysierte er darin ohne jede moralische Wertung ganz realistisch das Verhalten von Politikern. »Ob es besser sei, geliebt zu werden als gefürchtet, oder besser, gefürchtet zu werden als geliebt? Man sollte nach beidem streben, doch da es schwierig ist, beides in einer Person zu vereinen, ist es sehr viel sicherer, gefürchtet zu werden als geliebt.« Seine Briefe – die sich häufig an seinen Freund Francesco Vettori richteten, den florentinischen Botschafter in Rom – sind allerdings nicht immer nur politisch. In einem vom 5. Januar 1514 empfiehlt er die Freuden der Liebe in ihrer ganzen Vielfalt, hetero- wie homosexuell. Eine bestechende Definition recht un-machiavellistischer Toleranz: »Wer den Tag über als weise erachtet wird, wird niemals des Nachts als verrückt gelten, und wer als ehrenwerter Mann geschätzt wird, dem wird alles, was er zur Erbauung seines Herzens und für ein glückliches Leben tut, zur Ehre gereichen, nicht zum Tadel. Statt ihn ein Arschloch oder einen Hurenbock zu nennen, sagt man, er sei ein

Mann mit einem weiten Horizont, umgänglich und ein guter Kerl.«

In dem folgenden, einige Monate später verfassten Brief schildert er mit bewegenden Worten, wie schön es sein kann, sich mit fünfzig Jahren noch einmal zu verlieben.

Mein Freund ... ich bin einem Geschöpf begegnet, so anmutig, so zart ... dass ich sie gar nicht so hoch preisen kann oder so sehr lieben kann, als dass sie nicht noch mehr verdient hätte. Ich sollte noch die Netze aus Gold erwähnen, zwischen Blumen gespannt und gewebt von Venus persönlich – so wohlgefällig und leicht, dass sogar das Herz eines Schurken dahingeschmolzen wäre ... Du darfst nicht denken, dass der Liebesgott sich, um mich einzufangen, gewöhnlicher Mittel bedient hätte. Da die ihm nicht ausreichend erschienen, verwandte er außergewöhnliche, von denen ich nichts wusste und vor denen ich mich nicht schützen konnte. Lass es Dir genug sein, dass mir mit fast fünfzig Jahren weder diese Sonne etwas anhaben kann noch raue Straßen mich ermüden oder die dunklen Stunden der Nacht mich schrecken können. Alles erscheint mir ausgewogen und all ihren Wünschen ... füge ich mich ... Ich empfinde eine solche Wonne, sowohl in dem, was dieses so sanfte, wundervolle Gesicht mir schenkt, als auch weil ich all meine Sorgen aus meinem Gedächtnis getilgt habe, dass ich mich um nichts auf der Welt, selbst wenn ich könnte, davon befreien wollte. So habe ich denn alle Gedanken an große und wichtige Angelegenheiten aufgegeben ... sie sind sachten Gesprächen gewichen, für die ich Venus danke. Wenn es Dir also einfallen sollte, etwas über die Dame zu schreiben, dann schreibe es ... Adieu.

HEINRICH VII. AN SEINE
»LIEBE FREUNDE«, JULI 1485

Es hat ganz den Anschein eines aussichtslosen Unterfangens. Am 7. August 1485 landet Henry Tudor mit einem kleinen Heer von zweitausend französischen Söldnern in Wales, entschlossen, König Richard III. die Herrschaft über England zu entreißen. Henrys Ansprüche auf den Thron gehen zurück auf seine Mutter, Lady Margaret Beauford, die Urenkelin von John of Gaunt, dem vierten Sohn Edwards III. Väterlicherseits stammt er zudem von einem walisischen Soldaten, Owen Tudor, ab, der die Witwe Henrys V. geheiratet hatte. Wie unsicher diese Bezüge auch sein mögen, viele berechtigtere Anwärter sind inzwischen tot, und jeder weiß, dass Richard III. den Thron seinen eigenen Neffen geraubt hat, den beiden jungen Prinzen, die im Sommer 1483 plötzlich verschwanden, ermordet auf Richards Geheiß. Es riecht ganz gewaltig nach Königsmord und Kindsmord.

Ein Jahr zuvor war Henry Tudor schon einmal mit einer Invasion gescheitert. Jetzt richtet er diesen offenen Brief an potenzielle Mitstreiter aus dem Hochadel. Das Timing ist perfekt. Selten war ein politischer Brief so erfolgreich. Während er in England einmarschiert, schließen sich Henry immer mehr Granden an. In der Schlacht von Bosworth am 22. August wechseln mehrere maßgebliche Barone, vor allem die Stanleys, die Seite. Richard verliert die Schlacht und stirbt im Kampf. Der mittellose Prätendent, dem sogar noch die angemessene Kleidung für seinen eigenen Hof fehlt, hat die Tudor-Dynastie aus der Taufe gehoben.

Ihr getreuen, ehrenwerten lieben Freunde und unsere Ver-
bündeten, ich grüße Euch herzlich. Nachdem ich von Eurer
Gewogenheit und Euren guten Absichten erfuhr, mich in der
Beförderung meines rechtmäßigen und direkten Anspruchs
auf die Krone zu unterstützen sowie bei der gerechtfertigten
Absetzung jenes Mörders und widernatürlichen Tyrannen,
der gegenwärtig unrechtmäßig über Euch herrscht, tue ich
Euch kund, dass kein Christenherz von größerer Freude erfüllt sein kann über Eure verbindliche Bekanntgabe, welche
Kräfte Ihr bereitstellen und welche Hauptmänner Ihr mit der
Leitung betrauen werdet, damit ich bereit bin, mit solchen
Streitkräften die See zu überqueren, wie meine Freunde sie
für mich aufbieten. Und wenn Ihr darin die Eile und das Ge-
deihen an den Tag legt, wie ich es mir wünsche und es Euch
beliebt, so werde ich stets geneigt sein, diese Eure so überaus gütige Gefälligkeit in meinem gerechten Streit zu erinnern und in allem zu vergelten.

Gezeichnet unter unserem Siegel

HR

JOHN ADAMS AN THOMAS JEFFERSON, 20. FEBRUAR 1801

Eine Machtübergabe ist für jedes politische System eine Prü-
fung. Doch selbst wenn alles glatt läuft, ist es häufig äußerst
unangenehm. John Adams war der zweite US-Präsident.
Seine Regierungszeit war einigermaßen chaotisch verlaufen.
Er war außerdem der erste Präsident, der im Weißen Haus
wohnte. Sein Vizepräsident war sein alter Kamerad Thomas

Jefferson, mit dem ihn eine lange, enge, wenn auch mitunter heikle Freundschaft verband. Als Adams nach der Wahl von 1800 seine Partei zur Bedeutungslosigkeit herabgestuft sieht, scheut er sich nicht, dem neu ins Amt kommenden Präsidenten Jefferson noch schnell eine Flut von Neuernennungen zu hinterlassen, die dieser allerdings ganz klar als Heimtücke entlarvt. Folglich befasst sich Adams' Brief auch etwas frostig nicht etwa mit der Übergabe des heiligen Altars der Demokratie, sondern mit der korrekten Anzahl an Pferden. Nachdem Adams lange geschmollt und Jefferson zwei erfolgreiche Amtsperioden absolviert hatte, wurden sie 1811 wieder Freunde.

Sir,
um Ihnen die Mühe und die Kosten eines Erwerbs von Pferden und Kutschen zu ersparen, der nicht notwendig sein wird, muss ich Sie davon in Kenntnis setzen, dass ich in den Ställen der Vereinigten Staaten sieben Pferde und zwei Kutschen samt Geschirr als Eigentum der Vereinigten Staaten zurücklassen werde. Diese mögen vielleicht für Sie nicht geeignet sein – aber sie werden Ihnen auf jeden Fall beträchtliche Ausgaben sparen, da sie zum Gestüt des präsidialen Haushalts gehören.
Hochachtungsvoll verbleibe ich Ihr ergebenster Diener.

HERZOG VON MARLBOROUGH AN KÖNIGIN ANNE VIA SARAH, HERZOGIN VON MARLBOROUGH, 13. AUGUST 1704

Ein Dreiecksverhältnis aus Macht, Triumpf und Liebe, alles aufgezeichnet in vertraulichen Briefen. Anne, Tochter von James II., war die kraftlose, unbeholfene protestantische Königin, denkbar ungeeignet, die Bemühungen Ludwigs XIV. zu vereiteln, Europa seinen Stempel aufzudrücken. Anne wurde von einer schlechten Gesundheit und Fettleibigkeit geplagt, was noch verschlimmert wurde durch das Elend von siebzehn erfolglosen Schwangerschaften mit ihrem Mann, Prinz Georg von Dänemark.

Der zweite in diesem Dreigestirn war der General John Churchill. Bei der Thronbesteigung James' II. im Jahr 1685 unterstützte er zunächst den König, sympathisierte jedoch mit den protestantischen Whigs gegenüber James' katholischem Absolutismus. Als 1688 Wilhelm von Oranien (der mit Mary, einer weiteren Tochter James' II., verheiratet war) in England landete, verschrieb sich Churchill der Glorreichen Revolution – und wurde mit dem Titel eines Herzogs von Marlborough belohnt.

Nachdem er bei Hof die damals fünfzehnjährige willensstarke Sarah Jennings kennengelernt und sich in sie verliebt hatte, heiratete Marlborough sie, genau zu der Zeit, als ihr Freundschaftsverhältnis zur Thronerbin Anne immer enger wurde. Anne betrachtete Sarah als ihre wichtigste seelische Stütze und schrieb ihr so leidenschaftliche Briefe, dass Sarah ihr später lesbische Absichten vorwarf. »Ich hoffe, ich bekomme ein, zwei Augenblicke mit meiner Liebsten«, schrieb Anne an Sarah. »Damit ich wenigstens eine herzliche Umarmung bekomme, nach der ich mich mehr sehne, als ich sagen kann.« Um ihren Briefverkehr verschwiegen zu halten, nannten sie einander Mrs. Motley und Mrs. Freeman.

Als Anne 1702 den Thron besteigt, führt Großbritannien gerade Krieg gegen Frankreich, und Marlborough, inzwischen Generalkapitän, bewerkstelligt eine lückenlose Serie von Siegen. Hier schreibt er nach seinem größten Sieg in der zweiten Schlacht bei Höchstädt an Sarah, statt unmittelbar an die Königin, womit er Sarahs Position stärkt. Marlborough bekam sein Herzogtum und Blenheim Palace, doch am Ende verkrachten sich Mrs. Morley und Mrs. Freeman heftig, was zu Marlboroughs Niedergang und dem Ende des Krieges beitrug.

Ich habe nicht die Zeit, mehr zu sagen, bitte Dich aber, mich der Königin zu empfehlen und ihr mitzuteilen, dass ihre Armee einen glorreichen Sieg davongetragen hat. M. Tallard (Marschall von Frankreich) sowie zwei weitere Generäle sitzen in meiner Kutsche, und ich bin hinter den anderen her. Der Überbringer, mein Adjutant Colonel Parke, wird ihr eine Schilderung des Vorgefallenen geben. Ich werde diese in ein, zwei Tagen durch eine weitere, ausführlichere ergänzen.

DONALD TRUMP AN KIM JONG-UN,
24. MAI 2018

Ein Brief, wie er charakteristisch ist für den weltbewegenden Stil von Präsident Donald Trump. Mit seiner Selbstwahrnehmung als globaler Dealmacher, dessen Erfahrungen sich allerdings auf die New Yorker Immobilienbranche und das Reality-TV beschränken, glaubt Trump, dass seine ureigene Diplomatie bei Gipfeltreffen Deals zustande bringen kann, von denen konventionellere Politiker nur träumen können.

Zu Anfang des Jahres 2018 ist er überzeugt, dass er, wenn er nur mit dem jungen nordkoreanischen Diktator Kim Jong-un zusammentreffen kann, das gefährliche Problem des von der Kim-Dynastie zur eigenen Machtsicherung aufgehäuften Atomwaffenarsenals zu lösen vermag. Als sich die nordkoreanischen Unterhändler feindselig zeigen, greift Trump auf die althergebrachte diplomatische Note zurück, eine Form, die bei dem streng stalinistisch-formellen Regime gut ankommen könnte. Doch der Tonfall ist typisch für Trump – schwülstige Großtuerei gepaart mit theatralischen Drohgebärden und lautschallender Gefühlsduselei. Es ist wohl der erste Brief, in dem ein US-Präsident so schamlos seine atomare Macht hinausposaunt und damit droht, ihre apokalyptischen Kräfte zu entfesseln. Der Brief zeitigt Erfolg. Kim antwortet mit einem eigenen, versöhnlichen formellen Schreiben.

Das aufsehenerregende Gipfeltreffen fand am 12. Juni in Singapur statt, doch die wahre Denuklearisierung Koreas sollte schwerer zu erreichen sein. Nichtsdestotrotz ist dieser

Briefwechsel typisch für eine eigentümliche Epoche im Weltgeschehen.

Weißes Haus
Washington DC
24. Mai 2018

Seine Exzellenz Kim Jong-un
Vorsitzender des Komitees für Staatsangelegenheiten der Demokratischen Volksrepublik Korea

Sehr geehrter Herr Vorsitzender,
wir danken Ihnen herzlich für Ihre Zeit, Geduld und Bemühungen hinsichtlich unserer jüngsten Verhandlungen und Gespräche über einen Gipfel, auf den beide Seiten schon lange hinstreben … Ich hatte mich sehr darauf gefreut, Sie dort zu sehen. Leider empfinde ich aber in Anbetracht des gewaltigen Zorns und der offenen Feindseligkeit in Ihrer jüngsten Verlautbarung dieses lange geplante Treffen zu diesem Zeitpunkt als unangebracht … Sie sprechen von Ihrem nuklearen Potenzial, aber unseres ist so gewaltig und so wirkungsvoll, dass ich zu Gott bete, es möge nie zum Einsatz kommen müssen … Sollten Sie bezüglich dieses überaus wichtigen Gipfels Ihre Meinung ändern, zögern Sie bitte nicht, mich anzurufen oder mir zu schreiben. Die Welt, und Nordkorea im Besonderen, hat eine großartige Gelegenheit für dauerhaften Frieden und großen Wohlstand verpasst. Diese vertane Chance ist ein wahrhaft trauriger Moment in der Geschichte.
Mit freundlichen Grüßen
Donald J. Trump,
Präsident der Vereinigten Staaten von Amerika

UNTERGANG

ABD AR-RAHMAN III. AN SEINE SÖHNE, 961 N. CHR.

Abd ar-Rahman III. war der prächtigste unter den arabischen Herrschern über Al-Andalus, das muslimische Königreich in Spanien. Er stammte ab von Abd ar-Rahman I., dem Umayyaden-Fürsten, der aus dem von seinen Widersachern, den abbasidischen Kalifen, regierten Bagdad entkam, in Verkleidung durch Afrika reiste und dann in Spanien sein eigenes Reich gründete. Nach seinem Tod war es mit diesem Reich bergab gegangen, bis im Jahr 912 Abd ar-Rahman III. den Thron bestieg. Als hervorragender General und erbarmungsloser Politiker setzte dieser zu einer Jahrzehnte andauernden Abfolge von Kriegen an, um alle seine Rivalen, muslimische wie christliche, aus dem Weg zu räumen. Am Ende beherrschte er Iberien in einem solchen Ausmaß, dass er sich 929 in einem offenen Brief, in dem er die abbasidischen Kalifen in Bagdad als Betrüger verdammte, zum Kalifen – Befehlshaber der Gläubigen – erklärte: »Wir sind am allerwürdigsten, unser Recht in Anspruch zu nehmen, und am berechtigtsten, unser Glück vollkommen zu machen und uns zu gewanden, wie es uns der Edelmut Gottes gewährt hat, aufgrund der Gunst, die Er uns erwiesen, des Ansehens, das Er uns verliehen, und der Macht, zu der Er uns erhoben hat … Wir haben entschieden, dass die Akklamation zum Befehlshaber der Gläubigen uns gelten soll … Jeder, der sich abgesehen von uns diesen Namen gibt, maßt ihn sich widerrechtlich an und begeht eine unerlaubte Handlung …«

Als der siebzigjährige Kalif, der ruhmreichste Monarch seiner Zeit, im Jahr 961 auf dem Sterbebett liegt, schreibt er diesen Brief – mutmaßlich an seinen Nachfolger. Es ist ein Musterbeispiel an Bedürfnislosigkeit von einem unendlich mächtigen Herrscher – in fünfzig siegreichen Jahren nur vierzehn freudige Tage!

Ich regiere nun seit mehr als fünfzig Jahren in siegreichen wie in friedlichen Zeiten, geliebt von meinen Untertanen, gefürchtet von meinen Feinden und geachtet von meinen Verbündeten. Reichtum und Ehre, Macht und Vergnügen waren mir jederzeit zu Diensten, noch scheint mir auch nur eine einzige irdische Wohltat zu meiner Glückseligkeit gefehlt zu haben. In dieser meiner Befindlichkeit habe ich sorgfältig die Tage reinen, echten Glücks gezählt, die mir das Schicksal bemessen hat. Sie belaufen sich auf VIERZEHN – oh, Mensch, setze nicht Dein Vertrauen in diese Welt!

SIMON BAR KOCHBA AN YESHUA BEN GALGOULA, UM 135 N. CHR.

130 n. Chr. besuchte der römische Kaiser Hadrian Jerusalem, das seit der Zerstörung des Tempels im Jahr 70 in Schutt und Asche lag. Hadrian wollte die Stadt unter heidnischen Vorzeichen wieder aufbauen. Sie sollte seinen Namen tragen und an der Stelle des Allerheiligsten mit einem Jupitertempel aufwarten. Im Jahr 132 initiierte eine geheimnisvolle Gestalt, die sich

»Fürst von Israel« nannte, einen gewaltigen Aufstand, der im Nu zwei römische Legionen vernichtete. Es war der Auftakt zu einer neuerlichen jüdischen Revolte unter dem Befehl des besagten Fürsten, dessen Name allem Anschein nach Shimon ben Kosiba lautete, der allerdings von seinen Anhängern als Simon Bar Kochba, Sohn des Sterns, bejubelt wurde.

Hadrian schickte in aller Eile Verstärkungstruppen, um diesen neuen Staat Israel im Keim zu ersticken, doch es wurde ein zäher Kampf von drei Jahren. Schließlich wurde Simon in seiner Festung Betar belagert und dann getötet. Hadrians Vergeltung an den Juden nahm beinahe schon Züge eines Völkermords an. Nach Quellenangaben wurden 500 000 Menschen brutal abgeschlachtet. Jerusalem wurde nach Hadrians Familie in Aelia Capitolina umbenannt und zur heidnischen Stadt. Judäa bekam den Namen Palästina. 1960 wurde in einer Höhle in Judäa ein erstaunlicher Fund gemacht: fünfzehn von Simons Briefen. Hier ist einer davon. Archäologen rätseln über die Bedeutung des Wortes »vernichten«, das beschädigt und nur schwer zu entziffern ist. Zeitweise nahm man an, dass S. B. K. Yeshua anwies, die Galiläer zu schützen, doch inzwischen scheint es so, als ob er verlangte, dass ihnen etwas Schlimmes zugefügt werden sollte. Diese Korrespondenz stammt vermutlich aus den letzten Tagen der Revolte, als der Fürst Mühe hatte, seine schwindenden Truppen unter Kontrolle zu halten. Der Untergang des letzten jüdischen Staates (vor 1948) steht kurz bevor.

Von Shimon ben Kosiba an Yeshua ben Galgoua und die Männer in der Festung. Friede sei mit Euch. Der Himmel sei mein Zeuge, dass ich Euch, sofern Ihr nicht die Galiläer, die bei Euch sind, bis zum letzten Mann vernichtet, Fußfesseln anlegen werde, wie ich es bei ben Aphul tat.

AMMURAPI AN DEN KÖNIG VON ALAŠIJA, UM 1190 V. CHR.

Um das Jahr 1190 v. Chr. griff eine Armee marodierender Seefahrer die wohlhabende syrische Stadt Ugarit an, die enge Beziehungen zu anderen Mächten der späten Bronzezeit pflegte: zu Ägypten im Süden und den Hethitern im Norden. Als die Plünderer einfallen, wendet sich der König von Ugarit, Ammurapi, an seinen alajsischen (zypriotischen) Nachbarn. Wir kennen immer noch nicht die Identität der Aggressoren, deshalb spricht man einfach nur von den Seevölkern. In diesem Brief schildert Ammurapi den Auftakt zur Zerstörung seines Königreichs. Selbst heute, dreitausend Jahre später, ist die Verzweiflung noch greifbar. Kein Wunder – die Seevölker zerstörten viele Reiche jener Zeit.

Mein Vater, hört nur, die feindlichen Schiffe kamen [hierher]. Meine Städte wurden niedergebrannt, und sie verrichteten schlimme Dinge in meinem Land. Weiß mein Vater nicht, dass alle meine Truppen und Streitwagen im Land der Hethiter stehen und alle meine Schiffe im Land Lukka liegen? ... So also ist das Land sich selbst überlassen. Möge mein Vater es erfahren: Die sieben Schiffe des Feindes, die hierherkamen, haben uns viel Schaden zugefügt.

AURANGZEB AN SEINEN SOHN
MUHAMMAD AZAM SHAH, 1707

Ein demütiger Brief im Angesicht des Todes von einem Vertreter der intoleranten Machtausübung. Aurangzeb, der
»Welteroberer«, war der letzte Großmogul von Indien. Er
wurde geboren als dritter Sohn von Shah Jahan, dem Erbauer
des Taj Mahal. Nach einem erbitterten Machtkampf, in dessen
Verlauf er alle seine rivalisierenden Brüder brutal hinrichtete,
demütigte er seinen Vater und verhängte ein strenges islami-
sches Regime über das multireligiöse, multiethnische Reich,
womit er es gefährlich destabilisierte. Nach der Niederschlagung von Hindu- und Sikh-Rebellionen liegt Aurangzeb, voller Reue und Selbstzweifel, auf dem Sterbebett und schreibt
an seinen Sohn.

Heil sei Dir! Mit meinem Herzen bin ich bei Dir. Das Alter hat
mich erfasst – Schwäche drückt mich nieder, und alle meine
Gliedmaßen hat die Kraft verlassen. Ich kam als Fremder
in diese Welt, und als Fremder werde ich sie auch wieder
verlassen. Ich weiß nichts über mich, nicht wer ich bin, noch
zu was ich bestimmt bin. Der Augenblick, der in der Macht
verging, hat nur Kummer zurückgelassen. Ich war nicht der
Hüter und Beschützer des Reiches. Meine wertvolle Zeit
wurde vergeudet. Ich hatte einen Schutzherrn in meiner
eigenen Wohnstatt [damit ist vermutlich sein Gewissen ge-
meint], doch sein prachtvoller Schein wurde von meinem
schwachen Augenlicht nicht gesehen Das Leben ist nicht von
Dauer. Es bleibt keine Spur von erloschenem Odem, und alle

Hoffnung auf die Zukunft ist verloren. Das Fieber ist von mir gewichen, aber übrig sind nur noch Haut und Knochen. Mein Sohn [Kambaksh] ist, obwohl in Richtung Bijapur aufgebrochen, noch nah; und Du, mein Sohn bist noch näher. Der geschätzte Shaw Aulum ist weit entfernt, und mein Enkel [Azeem Ooshawn] ist auf Gottes Weisung im Gebiet von Hindustan eingetroffen. Lager und Gefolgsleute, ohnmächtig und verängstigt, sind wie ich selber schwer gebeutelt, rastlos wie das Quecksilber. Getrennt von ihrem Herrn, wissen sie nicht, ob sie nun einen Gebieter haben oder nicht.

Ich habe nichts in diese Welt mitgebracht und trage auch, abgesehen von den menschlichen Gebrechen, nichts wieder hinaus. Ich fürchte um mein Seelenheil und mit welchen Qualen ich bestraft werden mag. Auch wenn ich festes Vertrauen in das Erbarmen und den Großmut Gottes besitze, so lässt mich doch, was meine Taten angeht, die Angst nicht los. Doch wenn ich fort bin, bleibt kein Widerschein. Komme, was da wolle, ich habe mein Schiff den Wellen übergeben. Auch wenn die Vorsehung das Lager behüten wird, sind doch, was den äußeren Anschein betrifft, die Bemühungen meiner Söhne unerlässlich. Meine letzten Gebete sollen meinem Enkel gelten [Bedar Bakht], den ich zwar nicht sehen kann, doch das Verlangen packt mich. Die Begum [seine Tochter] scheint betrübt. Doch Gott ist der einzige Richter der Herzen. Die törichten Gedanken der Frauen bringen nichts als Enttäuschung hervor. Lebe wohl! Lebe wohl! Lebe wohl!

SIMÓN BOLÍVAR AN JOSÉ FLORES,
9. NOVEMBER 1830

Alle politischen Laufbahnen scheitern am Ende, doch hier handelt es sich um ausgesprochene Resignation. Simón Bolívar hat halb Südamerika von der spanischen Herrschaft befreit, war Präsident von Großkolumbien, Diktator von Peru und noch vieles mehr, doch seine Karriere endet katastrophal im Zerfall seiner Autorität und des Staates, den er geschaffen hat. Am 20. Januar 1830 tritt er zurück. Nach dem tödlichen Attentat auf seinen engsten Verbündeten, Marschall José de Sucre, ist er völlig verzweifelt. Bereits vom Tod gezeichnet, schreibt er an Präsident Flores von Ecuador: »Rächen Sie den Mord an Sucre ... und dann machen Sie, dass Sie wegkommen, solange Sie es noch vermögen.« Kurz nach dieser vernichtenden Einschätzung der Zukunft Südamerikas starb Bolívar erst fünfundvierzigjährig an Tuberkulose.

Nutzen Sie die Vergangenheit, um die Zukunft vorauszusagen. Wie Sie wissen, habe ich zwanzig Jahre lang regiert, und aus dieser Zeit habe ich nur einige wenige sichere Schlussfolgerungen hergeleitet: ... 1. Amerika ist unregierbar; 2. wer einer Revolution dient, pflügt das Meer; 3. in Amerika kann man nur eins tun, es verlassen; 4. das Land wird unweigerlich in unvorstellbarem Chaos versinken, wonach es in die Hände einer nicht unterscheidbaren Abfolge von Tyrannen jeglicher Couleur fallen wird; 5. sind wir erst einmal in den Klauen aller Arten von Verbrechen und zu einem Taumel der Gewalt verkümmert, wird niemand mehr – nicht einmal die Europäer –

uns unterwerfen wollen; 6. und schließlich, wenn die Menschheit in ihren Urzustand zurückfallen könnte, würde sich dies
hier in Amerika zutragen, in seiner letzten Stunde.

ABSCHIED

LEONARD COHEN AN MARIANNE IHLEN, JULI 2016

Der Abschiedsbrief ist einer der Grundpfeiler der Briefkunst. Kein anderer Singer-Songwriter zwischen den 1960er Jahren und dem Beginn des 21. Jahrhunderts war ein solcher Meister nicht nur der Musik, sondern auch der Worte wie Leonard Cohen. Er verstand sich selber in erster Linie als Poet, doch sind seine Liedtexte und Kompositionen seine Meisterstücke. Viele von ihnen speisen sich aus seinen Liebesbeziehungen zu Frauen, die seine Musen wurden – Lieder wie »Suzanne«, »Nancy« oder »Sisters of Mercy« –, doch niemand hat ihn mehr beflügelt als Marianne Ihlen, eine junge Norwegerin, die in den 1960ern einige Jahre mit Cohen auf der griechischen Insel Hydra lebte. Sie inspirierte ihn zu vielen seiner größten Songs, wie zum Beispiel »Bird on the Wire« und vor allem »So Long, Marianne«.

Nachdem sie sich Ende der 60er Jahre getrennt hatten, heiratete sie und zog nach Oslo. Viele Jahre später, 2016, wurde bei ihr Leukämie festgestellt. Ihr Zustand verschlechterte sich rapide, und es war klar, dass sie bald sterben würde. Am 1. Juli bittet sie ihren engen Freund Jan Christian Mollestad, Leonard Cohen zu benachrichtigen, der mit zweiundachtzig immer noch singt und schreibt, obwohl auch er krank ist. Jan schreibt an diesem Abend noch an Cohen, dass Marianne »nur noch ein paar Tage zu leben hat« und endet mit den Worten: »Ich hoffe, Sie lesen das hier noch rechtzeitig, um mit ihr Kontakt aufzunehmen. Und ich hoffe auch, Sie denken nicht, ich würde mich unbefugt einmischen. Ich gebe nur Mariannes tiefe Liebe zu Ihnen weiter.« Jan hat nicht viel Hoffnung, dass er eine Antwort von Leonard Cohen erhalten wird, doch im Morgengrauen findet er, nach einer schlaflosen Nacht, diesen wunderschönen Brief vor. Jan liest Marianne den Brief vor. »Diese sieben Sätze von Leonard – dieses Zeichen bleibender Zuneigung – schenkte Marianne einen neuen Grad von Frieden.« Am Tag darauf fällt sie ins Koma und stirbt zwei Tage später. Leonard Cohen selbst starb im November desselben Jahres. Vielleicht sah er ja Marianne »die Straße runter« …

Liebste Marianne,
ich bin nur ein kurzes Stück hinter Dir, nah genug, um Deine Hand zu ergreifen. Dieser alte Körper hat aufgegeben, genau wie Deiner, und der Räumungsbescheid müsste jeden Tag eintreffen.
Ich habe niemals Deine Liebe und Deine Schönheit vergessen. Aber das weißt Du ja. Mehr muss ich gar nicht sagen.
Gute Reise, meine Freundin.
Ich seh Dich dann weiter die Straße runter.
Endlose Liebe
und Dankbarkeit,
Leonard

»HENRIETTE« AN GIACOMO CASANOVA, HERBST 1749

Hier haben wir einen klassischen »Laufpass-Brief«. Der Abenteurer Giacomo Casanova ist berühmt als umtriebiger Liebhaber, der über sich selber sagte: »Ich habe die Frauen bis zum Wahnsinn geliebt.« Doch er war auch wechselweise Bibliothekar, Spion, Okkultist, Schnorrer, Betrüger und Phantast – und nicht zuletzt auch ein wunderbarer Briefe- und Memoirenschreiber. Sein erstes erotisches Abenteuer mit zwei Schwestern läutete eine lange Laufbahn als Frauenheld ein, doch war er nie so kaltherzig mit seinen 132 Geliebten, wie er vorgab, und er liebte intelligente Frauen: »Die Konversation macht zwei Drittel des Vergnügens aus«, erklärte er.

Diesen Brief nun erhielt Casanova von der einen Frau, die er möglicherweise wirklich geliebt hat, der anonymen Henriette, die er Anfang 1749 in Parma kennenlernte. Sie war ein Freigeist und eine brillante Gesprächspartnerin mit einem erlesenen Geschmack. »Wer glaubt, eine Frau sei unfähig, einen Mann vierundzwanzig Stunden am Tag glücklich zu machen, ist noch niemals einer Henriette begegnet.« Es handelt sich bei ihr vermutlich um eine provenzalische Adlige, die in einer unglücklichen Ehe gefangen war. Doch ist sie es und nicht er, die Schluss macht. Zum Abschied hinterlässt sie ihm fünfhundert Louisdor und ritzt mit einem Diamanten in die Fensterscheibe: »Du wirst auch Henriette vergessen.«

Ihr Brief ist absolut bezaubernd. »Wir wollen uns schwören, einander niemals zu vergessen.« Es ist anzunehmen, dass sie zu ihrem langweiligen Ehemann zurückkehrt. Wie so oft in solchen Situationen schwört die Verfasserin, niemals wieder eine verbotene Liebschaft einzugehen, wünscht aber dem tod-unglücklichen Casanova noch viele weitere Henrietten: »Ihr werdet wieder lieben.« Aber er weiß, dass es nie mehr so sein wird wie mit ihr – es gibt in einem Leben nur eine Henriette.

Sie trafen sich tatsächlich noch einmal wieder, 1769, da war sie einundfünfzig. Als Casanova sie zunächst nicht erkannte, bemerkte sie: »Fülligkeit hat meine Physiognomie verwandelt.« Ihre wahre Identität ist immer noch unbekannt.

Ich, mein liebster und bester Freund, bin diejenige, die sich gezwungen sieht, Euch zu verlassen. Doch mehrt Eure Trauer nicht noch mit Gedanken an meinen Kummer. Lasst uns so klug sein, uns einzubilden, wir hatten einen seligen Traum, und nicht über das Schicksal zu klagen, denn noch niemals währte ein so schöner Traum so lange! Lasst uns stolz sein auf die Gewissheit, dass wir einander drei Monate lang vollkommene Glückseligkeit geschenkt haben. Nur wenige Menschen können sich dessen rühmen! Wir wollen uns schwören, einander niemals zu vergessen und oftmals die frohen Stunden unserer Liebe zu erinnern, um sie so in unseren Herzen zu erneuern, die, so sie auch getrennt sind, sich ihrer so inniglich erfreuen werden, als würden sie gegeneinander schlagen. Stellt keine Nachforschungen nach mir an, und sollte der Zufall Euch enthüllen, wer ich bin, so vergesst es für immer. Gewiss werdet Ihr mit Freude vernehmen, dass ich meine Angelegenheiten so gut geregelt habe, dass ich für den Rest meines Lebens so zufrieden sein werde, wie ich es ohne Euch, mein liebster Freund, an meiner Seite nur sein kann. Ich weiß zwar nicht, wer Ihr seid, doch bin ich sicher, dass niemand auf der Welt Euch besser kennt als ich. Ich werde, so lange ich lebe, keinen anderen Liebhaber mehr haben, doch wünsche ich nicht, dass Ihr es mir gleichtut. Im Gegenteil hoffe ich, dass Ihr wieder lieben werdet, und ich wünsche Euch, dass eine gute Fee Euch eine andere Henriette zuführen möge.

Lebt wohl ... lebt wohl.

WINSTON CHURCHILL AN
SEINE FRAU CLEMENTINE, 17. JULI 1915

Als die Welt 1914 mit Volldampf auf den Ersten Weltkrieg zusteuerte, war Winston Churchill, damals einundvierzig Jahre alt, im Kabinett als Erster Lord der Admiralität zuständig für die Flotte der führenden Seemacht der Welt. Wie alle anderen in Europa war er entsetzt über den kurzsichtigen, fieberhaften Kriegstaumel und schrieb diesbezüglich im Juli 1914 an seine Frau Clementine: »Ich kann nicht finden, dass wir hier auf dieser Insel in einem ernsthaften Ausmaß für die Welle der Tollheit verantwortlich sind, die über die Christenwelt geschwemmt ist. Niemand kann die Folgen ermessen. Ich habe mich gefragt, warum diese dummen Könige und Kaiser sich nicht einmal zusammensetzen und dem Königtum neues Leben einhauchen konnten, indem sie die Nationen vor der Hölle bewahrten, aber wir treiben alle dahin in einer Art dumpfer kataleptischer Trance.« Nachdem die anfänglichen deutschen Angriffe auf Frankreich und Russland nicht den gewünschten Erfolg erzielt hatten, versank man in einem mörderischen Grabenkrieg, den Churchill auf einfallsreiche Weise aufzulösen versuchte. Er regte einen Angriff auf das schwächste Glied in der Kette der deutschen Verbündeten an, das osmanische Reich, was den Druck auf Russland lindern und mit etwas Glück die Einnahme von Istanbul ermöglichen würde. Es war eine vernünftige Idee, die jedoch erbärmlich schlecht umgesetzt wurde und in den unseligen Gallipoli-Feldzug mündete. Churchill flog aus der Admiralität und wurde degradiert. Im November 1915 trat er zurück, um als Oberstleutnant in den Schützengräben zu dienen. Erst im Juli 1917 kehrte er in die Regierung zurück.

In diesem politischen Schwebezustand, während dessen er sich anschickt, in den Kampf zu ziehen, schreibt er nun diesen Brief an Clementine, zu öffnen »im Falle meines Todes«. Nachdem er seinen Sohn Randolph zu seinem Erben bestimmt hat, widmet sich Churchill Clementine mit der für ihn typischen Mischung aus politischem Pragmatismus, aufgeblasenem Selbstbewusstsein, romantischer Liebe sowie einer ritterlichen, ja sogar spirituellen Aufgeschlossenheit, insbesondere in seinem Versprechen: »Falls es ein Jenseits gibt, werde ich nach Dir Ausschau halten.«

Im Falle meines Todes.

Mir liegt sehr daran, dass Du Dir alle meine Akten beschaffst, vor allem die mit Bezug zu meiner Amtsführung in der Admiralität. Ich habe Dich als alleinige Verwalterin meines literarischen Nachlasses eingesetzt … Es eilt nicht. Aber ich hätte schon gern, dass eines Tages die Wahrheit ans Licht kommt. Randolph wird die Fackel weitertragen. Trauere nicht zu sehr um mich. Ich bin mir meiner Rechte sicher. Der Tod ist nur ein Zwischenfall, und nicht einmal der wichtigste, der uns in diesem Seinszustand befällt. Alles in allem war ich glücklich, besonders seit ich Dir begegnet bin, meine Liebste. Und Du hast mich gelehrt, wie großmütig das Herz einer Frau sein kann. Falls es ein Jenseits gibt, werde ich nach Dir Ausschau halten. Schau derweil nach vorn, tu Dir keinen Zwang an, freu Dich des Lebens, genieße das Zusammensein mit den Kindern, bewahre mein Andenken. Behüt' Dich Gott. Auf Wiedersehen. W.

NIKOLAI BUCHARIN AN JOSEF STALIN, 10. DEZEMBER 1937

Ein Brief der Ergebenheit und Unterwürfigkeit von einem Mann an seinen Mörder. Es ist einer der befremdlichsten Briefe in diesem Buch, herzzerreißend und erschreckend zugleich, und er gibt ein Abbild der bizarren mordlüsternen Raserei im Rahmen des großen Terrors in Sowjet-Russland. In den späten 1920er Jahren waren Stalin und Bucharin Busenfreunde und politische Verbündete in der Regierung der Sowjetunion gewesen. Auch ihre Ehefrauen waren befreundet, und die Familien gingen beieinander ein und aus. Bucharin war ein Intellektueller, von Lenin als »Liebling der Partei« bezeichnet. Doch 1929 wandte sich Stalin gegen Bucharin, der seinerseits Komplotte mit Stalins Widersachern schmiedete und weiter mit Stalins Frau Nadescha befreundet blieb. Sie beging 1932 Selbstmord. 1934 heiratete Bucharin in dritter Ehe die junge, hübsche Tochter eines weiteren Mitglieds der Parteiführung.

In den 1930ern spielte Stalin mit Bucharin Katz und Maus, bis er 1936 eine Säuberungsaktion unter der bolschewistischen Führungsriege in Gang setzte und die Vernichtung seines ehemaligen Freundes einfädelte. Der Terror verstärkte sich, als Stalin die Verhaftung, Folterung und Hinrichtung von schätzungsweise einer Million Menschen veranlasste. Schließlich wurde auch Bucharin verhaftet und gezwungen, sich zu Verbrechen zu bekennen, die er nicht begangen hatte. In dem Wissen, dass er aller Wahrscheinlichkeit nach von dem gnadenlosen Stalin erschossen werden wird, schreibt Bucharin einen letzten Brief aus dem Gefängnis. Trotz allem bringt er als Bolschewik, dem die marxistisch-leninistische Mission über alles, selbst das eigene Leben geht, Ergebenheit gegenüber Stalin – seinem Freund Koba – und der Kommunistischen Partei zum Ausdruck, und er begrüßt ausdrücklich die große Idee einer rigorosen Säuberung. Dieser verzweifelte, fieberhafte Brief ist außergewöhnlich in seiner Mischung aus Liebe und Erniedrigung – und in Bucharins Bereitschaft, für die Partei zu sterben, indem er sich zu nie begangenen Verbrechen bekennt. Stalin wollte Bucharin tot sehen. Nach einer öffentlichen Verhandlung wurde er am 15. März 1938 hingerichtet. Es heißt, Stalin habe den Brief für den Rest seines Lebens in seinem Schreibtisch aufbewahrt.

HÖCHSTE GEHEIMSTUFE
PERSÖNLICH
Es wird erbeten, dass niemandem das Lesen dieses Briefes ohne ausdrückliche Genehmigung durch I. V. Stalin gestattet wird.
Josef Wissarionowitsch:
Dies ist vermutlich der letzte Brief, den ich Dir vor meinem Tode schreiben werde. Deshalb möchte ich auch, obwohl ich ein Gefangener bin, um die Erlaubnis bitten, auf die übliche Behördensprache zu verzichten. Dies umso mehr, als ich diesen Brief ausschließlich an Dich richte. Ob er überhaupt existiert oder nicht existiert, liegt ganz allein in Deinen Händen.

Ich bin auf der letzten Seite meines Dramas und vielleicht auch meines Lebens angekommen. Ich habe hin und her überlegt, ob ich überhaupt Bleistift und Papier zur Hand nehmen soll – während ich dies schreibe, zittere ich vor Unbehagen und vor all den vielen Gefühlen, die sich in mir regen, am ganzen Körper. Ich habe mich kaum noch in der Gewalt. Doch gerade weil mir nur noch so wenig Zeit bleibt, möchte ich mich im Vorhinein von Dir *verabschieden*, bevor es zu spät ist, bevor meine Hände aufhören zu schreiben, bevor sich meine Augen schließen, während mein Gehirn noch irgendwie funktioniert.

Um etwaigen Missverständnissen vorzubeugen, sage ich Dir gleich zu Anfang, dass, was die *Welt im Allgemeinen* (Gesellschaft) angeht, a) ich nicht die Absicht habe, irgendetwas von dem, was ich niedergeschrieben [eingestanden] habe, zu widerrufen; b) ich in diesem Sinne (beziehungsweise in Verbindung damit) nicht die Absicht habe, Dich um etwas zu bitten oder anzuflehen, das meinen Fall von dem Kurs abbringen könnte, auf dem er unterwegs ist. Ich schreibe Dir vielmehr zu Deiner *persönlichen* Information. Ich kann nicht aus diesem Leben scheiden, ohne Dir diese letzten Zeilen zu schreiben, da ich von Qualen heimgesucht werde, von denen Du wissen solltest ...

Die politische Vorstellung einer umfassenden Säuberung hat etwas Großes, Kühnes an sich. Sie hängt zusammen a) mit der Vorkriegssituation und b) mit dem Übergang zur Demokratie. Diese Säuberung umfasst 1) die Schuldigen, 2) unter Verdacht stehende Personen und 3) potenziell unter Verdacht stehende Personen. Diese Angelegenheit hätte ohne mich nicht bewerkstelligt werden können. Manche werden auf die eine Weise neutralisiert, andere auf eine andere und eine dritte Gruppe noch anders. Als Garantie für alle dient die Tatsache, dass die Menschen zwangsläufig übereinander reden, und dabei wecken sie ein dauerhaftes gegenseitiges Misstrauen ... Auf diese Weise schafft die Führungsriege sich eine vollständige Garantie.

Denke um Himmels willen nicht, ich würde mich hier in Vorwürfen ergehen, nicht einmal in meinen geheimsten Gedanken. Ich bin doch nicht von gestern. Ich weiß nur zu gut, dass große Pläne, große Ideen und große Interessen Vorrang vor allem anderen haben, und ich weiß, dass es kleinlich von mir wäre, die Angelegenheit meiner Person auf eine Stufe mit den universellen-historischen Aufgaben zu stellen, die in erster Linie auf Deinen Schultern ruhen ...

Erlaube mir schließlich, zu meinen letzten, geringfügigen Bitten zu kommen.

a) Es wäre tausendmal leichter für mich zu sterben, als den bevorstehenden Prozess zu durchleben. Ich weiß einfach nicht, wie ich es schaffen soll, mich zu beherrschen. Du kennst mein Wesen: Ich bin weder ein Feind der Partei noch der UdSSR, und ich werde alles in meiner Macht Stehende tun, [um der Sache meiner Partei zu dienen], aber unter derartigen Umständen sind meine Kräfte verschwindend gering, und starke Gefühle steigen in meiner Seele auf ...

b) Sollte mich das Todesurteil erwarten, dann bitte ich Dich im Vorhinein, ich flehe Dich an, bei allem, was Dir lieb und teuer ist, mich nicht erschießen zu lassen. Lass mich stattdessen in der Zelle Gift trinken. (Gib mir Morphium, damit ich einschlafen und nie wieder aufwachen kann.) Für mich ist dieser Punkt äußerst wichtig. Ich weiß nicht, welche Worte ich aufbieten soll, um Dich inständig zu bitten, mir dies als Akt der Barmherzigkeit zu gewähren. Schließlich ist es politisch ja nicht wirklich von Belang, und außerdem wird niemand davon erfahren. Aber lass mich meine letzten Augenblicke meinen Wünschen entsprechend verleben. Habe Mitleid mit mir! Du verstehst es doch sicher – so gut, wie Du mich kennst. Manchmal schaue ich dem Tod offen ins Gesicht, genau wie ich sehr gut weiß, dass ich zu Heldentaten imstande bin. Andere Male bin ich, immer noch derselbe Mensch, so durcheinander, dass mir jegliche Kraft fehlt. Falls also das Urteil auf Tod lautet, gib mir einen Becher mit Morphium. Ich flehe dich an ...

c) Ich bitte Dich um die Erlaubnis, mich von meiner Frau und meinem Sohn zu verabschieden. Es ist nicht nötig, dass ich meiner Tochter auf Wiedersehen sage. Sie tut mir leid. Für sie wäre es zu schmerzlich. Es wird auch zu schmerzlich für Nadja sein [Bukharins erste Frau] und für meinen Vater. Anjuta dagegen ist jung. Sie wird es überstehen. Ich würde gern ein paar letzte Worte mit ihr wechseln. Ich hätte gern das Zugeständnis, sie noch *vor* dem Prozess zu treffen. Mein Argument lautet wie folgt: Wenn meine Familie sieht, zu was ich mich bekannt habe, könnten sie womöglich vor lauter Schreck Selbstmord begehen. Ich muss sie irgendwie darauf vorbereiten. Mir scheint, dass dies im Interesse des Falles und seiner offiziellen Deutung liegt.

d) Falls, wider Erwarten, mein Leben verschont werden sollte, würde ich gerne darum bitten (allerdings müsste ich das zuerst noch mit meiner Frau besprechen) ... für x Jahre nach Amerika ins Exil geschickt zu werden ... Doch falls Du auch nur den geringsten Zweifel haben solltest, verbanne mich in ein Lager in *Petschora* oder am *Kolyma*, wenn auch für 25 Jahre ...

Josef Wissarionowitsch! An mir hast Du einen Deiner fähigsten Generäle verloren, einen, der Dir aufrichtig ergeben ist. Aber das ist alles Vergangenheit ... Ich bereite mich im Geiste darauf vor, aus diesem Tal der Tränen zu scheiden, und ich empfinde Euch allen gegenüber, der Partei und der Sache gegenüber nichts als eine große, unendliche Liebe. Ich tue alles Menschenmögliche und -unmögliche. Ich habe Dir von alldem geschrieben. Ich habe Striche durch alle Ts und Punkte auf alle Is gemacht. All dies habe ich im Vorhinein getan, da ich überhaupt keine Vorstellung davon habe, in welcher Verfassung ich morgen und übermorgen usw. sein werde. Als Neurastheniker werde ich womöglich eine solche umfassende Teilnahmslosigkeit empfinden, dass ich nicht einmal einen Finger werde rühren können.

Doch jetzt schreibe ich trotz Kopfschmerzen und mit Tränen in den Augen. Ich habe ein reines Gewissen vor Dir, Koba. Ich bitte Dich ein letztes Mal um Vergebung (nur in Deinem Herzen, nicht anderweitig). Aus diesem Grund umarme ich Dich im Geiste. Lebe wohl für immer und gedenke mit Wohlwollen Deines elenden

N. Bucharin

FRANZ KAFKA AN MAX BROD, HERBST/WINTER 1921

Franz Kafka schrieb über Entfremdung, Heimlichtuerei und Verfolgung durch düster-bedrohliche Beamtenapparate, und sein letzter Brief an seinen besten Freund Max Brod lässt alle Themen seines Werkes noch einmal Revue passieren. Der aus Prag stammende Kafka war ein jüdischer Versicherungsbeamter, der zur Schriftstellerei überwechselte. Er schuf Meisterwerke wie *Das Urteil* und *Das Schloss* und war ein zwanghafter Schürzenjäger, gleichzeitig aber auch gequält von der

Angst vor literarischem und sexuellem Versagen. Aus diesem Grund vernichtete er 90 Prozent von dem, was er geschrieben hatte. Bereits dem Tod durch Tuberkulose geweiht, weist er Brod an, alle seine Werke zu vernichten, da er glaubt, sie würden seinem literarischen Ruf schaden. Brod entschied sich, die Bitte seines Freundes zu missachten, und veröffentlichte zwischen 1925 und 1933 das Werk, das die Wortschöpfung »kafkaesk« hervorbrachte.

Liebster Max,

meine letzte Bitte: alles, was sich in meinem Nachlass ... an Tagebüchern, Manuscripten, Briefen, fremden und eigenen, Gezeichnetem u. s. w. findet, restlos und ungelesen zu verbrennen, ebenso alles Geschriebene oder Gezeichnete, das Du oder andere, die Du in meinem Namen darum bitten sollst, haben. Briefe, die man Dir nicht übergeben will, soll man wenigstens selbst zu verbrennen sich verpflichten.

Dein

Franz Kafka

WALTER RALEIGH AN SEINE FRAU BESS, 8. DEZEMBER 1603

Es gibt eine spezielle Art von Brief, den ein Mensch, obwohl er bereits dem Tod ins Auge sieht, dennoch beherzt in unbeschwertem Ton zu schreiben vermag. Dies ist eines der besten Beispiele. Am 17. November 1603 wurde Sir Walter Raleigh aufgrund seiner Verwicklung in den »Main-Plot« gegen den neuen König James I. wegen Hochverrats zum Tode verurteilt.

In der Nacht vor seiner Hinrichtung schreibt er seiner Frau Bess diesen Brief. Er enthält sachliche finanzielle Details, Liebesbekundungen an seine Frau und seinen Sohn sowie Betrachtungen über den Tod – das alles gewürzt mit draufgängerischem Schneid und schier unerträglicher Traurigkeit.

Raleigh, ein Idol seiner Zeit, war Günstling von Elisabeth I. Ein Bild von einem Mann, Abenteurer, Freibeuter und Admiral, der die erste Kolonie in Nordamerika gründete, Überfälle auf spanische Besitzungen in Lateinamerika beging und zudem noch beteiligt war an direkten Angriffen auf Spanien. Er war nicht nur ein Mann der Tat, sondern auch einer des Wortes, ein gefeierter Dichter und Historiker und auch ein Pharmazeut. Am Morgen nach der Niederschrift dieses Briefes wurde Raleigh zur Stätte seiner Enthauptung geführt und im letzten Augenblick vom König begnadigt. Er wurde dann allerdings noch einmal dreizehn Jahre im Tower of London gefangen gehalten, was ihm die Gelegenheit gab, eine Weltgeschichte und noch viele weitere Werke zu verfassen. Er überredete den König, ihn freizulassen, damit er sich auf die Suche nach Eldorado machen konnte (das legendäre Goldland, das Raleigh im Gebiet des heutigen Venezuela zu entdecken hoffte). Doch seine Expedition fand keine Goldschätze, was die spanischen Verbündeten des Königs erzürnte. Der spanische Botschafter verlangte Raleighs Kopf. Und so wurde er 1618 am Ende doch noch hingerichtet. Von Bess wird berichtet, dass sie Walters Kopf einbalsamieren ließ und ihn bis zu ihrem eigenen Tod im Jahr 1647 mit sich herumtrug.

Winchester, 8. Dezember 1603
Du sollst nun (meine liebe Frau) mit diesen letzten Zeilen meine letzten Worte erhalten. Meine Liebe schicke ich Dir,

damit Du sie bewahren kannst, wenn ich tot bin, sowie meinen Rat, damit Du ihn erinnern kannst, wenn ich nicht mehr da bin. Es liegt nicht in meiner Absicht, Dich mit Sorgen zu belasten (liebste Bess). Sie mögen mit mir ins Grab gehen und im Staub beerdigt werden. Und da es nicht Gottes Wille zu sein scheint, dass ich Dich in diesem Leben noch einmal sehe, trage es mit Fassung und mit einem Herzen, wie es Deinem Wesen entspricht.

Als Erstes sende ich Dir allen Dank, den mein Herz ermessen oder meine Worte zum Ausdruck bringen können, für Deine vielen Mühen und Dein Sorgen für mich, für die, auch wenn sie nicht Deinem Wunsche gemäß wirksam wurden, ich gleichwohl in Deiner Schuld stehe – doch zurückzahlen werde ich es nicht mehr in dieser Welt.

Zum Zweiten beschwöre ich Dich, um der Liebe willen, die Du mir in meinem Leben erwiesen hast, verbirg Dich nicht allzu lange, sondern bemühe Dich, Deine armseligen Mittel aufzubessern und Deinem armen Kind zu seinem Recht zu verhelfen. Deine Trauer kann mir nichts mehr nützen, ich bin nur noch Staub.

Zum Dritten sei Dir gesagt, dass mein Land bona fide auf mein Kind übertragen wurde – die Dokumente wurden aufgesetzt zum Mittsommer vor zwölf Monaten. Mein braver Vetter Brett kann dies bezeugen, und auch Dalberry wird sich diesbezüglich noch entsinnen. Und ich hoffe, dass mein Blut die Bosheit derer dämpfen wird, die mich so grausam getötet haben – und dass sie nicht auch noch danach streben werden, Dich und die Deinen mit äußerster Armut hinzumorden. An welchen Freund ich Dich verweisen soll, weiß ich nicht, denn die meinen haben mich alle in der Zeit der wahren Heimsuchung verlassen. Und ich erkenne klar, dass mein Tod vom ersten Tag an feststand.

Walter Raleigh an seine Frau Bess **345**

Am meisten bekümmert es mich, weiß Gott, dass ich, dergestalt vom Tod überrascht, Dich in keinem besseren Besitzstand zurücklassen kann. Gott ist mein Zeuge, ich hatte für Dich meinen gesamten Bestand an Weinen, respektive alles, was ich durch den Verkauf hätte erwerben können, die Hälfte meiner persönlichen Habe und alle meine Juwelen vorgesehen, doch einen Teil davon auch für den Jungen. Doch Gott hat all mein Vorhaben zunichtegemacht, der große Gott, der alles in allem regiert. Doch wenn Du bedürfnislos lebst, strebe nicht nach mehr, denn der Rest ist nur eitel.

Liebe Gott und setze beizeiten Dein Vertrauen auf ihn, dann wirst Du darin wahren und bleibenden Reichtum und niemals endenden Trost finden. Denn andernfalls, wenn Du Deinen Sinn mit allen Arten von weltlichen Grübeleien erschöpft hast, wirst Du am Ende nur mit Kummer zurückbleiben. Lehre auch Deinen Sohn, Gott zu lieben und zu fürchten, solange er noch jung ist, damit die Gottesfurcht in ihm wachse, dann wird derselbe Gott Dir ein Ehemann sein und ihm ein Vater – ein Ehemann und Vater, der Euch nicht genommen werden kann.

Baylie schuldet mir 200 Pfund und Adrian Gilbert 600. In Jersey schulden mir noch viele weitere Geld. Die Rückstände aus den Weinen werden meine Schulden begleichen. Und wie auch immer Du verfährst, um meiner Seele willen, bezahle alle Armen. Wenn ich dahingeschieden bin, werden zweifelsohne viele bei Dir vorstellig werden, denn die Welt hält mich für sehr reich. Doch gib acht auf die Vorspiegelungen der Menschen und ihre Zuneigungsbekundungen, denn sie haben keinen Bestand, außer bei ehrlichen und würdigen Männern, und in diesem Leben kann Dir kein größeres Unheil widerfahren, als zur Beute und anschließend verachtet zu werden. Ich sage dies (weiß Gott) nicht, um

Dich von einer Heirat abzubringen, denn eine solche wäre am besten für Dich, sowohl mit Blick auf die Welt als auch auf Gott.

Was mich betrifft, ich bin nicht mehr der Deine und Du nicht mehr die Meine. Der Tod hat das Band zwischen uns zerschnitten, und Gott hat mich von der Welt getrennt und Dich von mir. Gedenke Deines armen Kindes um seines Vaters willen, der Dich in seinen glücklichsten Tagen erwählt und geliebt hat.

Nimm jene Briefe an Dich (falls möglich), die ich an die Lords schrieb und in denen ich um mein Leben bat. Gott ist mein Zeuge, es war für Dich und die Deinen, dass ich das Leben ersehnte. Aber es ist auch so, dass ich mich dafür verachtete, darum zu betteln. Denn wisse (meine liebe Frau), Dein Sohn ist der Sohn eines echten Mannes, eines, der, was ihn selbst betrifft, den Tod und alle seine unschönen Formen gering schätzt.

Ich kann nicht viel schreiben. Gott weiß, wie mühsam ich mir diese Zeit stehle, während andere schlafen, und es ist überdies an der Zeit, dass ich meine Gedanken von dieser Welt löse. Erbitte meinen toten Körper, der Dir lebend verweigert wurde, und bette ihn entweder in Sherborne (falls der Besitz noch gilt) oder in der Kirche von Exeter neben meinen Vater und meine Mutter. Mehr kann ich nicht sagen, die Zeit und der Tod berufen mich ab.

Der unvergängliche Gott, mächtig, unermesslich und allgewaltig, jener unumschränkte Gott, der die Güte selbst ist, das wahre Leben und das wahre Licht, erhalte Dich und die Deinen. Er habe Erbarmen mit mir und lehre mich, meinen Verfolgern und falschen Anklägern zu vergeben. Er gewähre uns ein Wiedersehen in seinem glorreichen Königtum.

Meine liebe Frau, lebe wohl. Segne meinen armen Jungen.

Betet für mich, und möge mein guter Gott Euch beide in seinen Armen halten. Geschrieben von der sterbenden Hand Deines zeitweiligen Ehemannes, doch nun, ach, niedergerungen.

Deiner, der war, doch nun nicht mehr er selbst.

W R

ALAN TURING AN NORMAN ROUTLEDGE, FEBRUAR 1952

Ein herzzerreißender Brief aus einer Zeit, als Homosexualität in Großbritannien noch als Verbrechen galt. Alan Turing hatte als Informatiker, Mathematiker und Kryptograf eine entscheidende Rolle bei der Entschlüsselung des Enigma-Codes der Nazis gespielt und den Turing-Test zur Messung künstlicher Intelligenz entwickelt.

1952 lebte Turing in Manchester, wo er eine Beziehung mit einem jungen Mann namens Arnold Murray einging. Als bei Murray eingebrochen wurde, enthüllte Turing während der anschließenden polizeilichen Ermittlung versehentlich seine Homosexualität. Das führte zu einer Anklage gegen beide Männer wegen »grob unsittlichen Verhaltens« nach dem Criminal Law Amendment Act von 1885, mittels dessen man zur damaligen Zeit Homosexualität strafrechtlich verfolgte. Turing bekannte sich schuldig, musste aber keine Gefängnisstrafe antreten, sofern er sich zu einer Hormonbehandlung bereiterklärte, die einer chemischen Kastration gleichkam. Das machte ihn seelisch kaputt. Dieser Brief an seinen Freund, den Mathematiker Norman Routledge, lässt die Qualen erkennen, unter denen er litt. Am 8. Juni 1954 beging er Selbstmord, indem er in einen mit Zyanid vergifteten Apfel biss.

1967 wurde Homosexualität entkriminalisiert, aber erst 2017 begnadigte das »Turing Law« formell Turing und andere Homosexuelle, die unter den alten Gesetzen verfolgt worden waren.

Mein lieber Norman,

jetzt habe ich mich in den Schlamassel geritten, den ich immer schon im Bereich des Möglichen für mich gesehen habe, obwohl ich die Wahrscheinlichkeit gewöhnlich bei 10 zu 1 dagegen eingestuft hatte. Ich werde mich in Kürze des sexuellen Vergehens mit einem jungen Mann im Sinne der Anklage schuldig bekennen. Wie das alles ans Licht kam, ist eine lange und faszinierende Geschichte, die ich später einmal zu einer kurzen werde zusammenfassen müssen, Dir im Augenblick aber aus Zeitgründen nicht erzählen kann. Fraglos werde ich aus all dem als anderer Mensch hervorgehen, aber als welcher genau, habe ich noch nicht herausgefunden. Freut mich, dass Dir die Radiosendung gefallen hat. Allerdings war Jefferson freilich eine ziemliche Enttäuschung. Ich fürchte, der folgende Syllogismus könnte in Zukunft von manchen Leuten bemüht werden:

Turing glaubt, Maschinen können denken.

Turing schläft mit Männern.

Deshalb können Maschinen nicht denken.

In Verzweiflung

Dein Alan

CHE GUEVARA AN FIDEL CASTRO,
1. APRIL 1965

Hier haben wir die beiden Helden der kubanischen Revolution. Guevara war ein gutaussehender argentinischer Arzt, der sich nach einer Motorradtour durch Lateinamerika mit Fidel und Raoul Castro zusammentat, um die kubanische Revolution zu starten. Im Kampf zum Sturz des Diktators Fulgencio Batista zeichnete sich Guevara neben den Castro-Brüdern als Befehlshaber von draufgängerischem Mut und herausragendem Organisationstalent aus. 1959 eroberten sie die Hauptstadt. Che unterstanden die Erschießungskommandos, die »Kriegsverbrecher« aus dem Weg räumten, er bildete das Militär aus und war für die Agrarwirtschaft verantwortlich, in der das Zuckerrohr überwog. Daneben steuerte er noch Kuba auf ein Bündnis mit der kommunistischen Sowjetunion zu.

Guevara war maßgeblich daran beteiligt, die Sowjetunion zur Stationierung von Mittelstreckenraketen auf der Insel zu ermuntern, die auf die USA gerichtet waren, woraufhin Letztere die sofortige Entfernung verlangten. Im Angesicht eines drohenden Atomkrieges lenkten die Russen ein. Guevara und Castro waren bereit gewesen, eine atomare Katastrophe zu riskieren. Von dem sowjetischen Verrat und vielleicht auch von Castros Dominanz desillusioniert, locken Che neue Abenteuer, neue Revolutionen, und so schreibt er diesen Abschiedsbrief.

Danach verschwindet Guevara – zunächst, um im Kongo zu kämpfen, und dann, nachdem er seinen Kindern geschrieben hat, sie sollen »als gute Revolutionäre aufwachsen«, nach Bolivien. Dort wird er neununddreißigjährig verhaftet und ohne viel Federlesens von einer rechtsgerichteten Miliz, die mit der CIA im Bunde ist, hingerichtet.

Fidel,

in diesem Moment erinnere ich mich an viele Dinge: wie ich Dich im Haus von Maria Antonia kennenlernte, wie Du mir vorschlugst mitzukommen, an all die Anspannung während der Vorbereitungen. Eines Tages kamen sie vorbei und fragten, wer im Todesfalle benachrichtigt werden sollte, und die reale Möglichkeit versetzte uns allen einen Schock. Später lernten wir, dass es stimmt, dass man in einer Revolution (wenn es eine echte ist) siegt oder stirbt. Viele Kameraden sind auf dem Weg zum Sieg gefallen.

Heute ist alles nicht mehr so dramatisch, weil wir reifer geworden sind, aber der Vorgang wiederholt sich. Ich habe das Gefühl, dass ich den Teil meiner Pflicht erfüllt habe, der mich an die kubanische Revolution auf ihrem Boden band, und ich sage Dir, den Kameraden und Deinem Volk, das inzwischen auch meins ist, Lebwohl.

Ich lege offiziell meine Ämter in der Parteiführung, mein Ministeramt, meinen Rang als Befehlshaber und meine kubanische Staatsbürgerschaft nieder. Nichts Juristisches bindet mich mehr an Kuba. Die einzigen verbliebenen Bande sind anderer Natur – solche, die sich nicht wie Ernennungen aufheben lassen.

Wenn ich so mein bisheriges Leben überdenke, dann kann ich wohl sagen, dass ich mit genügend Redlichkeit und Hingabe daran gearbeitet habe, den revolutionären Sieg zu festigen. Meine einzige ernsthafte Schwäche war, dass ich von der ersten Zeit in der Sierra Maestra an nicht mehr Vertrauen in Dich hatte und nicht schnell genug Deine Qualitäten als Anführer und Revolutionär erkannte.

Ich habe herrliche Tage erlebt und an Deiner Seite während der glorreichen, wenn auch bedauerlichen Oktoberkrise [Kubakrise] den Stolz gespürt, zu unserem Volk zu gehören. Kaum je war ein Staatsmann so genial wie Du in jenen Tagen. Ich bin auch stolz darauf, dass ich Dir ohne Zögern gefolgt bin und mich mit Deiner Art zu denken und die Gefahren und Prinzipien zu sehen und zu bewerten identifiziert habe.

Andere Nationen fordern meine bescheidenen Bemühungen zur Unterstützung ein. Ich kann tun, was Dir aufgrund Deiner Verantwortung als Staatschef von Kuba versagt ist, und es ist so weit, dass wir uns trennen müssen.

Du sollst wissen, dass ich dies mit einer Mischung aus Freude und Bedauern tue. Ich lasse hier meine reinsten Hoffnungen als Baumeister zurück und die Menschen, die mir von allen am liebsten sind. Und ich lasse ein Volk zurück, das mich wie einen Sohn aufnahm. Das reißt eine Wunde in meine Seele. Zu den neuen Schlachtfeldern werde ich den Glauben mitnehmen, den Du mich gelehrt hast, den revolutionären Geist meines Volkes und das Gefühl, die heiligste aller Pflichten zu erfüllen: gegen den Imperialismus zu kämpfen, wo immer er in Erscheinung tritt. Das ist eine Kraftquelle und macht selbst die tiefsten Wunden mehr als wett.

Ich erkläre noch einmal mit Nachdruck, dass ich Kuba von jeglicher Verantwortung freispreche, außer von der, die auf sein Beispiel zurückgeht. Wenn mir meine letzte Stunde unter einem anderen Himmel schlägt, wird mein letzter Gedanke diesem Volk und besonders Dir gelten. Ich bin Dir dankbar für Deine Lehren und Dein Beispiel, denen ich treu zu bleiben versuche bis zu den letzten Konsequenzen meiner Taten …

Es tut mir nicht leid, dass ich meinen Kindern und meiner Frau nichts Wesentliches hinterlasse. Ich bin froh darüber. Ich erbitte nichts für sie, da der Staat sie mit genug versorgen wird, von dem sie leben und eine Schulbildung erhalten können.

Ich hätte Dir und unserem Volk noch mehr zu sagen, doch es scheint mir nicht nötig zu sein. Worte können nicht ausdrücken, was ich meine, und es hat keinen Sinn, ganze Seiten vollzuschreiben.

ROBERT ROSS AN MORE ADEY, 14. DEZEMBER 1900

Als Oscar Wilde schließlich aus der schweren körperlichen Zwangsarbeit im Gefängnis entlassen wurde, war seine Karriere zerstört und seine Gesundheit zerrüttet. Er siedelte auf den Kontinent über und arbeitete an seinem Gedicht *The Ballad of Reading Gaol* – »Doch jeder tötet, was er liebt« – über die Hinrichtung eines Mörders. Darüber hinaus übergab er seinem Nachlassverwalter Robbie Ross *De Profundis*, einen offenen Brief mit schweren Vorwürfen gegen seinen Liebhaber und seine Nemesis Lord Alfred »Bosie« Douglas. Nach einem kurzen Wiedersehen mit Bosie kehrte Wilde nach Paris zurück, wo er im Hôtel d'Alsace in Saint-Germain wohnte. »Meine Tapete und ich tragen einen Zweikampf auf Leben und Tod aus«, witzelte er. »Einer von uns muss gehen.« Hier entwickelte sich sein eiterndes Ohr, das ihn schon eine ganze Weile plagte, zu einer tödlichen Meningitis.

Robbie Ross war immer schon sein treuester Freund gewesen. Als Wilde aus dem Gefängnis kam, hatte in einer mürrisch dreinblickenden Menschenansammlung Ross als Einziger seinen Hut gezogen. »Menschen sind schon für geringere Taten in den Himmel gekommen«, schrieb Wilde dazu in *De Profundis*. Nun sind Ross und ein weiterer loyaler Freund, Reggie Turner, bei Wildes letztem Auftritt anwesend.

Während meiner Abwesenheit ist Reggie jeden Tag Oscar besuchen gegangen und hat mir kurze Berichte geschrieben. Er hat Oscar auch mehrmals auf Ausfahrten mitgenommen, und es schien ihm schon besser zu gehen. Ich hatte mir vorgenommen, nachdem ich meine Mutter am darauffolgenden Freitag nach Merton gebracht hätte, nach Paris zu fahren. Doch an dem Donnerstagabend bekam ich um 17.30 Uhr ein Telegramm von Reggie, in dem stand: »So gut wie aussichtslos«. Ich erwischte gerade noch den Expresszug und kam am anderen Morgen um 10.20 Uhr in Paris an.

Dr. Tucker teilte mir mit, dass Oscar nicht mehr länger als zwei Tage zu leben hatte. Sein Anblick war sehr schmerzlich. Er versuchte, etwas zu sagen. Es war ihm bewusst, dass Leute im Zimmer waren, und er hob die Hand, als ich ihn fragte, ob er uns verstand. Dann machte ich mich auf die Suche nach einem Priester und fand nach großen Mühen Pater Cuthbert Dunn von den Passionisten, der sofort mit mir kam und die Taufe sowie die Letzte Ölung spendete – die Eucharistie konnte Oscar nicht empfangen. Du weißt, dass ich immer versprochen hatte, einen Priester zu holen, und ich habe ein ziemlich schlechtes Gewissen, weil ich ihm so oft davon abgeraten habe, Katholik zu werden, aber Du kennst ja meine Gründe ... Reggie und ich schliefen in dieser Nacht im Hotel, in einem Zimmer im oberen Stockwerk. Zweimal rief uns die Krankenschwester, die dachte, Oscar würde sterben. Gegen 5.30 Uhr ging eine vollständige Verwandlung mit ihm vor, seine Gesichtszüge veränderten sich und das, was man, wie ich glaube, Rasselatmung nennt, setzte ein. Ich hatte so etwas noch nie gehört. Es klang wie das schauerliche Drehen einer Kurbel und hörte nicht mehr auf bis zum Ende. Schaum und Blut kamen aus seinem Mund und mussten von jemandem abgewischt werden, der die ganze Zeit neben ihm stand. Um 12.00 Uhr ging ich hinaus, um etwas zu essen. Währenddessen hielt Reggie Wache. Er ging um 12.30 Uhr. Von 13.00 Uhr an verließen wir nicht mehr das Zimmer. Das qualvolle Geräusch aus der Kehle wurde immer lauter. Reggie und ich vernichteten Briefe, um nicht völlig zusammenzubrechen. Die Schwester war ausgegangen, und der Besitzer des Hotels hatte ihren Platz eingenommen. Um 13.45 Uhr veränderte sich seine Atmung. Ich trat ans Bett und hielt seine Hand. Sein Puls fing an zu flattern. Er stieß einen tiefen Seufzer aus, den einzig natürlichen, den ich seit meiner Ankunft von ihm gehört hatte, die Gliedmaßen schienen sich unwillkürlich zu dehnen, die Atmung wurde schwächer. Er verschied um genau 10 Minuten vor 14.00 Uhr.

Nachdem wir den Leichnam gewaschen und gewickelt und dann noch die grauenvollen Rückstände entfernt hatten, die verbrannt werden müssen, brachen Reggie und ich sowie der Hotelbesitzer zum Rathaus auf, um die offizielle Meldung zu machen.

Ich freue mich, sagen zu können, dass der liebe Oscar ruhig und würdevoll aussah, genau wie er es tat, als er aus dem Gefängnis kam. Um seinen Hals hing der gesegnete Rosenkranz, den Du mir mitgegeben hattest, und auf der Brust lag eine Franziskusmedaille von einer der Nonnen. Auf meine Bitte hin machte Maurice Gilbert eine misslungene Fotografie von Oscar, aber das Blitzlicht funktionierte nicht richtig.

Ich kann mich kaum mäßigen, wenn ich über die Großzügigkeit, Menschlichkeit und Nächstenliebe von Dupoirier spreche, dem Besitzer des Hôtel d'Alsace. Kurz bevor ich aus Paris abreiste, sagte mir Oscar, dass er ihm mehr als 190 Pfund schulde. Von dem Tag an, als Oscar bettlägerig wurde, verlor er kein Wort mehr darüber. Er war bei Oscars Operation anwesend und kümmerte sich persönlich jeden Morgen um ihn, er zahlte die Genussmittel ebenso wie den vom Arzt verordneten notwendigen Bedarf aus der eigenen Tasche.

Reggie Turner hat es in vielerlei Hinsicht von allen am schlimmsten getroffen – er erlebte die ganze schreckliche Ungewissheit und die entsetzliche Verantwortung, von der er das Ausmaß nicht kannte. Es wird immer eine große Befriedigung für die sein, die Oscar besonders gern hatten, dass er in seinen letzten Tagen jemanden wie Reggie um sich hatte, als er sich noch verständigen und Güte und Aufmerksamkeit bewusst wahrnehmen konnte.

LUCREZIA BORGIA AN LEO X.,
22. JUNI 1519

Ein Brief von einer Frau, die im Kindbett im Sterben liegt, an ihren Beichtvater. Geschrieben wurde er von Lucrezia Borgia, der Tochter des dekadenten Papstes Alexander VI. (vormals Rodrigo Borgia) und Schwester des grausamen Cesare. Nach seiner Wahl zum Papst im Jahr 1492 machte sich Rodrigo sogleich daran, die Reichtümer und Freuden des Papstamtes voll auszukosten und den Wohlstand seiner Familie mit größerer Schamlosigkeit und Blutrünstigkeit zu fördern, als es bis dahin üblich gewesen war. Sein ältester Sohn wurde ermordet – aller Wahrscheinlichkeit nach von seinem zweiten Sohn Cesare, der schnell zum Herzog aufstieg und seine sämtlichen Widersacher beseitigte.

Die Schwester der beiden, Lucrezia, war eine schöne Frau, wurde aber von vielen als Satansweib angesehen, belastet durch ihre verbrecherische Familie. Ihre Ehemänner und Liebhaber wurden entweder erdrosselt oder vergiftet, oder man fand ihre Leichen im Tiber. Auch sagte man ihr nach, sie sei entweder von ihrem Vater oder von ihrem Bruder geschwängert und daraufhin gezwungen worden, den künftigen Herzog d'Este zu heiraten.

Nach dem Tod von Vater und Bruder war Lucrezia endlich frei von ihrer verderblichen Familie und konnte fünfzehn Jahre achtbar als Herzogin d'Este leben. Mit neununddreißig Jahren hat sie nun eine Tochter zur Welt gebracht, erkennt aber, dass sie durch eine postnatale Infektion dem Tod geweiht ist. Sie stirbt zwei Tage, nachdem sie diesen Brief an den Papst geschickt hat.

Allerheiligster Vater und verehrter Meister,
mit großer Ehrerbietung küsse ich Euer Heiligkeit die Füße und empfehle mich in aller Demut Eurem heiligen Erbarmen. Nach einer Leidenszeit von mehr als zwei Monaten schenkte ich früh am Morgen des 14ten diesen Monats nach Gottes heiligem Willen einer Tochter das Leben und hoffte danach auf eine Linderung meiner Leiden, fand sie jedoch nicht und werde nun gezwungen sein, der Natur meinen Tribut zu zollen. Unser gnädiger Schöpfer hat mir so große Gunst erwiesen, dass ich dem Ende meines Lebens mit Freuden entgegensehe, in der Gewissheit, dass ich in ein paar Stunden, nachdem ich ein letztes Mal alle heiligen Sakramente der

Kirche empfangen habe, erlöst sein werde. In dieser Stunde verlangt es mich als Christin, auch wenn ich eine Sünderin bin, danach, Eure Heiligkeit zu bitten, mir in all Eurer Güte alle erdenklichen geistlichen Tröstungen sowie den Segen Eurer Heiligkeit für meine Seele zu schenken. Daher empfehle ich mich Euch in aller Demut und vertraue meinen Ehemann und meine Kinder, die alle Eure Diener sind, dem Erbarmen Eurer Heiligkeit an.

Eurer Heiligkeit ergebene Dienerin

Lucrezia d'Este

HADRIAN AN ANTONINUS PIUS – UND SEINE EIGENE SEELE, 10. JULI 138 N. CHR.

Kein Abschiedsbrief von einem Sterbenden an seine Freunde könnte eleganter sein als dieser. Als er die folgende Elegie auf das Dahinscheiden seiner Seele schrieb, lag Hadrian in seiner Villa in Baiae im Sterben.

Hadrian war einer der talentiertesten Männer, die je die römische Kaiserwürde innehatten. Er war Schriftsteller, Poet, Architekt und daneben auch noch ein rastloser Reisender – genauer gesagt der am weitesten gereiste unter allen römischen Herrschern. Er wirkte mit an den Entwürfen zu erlesener Architektur wie seiner Villa, des Pantheon und seines eigenen Mausoleums, der Engelsburg. Er war zwar verheiratet, doch seine große Liebe war sein Liebhaber Antinoos. Als dieser schon in jungen Jahren verstarb, ließ Hadrian ihn zum Gott erheben. Doch war er auch ein erbarmungsloser Herrscher, ließ des Verrats verdächtige Senatoren und Familienmitglieder hinrichten oder trieb sie in den Selbstmord, und seine Niederschlagung des jüdischen Bar-Kochba-Aufstands war brutal.

Auf dem Sterbebett schreibt er nun an seinen designierten Nachfolger und Adoptivsohn Antoninus Pius: »Imperator Caesar Hadrian Augustus an Antoninus – sei gegrüßt. Vor allem sollst Du wissen, dass ich weder vor der Zeit aus meinem Leben abberufen werde, noch zu Unrecht oder erbarmungswürdig, unerwartet oder mit verminderten Kräften, auch wenn es beinahe scheinen mag, dass ich Dir, der Du an meiner Seite bist, ein Leid antue … mein Vater wurde mit vierzig Jahren krank, also lebe ich schon zwanzig Jahre länger als er und habe das Alter meiner Mutter erreicht …« Aller Wahrscheinlichkeit nach hat er in seinen Brief auch den folgenden etwas schrulligen Abschiedsgruß an seine eigene Seele eingefügt – so originell hat sonst kaum jemand den Tod willkommen geheißen.

Animula, vagula, blandula,
hospes comesque corporis,
quae nunc abibis in loca
pallidula, rigida, nudula,
nec, ut soles, dabis iocos

Du mein unstet' Schmeichelseelchen,
Haus- und Weggenoss' des Leibes,
ach, wohin wirst du nun flüchten,
bist gar blass und starr und nackend,
wirst nicht fürder tändelnd scherzen.

DANK

Dank sagen möchte ich meinen Kollegen und Freunden, die mich mit brillanten Ideen für dieses Buch unterstützt haben: Tom Holland, Andrew Roberts, Jonathan Foreman, Kate Jarvis, Dr. Lorenza Smith, F. M. Eloischari sowie meiner überaus belesenen Mutter, April Sebag-Montefiore. Besonders danke ich Jan Christian Mollestad dafür, dass er mir die wahre Geschichte über Leonard Cohens Brief an Marianne erzählt und mir erlaubt hat, seine Worte zu zitieren. Dank auch an meine Verleger David Shelley und Holly Harley sowie an meine Agenten Georgina Capel, Rachel Conway, Irene Baldoni und meinen Fernsehagenten Simon Shaps. Danke vor allem meiner Tochter Lily dafür, dass sie mir auf einer spannenden Reise durch meine Bibliothek bei der Auswahl der Briefe geholfen hat. Dank an Alex Larman für weitere Recherchen. Und wie immer danke ich meiner zauberhaften Frau Santa, meiner Tochter Lily und meinem Sohn Sasha.

NACHWEISE

S. 35   Frida Kahlo an Diego Rivera, 19. August 1939:
© Banco de Mexico Diego Rivera Frida Kahlo
Museums Trust, Mexicco, D. F./DACS 2018
Aus dem Spanischen von Antoinette Gittinger

S. 37   Thomas Jefferson an Maria Cosway, 12. Oktober
1786: Founders Online, National Archives, zuletzt
aufgerufen am 1. März 2021, http://founders.
archives.gov/documents/Jefferson/01-10-02-0309

S. 47   Vita Sackville-West an Virginia Woolf, 21. Januar
1926: Reproduced with permission of Curtis
Brown Group Ltd, London on behalf of The
Beneficiaries of the Estate of Vita Sackville West
Copyright © Vita Sackville West 1926

S. 52   Anaïs Nin an Henry Miller, etwa August 1932:
Copyright © 2021 by Rupert Pole as Trustee under
the last will and testament of Anaïs Nin. Used
with permission from the Anaïs Nin Trust

S. 76   Wilma Grünwald an Kurt Grünwald, 11. Juli 1944:
© Vilma Grunwald letter, United States Holocaust
Memorial Museum Archives, Washington, DC.

S. 99   Michelangelo an Giovanni da Pistoia, 1509: Aus
dem Italienischen von Dorothea Scholl

S. 104   Honoré de Balzac an Ewelina Hańska, 19. Juni
1836: Aus dem Französischen von Dorothea
Scholl

S. 108   T. S. Eliot an George Orwell, 13. Juli 1944:
          T. S. Eliot, on behalf of Faber & Faber. © Estate of
          T. S. Eliot and reprinted by permission of Faber &
          Faber Ltd. Courtesy of Orwell Archive, UCL
          Library Services, Special Collections

S. 116   Fanny Burney an ihre Schwester Esther, 22. März
          1812: Berg Coll MSS Arblay, © Henry W. and
          Albert A. Berg Collection of English and Ame-
          rican Literature, The New York Public Library,
          Astor, Lenox and Tilden Foundations

S. 123   David Hughes an seine Eltern, 21. August 1940:
          Estate of David Hughes

S. 124,   Winstons Churchills Rede zur Luftschlacht um
304, 337 England, Winston Churchill an Franklin D.
          Roosevelt, 20. Mai 1940, Winston Churchill an
          seine Frau Clementine, 17. Juli 1915: For quotes
          reproduced from the speeches, works and writ-
          ings of Winston S. Churchill: Reproduced with
          permission of Curtis Brown, London on behalf
          of The Estate of Winston S. Churchill © The
          Estate of Winston S. Churchill

S. 137   Christoph Kolumbus an Ferdinand und Isabella,
          29. April 1493: Der erste Brief aus der Welt.
          Lateinisch/Deutsch, mit dem spanischen Text
          des Erstdrucks im Anhang, übers., komment. u.
          hg. v. Robert Wallisch, Stuttgart 2019, S. 13–37.

S. 147   Anton Tschechow an Anatolij Koni, 16. Januar 1891:
          Aus dem Russischen von Rolf-Dieter Kluge

S. 151   Gustave Flaubert an Louis Bouilhet, 15. Januar 1850:
          Aus dem Französischen von Dorothea Scholl

S. 160   Dwight D. Eisenhower an die alliierten Truppen,
          5. Juni 1944: In Case of Failure, Message Drafted

by General Dwight Eisenhower in Case the D-Day Invasion Failed, 6/5/1944 Dwight D. Eisenhower Library. Pre-Presidential Papers. Principal File: Butcher Diary 1942–1945. National Archives Identifier: 186470

S. 179 Theobald von Bethmann Hollweg an Heinrich von Tschirschky, 6. Juli 1914, entnommen aus: Julikrise und Kriegsausbruch 1914. Bearb. u. eingel. v. Imanuel Geist, mit einem Vorwort v. Fritz Fischer, Hannover 1963, S. 98

S. 182 Harry S. Truman an Irv Kupcinet, 5. August 1963: Truman Papers, Post-Presidential File. Chicago Sun-Times. Harry S. Truman Library

S. 187 Plinius der Jüngere an Tacitus, um 106/107 n. Chr.: Epistulae. Sämtliche Briefe, lateinisch/deutsch, übers. u. hg. v. Heribert Philips u. Marion Giebel, 3. durchges. u. korr. Auflage 2014, S. 409–417

S. 192 Voltaire an M. Tronchin, 24. November 1755: Aus dem Französischen von Dorothea Scholl

S. 210 Adolf Hitler an Benito Mussolini, 21. Juni 1941: Akten zur Auswärtigen Politik, 1918–1945, Serie D: 1937–1941, Bd. XII 2: Die Kriegsjahre, 5. Bd., 2. Halbband, 6. April bis 22. Juni 1941, Göttingen 1969, S. 889–892

S. 223 Georg von Hülsen-Haeseler an Emil von Görtz, 1892: John C. G. Röhl (Hg.): Philip Eulenburgs politische Korrespondenz, 1976–1983, Bd. 2, S. 953

S. 245 Jacqueline Kennedy an Nikita Chruschtschow, 1. Dezember 1963: The Death of a President, November 20–November 25, 1963. William Manchester, 1963, S. 654 f., John F. Kennedy Presidential Library